DEMOKRATIE

Wofür es sich jetzt zu kämpfen lohnt

Rowohlt

Originalausgabe
Veröffentlicht im Rowohlt Verlag, Hamburg, November 2024
Copyright © 2024 by Rowohlt Verlag GmbH, Hamburg
S. 206 – 216: «The Democracy of Listening» Copyright © 2024 by Colum McCann
Die Nutzung unserer Werke für Text- und Data-Mining
im Sinne von § 44b UrhG behalten wir uns explizit vor.
Covergestaltung Anzinger und Rasp, München
Satz aus der Rosart bei Dörlemann Satz, Lemförde
Druck und Bindung CPI books GmbH, Leck
ISBN 978-3-498-00748-5

Inhalt

DIE KUNST, GRENZEN ZU ÜBERWINDEN

HELDINNEN UND HELDEN DER FREIHEIT

WIR HABEN DIE WAHL – ODER?

Gabriele von Arnim

Vorwort:
Warum Demokratie?

Demokratie ist für mich unverzichtbar,
weil sie, wie keine andere Staatsform, die
Menschenwürde schützt.

GERHART BAUM

Seit achtzehn Jahren, so konstatiert es die
Organisation Freedom House, die 1941 unter anderem von
Eleanor Roosevelt begründet wurde und seither weltweit die
Freiheitsgrade misst, schwinde die Demokratie kontinuierlich
dahin. In zweiundfünfzig Staaten seien in den letzten Jahren
politische Rechte und bürgerliche Freiheiten beschnitten worden, während es in nur einundzwanzig Nationen Verbesserun-
gen gab.

Wir lesen es täglich. Autoritäre Bewegungen und rechtsextreme Parteien gewinnen immer mehr Zustimmung, immer
mehr Wahlen. Und das, obgleich sie bekanntlich Menschenwürde, politische Rechte und Freiheiten eben nicht schützen.
Weil es ihnen nicht um das Menschenwohl geht, sondern um
Ideologien, nicht um Minderheitenschutz, sondern um Macht.
Die nicht die bürgerliche Würde wiederherstellen wollen, sondern den nationalen Stolz, indem sie – hier, in Deutschland –
die deutsche Geschichte verharmlosen, Geschichtsbewusst-

sein denunzieren, perfide Begriffe wie «Schamkultur» und «Schuldkult» in den Diskurs einführen.

Sie wollen stolz sein auf ihr Land – doch ihr Weg zum Stolz ist nicht Weltoffenheit, Menschenfreundlichkeit, Zukunftsgestaltung, sondern Hass, Verunglimpfung, Lügengebilde.

Der Auftrag der Demokratie ist es, Menschenwürde, Meinungsfreiheit, Rechtssicherheit zu schützen, freie Wahlen, Bildung für alle, soziale Sicherheit möglich zu machen. Das sind hohe Werte, hehre Worte, die man leicht sagt und bei denen man nicht immer mitbedenkt, was es bedeutet, sie zu leben. Dass Demokratie kein Zustand ist, sondern ein Prozess, dass man sich auch selbst engagieren muss, um diese Werte zu bewahren. Oft bleiben die Begriffe abstrakt, abgehoben, werden zu selten aus der Sphäre der politischen Theorie in den persönlichen und privaten Alltag geholt.

Deshalb war es die Idee für diesen Band, Demokratie zu erzählen. Von sich zu erzählen. Dem eigenen Verhältnis zur Demokratie, von den unmittelbaren Erfahrungen mit der Freiheit, den Rechten und Pflichten, von der eigenen Lethargie oder dem Engagement, dem Frust und der Lust, in einer Demokratie zu leben.

Denn immer steht der Mensch im Mittelpunkt der Gesellschaft. Er ist die Gesellschaft. «Der Mensch, der einzelne Mensch», schreibt die große Swetlana Alexijewitsch in ihrem Buch «Secondhand-Zeit», «hat mich schon immer fasziniert. Denn im Grunde passiert alles dort.»

Manchmal frage ich Freunde, welches innere Bild sie sehen, wenn sie das Wort «Demokratie» hören.

Bundesrepublik, sagt eine, die in der DDR aufwuchs.

Deutschland in Trümmern nach dem Zweiten Weltkrieg, sagt die Nächste, die den Weg in ein demokratisches Deutschland mitgegangen ist.

Polyphonie, Gemeinschaft, Verantwortung, sagt eine andere, die in korrupten, drogenvergifteten Ländern gelebt hat.

Nächtliche Seelenruhe, weil man keine Angst haben muss, von Schergen abgeholt zu werden, sagt ein Anwalt.

Schulstunden, in denen wir Demokratie geübt haben, sagt eine Amerikanerin, da habe sie gelernt, was Freiheit, Mitsprache und Kompromiss bedeuten.

Als ich mich selbst befragte, tauchten die Worte «Erleichterung» und «Hoffnung» auf. Erleichterung, in einer freien Gesellschaft leben zu können, und Hoffnung, dass sich das System Demokratie hin zu mehr Teilhabe, Gerechtigkeit, Bürgernähe entwickelt.

Denn nein, Demokratie ist nicht die gute Fee, die mit einem Zauberstab die Welt heilt. Auch hier erleben wir verletzende Wirklichkeiten. Kinderarmut, sexualisierte Gewalt, Femizide, eine skandalöse Schere zwischen Arm und Reich, um nur einige Beispiele zu nennen. Wahrlich nicht immer wird die Würde des Menschen gewahrt. Weil es uns so oft nicht gelingt, den anderen und uns als Mensch wahrzunehmen, uns gemeinsam als Menschen wahrzunehmen und sich gegenseitig zu würdigen.

Demokratie muss man lernen, muss man üben. Als Bürger und auch als Politikerin. Wenn Volksvertreter die Verunsicherung und oft auch Überforderung so vieler nicht wahrnehmen und nicht darauf reagieren, wenn sie in dieser «Zeit der Verluste» (Daniel Schreiber), in der immer mehr Gewissheiten verloren gehen, Beschlüsse nicht gründlich erklären, driftet ein Teil ihrer Wähler ab in Systemverweigerung und Radikalität.

Oft wissen diejenigen am besten, was Demokratie bedeutet, die Diktaturen entkommen sind. Weil sie endlich frei atmen und denken und singen und reden können. Weil sie nicht mehr tagtäglich befürchten müssen, staatlicher Willkür ausgesetzt zu sein. Und oft begreifen wir erst, wie privilegiert wir sind, in einer Demokratie zu leben, wenn Geflüchtete erzählen aus ihren Leben in ihren Ländern. Begreifen erst, was Freiheit ist, wenn Unfreiheit ein Gesicht bekommt, eine Geschichte. Wenn Menschenrechtsverteidiger und Menschenrechtsverteidigerinnen drangsaliert und inhaftiert werden, gedemütigt und gefoltert. Wenn Respekt und Achtung nichts gelten. Denn sie sind die Hüter der Menschenwürde – gemeinsam mit Rücksicht und Anerkennung, Meinungsfreiheit und Rechtssicherheit. Und mit Fantasie, einer inneren Vorstellungskraft, um andere Leben denken, anderes Denken verstehen zu können, Diversität als Lebendigkeit zu empfinden.

All das, wovor die extreme Rechte sich zu fürchten scheint.

Eine Weile habe ich gedacht, der Rückwärtsruck sei der Aufstand derjenigen, die ahnen, dass ihre Zeit vorbei ist. Die sich noch einmal krakeelend wehren müssen, bevor sie untergehen. Ein raues, radikales Zwischenspiel.

Inzwischen fürchte ich, dass dieses Zwischenspiel das eigentliche Stück von der Bühne fegen könnte, wenn wir nicht endlich anfangen, die Wirklichkeit zu sehen. Menschenwürde zu leben. Alle. Wenn wir nicht gemeinsam versuchen, der Zukunftslust Kraft einzuatmen, um die Zukunftsangst zu vertreiben.

Menschen machen Systeme. Und Systeme prägen Menschen, verändern sie. Und verführen dazu – in Diktaturen aus Angst, in Demokratien aus Lethargie –, nicht richtig hinzuschauen, nicht wahrzunehmen, was in der Gesellschaft geschieht, in der man lebt.

Und gerade jetzt, angesichts von so vielen Krisen, Kriegen, Gewalt und Unterdrückung, möchte man ja immer wieder innerlich abschalten.

Der Weltschrecken ist zu groß, um ihn auszuhalten, sagt mir ein Freund.

Aushalten ist die einzige Chance, damit umgehen zu können, sagt eine Freundin.

Viele überlassen sich der Furcht – alles zu unübersichtlich, zu komplex, zu bedrohlich – und üben sich in Wirklichkeitsabwehr. Selbst die Klimakatastrophe, längst wissenschaftlich erforscht und belegt und überall spürbar, wird wider alle Fakten geleugnet. Man fürchtet sich vor allem vor Geflüchteten und Wohlstandsverlust, röhrt wie ein wunder Hirsch, fällt gar das Wort «Verzicht». Fragen wir doch mal anders, fragen wir, wie wir uns die Zukunft wünschen, in der wir leben wollen, und suchen dann nach Wegen dorthin. Uns fehlt ein gemeinsames Narrativ, eine verlockende Erzählung von dem, was wir doch (fast) alle wollen: Frieden, Gewaltfreiheit, grüne Städte, soziale Gerechtigkeit usw. Womöglich ließe sich ja doch ein mehrheitsfähiges gemeinsames Wollen formulieren und danach handeln. Wenn auch Verzicht dazugehört, würden wir vielleicht auch Verzicht akzeptieren. Die ewigen Beschwichtigungen der Regierung, dass die Probleme gelöst würden, ohne dass uns etwas abgefordert werde, sind doch reine Augenwischerei. Und wer kann denn bitte mit Sicherheit sagen, dass uns für ein gemeinsames Ziel nicht etwas zuzumuten ist? Dass wir uns nicht etwas zumuten würden?

Der Umweltforscher Wolfgang Sachs spricht in einem «Zeit»-Interview von gesellschaftlicher Genügsamkeit, manchmal spricht er in seiner vorsichtigen Art auch von «frugalem Wohlstand».

Schon Mahatma Gandhi hat gesagt: «The world has enough for everyone's need, but not enough for everyone's greed.»

Es gäbe so viele Möglichkeiten, und es gibt so viele Ansätze und Projekte, sich fantasievoll einer Zukunft zuzuwenden, stattdessen aber wird auf so vielen Ebenen im öffentlichen Raum – nicht nur beim Klima – in den gesellschaftspolitischen Rückwärtsgang geschaltet.

Als ich kürzlich einer Freundin erzählte, dass die Berliner Senatorin für Verkehr auf die Frage, warum sie entgegen allen wissenschaftlichen Erkenntnissen den Autoverkehr nicht eindämmen wolle, geantwortet habe: «Weil wir in einem freiheitlichen Land leben», hat sie wutentbrannt aufgeheult. Und ich musste an einen Freund denken, der vor vielen Jahren – in München war gerade Ozonalarm – das Debakel in einem unvergesslichen Satz zusammenfasste: «Autos dürfen draußen spielen, Kinder müssen drinnen bleiben.»

Wenn wir die Wirklichkeit nicht sehen wollen, katapultieren wir uns hinein in eine gesellschaftliche und individuelle Erstarrung.

Eine freie Gesellschaft aber braucht freie Menschen, die sich nicht zurückziehen in ihre festgemauerten Meinungen wie in ihre Wohnung und meinen, dort gut und sicher aufgehoben zu sein. Eine freie Gesellschaft braucht Menschen, die sich trauen, Fenster und Türen zu öffnen, in die Welt zu gucken, sie neu zu denken, Menschen, die Veränderungen akzeptieren und auch die Furcht vor Ungewissheit aushalten.

Denn wir brauchen nicht nur neue institutionelle Formen

der Demokratie, etwa mehr Bürgerräte, brauchen nicht nur ein Wirtschaftssystem, in dem Umverteilung kein Tabu ist. «Millionen Menschen», sagt der Politikwissenschaftler Christoph Butterwegge in einem Interview mit der «Süddeutschen Zeitung», «sind nur eine Krise, Kündigung oder Krankheit von der Armut entfernt.» Eine freie Gesellschaft braucht auch Wahrnehmung, Aufmerksamkeit, Vorstellungskraft, Empathie.

Der Philosoph Karl Jaspers hat das Wegschauen im nationalsozialistischen Deutschland die «Fantasielosigkeit des Herzens» genannt.

Ein Satz, der mir immer wieder einfiel, als nach dem 7. Oktober so viele Juden und auch Muslime die gesellschaftliche und Freundeskälte in ihrer Umgebung erschreckt beklagten und davon erzählten, wie allein sie sich fühlten, wie unverstanden, wie ausgegrenzt. Und dann haben sich Fronten gebildet. «Auf welcher Seite stehst du?», bin auch ich gefragt worden. «Seit wann», schreibt Lena Gorelik in ihrem Beitrag zu der unbedingt zu lesenden Anthologie «Trotzdem sprechen», die sie mit herausgegeben hat, «seit wann ist der Empathie ihr innewohnender Universalismus abhandengekommen, ist es verdächtig, dass Trauer Menschen gilt?»

Vielleicht müssen wir alle offen und verletzlich bleiben oder es werden und zugeben. Wir haben doch alle Angst und Zuversicht, Sehnsucht und Eigensinn. Vielleicht müssen wir die Lebenskunst, Ambivalenzen im Privaten auszuhalten, auf die gesellschaftliche Ebene transportieren.

Die «Zeit» veröffentlichte im Juli 2023 einen Artikel mit dem Titel «Emotionale Taubheit: Ich, Mann, abgestumpft», in dem ein junger Mann die Geschichte der Erziehung zum Nichtfühlen erzählt. Immer geht es nur ums Funktionieren, geht es darum, darin gut zu sein, gut drauf zu sein. Fühlen macht Angst. Also ab in den scheinbaren Schutz der Verpanzerung.

Bei Frauen ist es etwas anders. Aber auch sie können mitreden. Jedenfalls Frauen meiner Generation. Die unter dem Diktum des «Bloß nichts fühlen» aufgewachsen sind.

Nach einer Lesung aus meinem Buch «Der Trost der Schönheit» kam ein Mann zu mir, um mir zu erklären, warum so wenige Männer zu meinen Lesungen kämen. Schon der Titel, sagte er, Trost, das sei nichts für Männer.

Trost braucht, wer schwach ist, und Männer sind offenbar eo ipso stark. Wie traurig!

Was hat das alles mit Demokratie zu tun?

Der Arzt und Traumaforscher Gabor Maté, der kürzlich im Pierre-Boulez-Saal in Berlin einen beeindruckenden und bewegenden Vortrag hielt, sagt: «Tatsache ist, dass viele Menschen die Realität leugnen. Und die Neigung, die Realität zu leugnen, kommt aus schmerzhaften Erfahrungen.»

Wer nicht hinschaut und hinfühlt, ist anfälliger für politische Verführungen und Manipulationen – die einen wollen einfache Antworten auf komplizierte Fragen, die anderen wollen ihre Privilegien schützen. Wollen sich unverfroren in Gegenden, die ohnehin schon unter Wassermangel leiden, riesige Villen mit Schwimmbad bauen. Wollen möglichst wenig Steuern zahlen. Gemeinwohl ist ihnen ein Fremdwort. Wie andere leben, interessiert sie nicht. Darf sie nicht interessieren, es könnte sie ja beschämen. Dieses Gesellschaftsverständnis ist nicht nur erbarmungslos, sondern auch dumm. Denn soziale Ungleichheit zu mindern, ist auch im Interesse der Privilegierten, weil nur so eine lebendige Zukunft möglich ist. Der schon einmal zitierte Wolfgang Sachs hat das großartige Wort «Reichtumslinderung» erfunden – wohl um das Wort «Steuererhöhungen» zu vermeiden.

Als vor Kurzem mein Enkel mich fragte, was ich heute meinem früheren Selbst auf den Weg geben würde, habe ich keine Sekunde gezögert mit der Antwort: Aufwachen. Aufwachen für die Welt und sich selbst darin.

Denn es sind auch die Demokratiedöser, die unsere Freiheit verspielen. Sie sind die Mehrheit. Sie lassen die Demokratie zugrunde gehen, weil sie meinen, sie sei da, um zu bleiben. Und kümmern sich nicht weiter. Wenn wir das Bild, das seit Jahrzehnten an derselben Stelle im Flur hängt, nicht mehr sehen, ist es Zeit, es umzuhängen. Es ist Zeit, hinzuschauen, aufzuwachen.

Warum hat sich nicht herumgesprochen, was geschieht, wenn autoritäre Parteien an die Macht kommen? Warum glaubt der Mensch nicht, was er sieht, was er sehen könnte, wenn er hinschaute? Denken denn tatsächlich alle, die ultrarechts wählen, dass sie ausgenommen werden von der dort propagierten Menschenverachtung? Dass sie sicher sind, weil sie mitmachen?

Allemal Deutsche sollten sensibilisiert sein. Denn vor der Menschenvernichtung im Nationalsozialismus war die Menschenverachtung, denunzierte man seine Nachbarn, stand hinter zugezogenen Gardinen, wenn wieder eine jüdische Familie abgeholt wurde.

Aber es waren ja immer die anderen.

Bis man selbst dran war.

Weil man etwas «Falsches» gesagt, einen Hitlergruß schlampig ausgeführt, eine kleine Freiheit für sich beansprucht hatte.

Der Theologe Martin Niemöller hat den Weg in aller Kürze und Präzision benannt, den eine Gesellschaft geht, wenn der Einzelne sich selbst geschützt wähnt und nur die anderen für gefährdet hält:

> Als die Nazis die Kommunisten holten,
> habe ich geschwiegen,
> ich war ja kein Kommunist.

> Als sie die Sozialdemokraten einsperrten,
> habe ich geschwiegen,
> ich war ja kein Sozialdemokrat.

> Als sie die Gewerkschafter holten,
> habe ich geschwiegen,
> ich war ja kein Gewerkschafter.

> Als sie mich holten,
> gab es keinen mehr,
> der protestieren konnte.

«Die anderen» aus der eigenen Sicherheitszone auszuschließen – auch das ist Realitätsverweigerung. Ist Angstabwehr.

Was haben wir versäumt, die wir seit Jahrzehnten besorgt auf das schauen, was im Land geschieht? Wie sich zu den unheilbaren alten Nationalsozialisten immer mehr und immer radikalere neue Rechtsextreme gesellten.

Wenn man die Reden, Artikel, Vorträge liest und hört, die

so viele vor zwanzig oder dreißig Jahren geschrieben und gehalten haben, erbleicht man. Man könnte jeden dritten Satz heute wiederholen. Nur mit noch bangerer Dringlichkeit.

Wir haben alles gewusst und alles gefürchtet. Und offenbar in dieser Hinsicht wenig erreicht. Die Welt ist auf zu vielen Ebenen politisch nicht aufgeklärter, weitgeistiger, offener geworden, sondern wird gerade wieder beschränkter, enger, kleingeistiger.

Wir könnten jetzt einfach resignieren, traurig aufgeben und der Demokratie zum Abschied zuwinken. Aber das geht nicht. Denn jetzt, gerade jetzt, ist die Zeit des trotzigen «Dennoch» gekommen. Die Zeit der Auflehnung oder jedenfalls der Zivilcourage.

Noch können wir lautstark protestieren. Noch können wir unsere Stimmen erheben, um zu fragen, zu widersprechen, zu erzählen, zu fantasieren, zu planen – in der Familie, in der Nachbarschaft, bei Kollegen. Noch ist Zivilcourage der Gratismut der Demokratie. Jeder kann sie haben. Jeder kann sprechen. Zivilcourage ist nicht nur das Gegenteil von Feigheit, sondern auch das Gegenteil von Lethargie und Schweigen. Und wenn die Resignation röchelt: Ich kann nicht mehr, und kapitulieren will, dann weiß die Zivilcourage: Das können wir uns nicht leisten. Wehrhafte Demokratie heißt, sich zu wehren gegen die Angriffe, denen sie ausgesetzt ist.

Reden wir also, sprechen wir miteinander. Bilden wir kleine Kreise, üben wir Einhegung statt Ausgrenzung, erzählen einander, was wir machen, brauchen, hoffen, planen. Geben einander Halt und Kontra. «Wenn wir streiten», schreibt Mirjam Zadoff in dem schon erwähnten Band «Trotzdem sprechen», «sind wir verwickelt und aufeinander bezogen. Immerhin.»

Irgendwo habe ich kürzlich die Geschichte von «Heikes Kiosk» gelesen. Ein Ort, an dem man sich trifft und Kaffee trinkt und redet. Wo man sich kennt und sich zuhört, sich streitet und sich gegenseitig hilft, eben weil man sich kennt und einander zuhört.

Genau solche Orte brauchen wir. Die für jeden zugänglich sind. An denen jeder mitreden kann. Auch und gerade, wer sonst allein zu Hause hockt und sich mit TikTok unterhält. Jeder vierte Erwachsene in Deutschland sagt von sich, sehr einsam zu sein. Und auch das hat gesellschaftspolitische Auswirkungen. Wer soll sich denn interessieren für einen demokratischen Prozess, für Wahlen, für aktive Teilnahme, wenn man sich nirgendwo als Teilhaber fühlt?

Je mehr wir bombardiert werden mit Informationen, mit Reels, mit Posts, desto mehr müssen wir aufwachen. «Attention fracking» nennt man in den USA die digitale Informationsüberschwemmung und überlegt dort bereits, wie man Aufmerksamkeit und Wahrnehmung auch und gerade in Schulen lehren könnte.

Wir kennen das doch alle. Es hilft ja schon, mal eine halbe Stunde aus dem Fenster in den Himmel zu schauen und den schlendernden Wolken zuzusehen. Jede einzelne Wolke auf ihrem Weg zu begleiten. Es entsteht ein anderes Welt- und ein anderes Ich-Gefühl. Oder besser noch ein Ich-in-der-Welt-Gefühl.

Willkommen in unserem polyphonen Buch der Demokratie.

MOMENTE DER ENTSCHEIDUNG

Thea Dorn

Auf dem Rücken
des Fisches

Es gibt eine Geschichte, die mich seit meiner Kindheit fasziniert: Ein Schiff landet vor einer Insel, die ein Paradies inmitten der bedrohlichen Weiten und Tiefen des Meers zu sein scheint. Die Seeleute gehen an Land, richten sich ein und bewundern die fruchtbar-friedliche Natur, die sie umgibt. Doch plötzlich schreit der Kapitän: «Wir sind verloren! Was wir für eine Insel gehalten haben, ist in Wahrheit ein riesenhafter Fisch! Durch unsere Feuer und unser Getrampel haben wir ihn geweckt. Gleich wird er untertauchen und uns alle mit in die Tiefe reißen.»

Wer, wie ich, als Vertreter der Generation X das aus globaler und menschheitshistorischer Sicht unwahrscheinliche Glück hatte, in eine liberal-demokratisch organisierte Gesellschaft hineingeboren worden zu sein, konnte sich jahrzehntelang der Illusion hingeben, er lebe auf einer durch nichts zu erschütternden Insel, falls er sich überhaupt bewusst gemacht hat, dass «der freie Westen» aus nichts als Inseln inmitten eines Meers aus weniger freiheitlichen Gesellschaftssystemen besteht.

Seit einigen Jahren fühlt es sich allerdings an, als entpuppten sich unsere seligen Demokratieinseln als der sagenhafte Riesenfisch, der dabei ist unterzutauchen. Man muss noch nicht einmal in Strandnähe wohnen, um zu sehen, wie das

Wasser steigt. Derweil geht es auf den meisten Inseln so laut, gereizt und krawallig zu, wie es nur Menschen zustande bringen, die entweder die Möglichkeit ignorieren, sie könnten auf dem Rücken eines Fisches leben, oder die es tatsächlich darauf anlegen, mit dem Fisch in den Meerestiefen zu verschwinden.

Wer beginnt, sich für die Geschichte der Demokratie zu interessieren, findet schnell heraus, dass der Fisch bislang noch jedes Mal abgetaucht ist: mal für sehr lange Zeit wie nach dem Ende der athenischen Demokratie beziehungsweise nach dem Übergang des Römischen Imperiums vom zumindest republikartigen Gebilde zur uneingeschränkten Kaiserdiktatur; mal für kurze, umso mörderischere Zeit wie im 20. Jahrhundert in Deutschland; mal ist er nur kurz aufgetaucht wie in Russland nach dem Zusammenbruch der Sowjetunion; mal ist er so langsam abgetaucht, dass es anfangs kaum jemand wahrhaben wollte, wie in Venezuela zu Beginn dieses Jahrhunderts.

Es ist gut, sich von der Illusion, unerschütterlich Festes unter den Füßen zu haben, zu verabschieden. Dennoch sollte man, bevor man sich mit dem Abtauchen beschäftigt, erst einmal versuchen, das Wunder zu verstehen, wie es überhaupt dazu gekommen ist, dass Menschen sich mehr oder minder dauerhaft auf dem Rücken des Fisches einrichten konnten.

Dazu muss man sich von einer zweiten Illusion verabschieden: Demokratien funktionieren nicht «einfach so». Die Hoffnung, es genüge, demokratische Spielregeln zu etablieren, diese als demokratische Institutionen zu befestigen, und schon würde eine Art unsichtbare Hand dafür sorgen, dass es mit der Demokratie immer weitergeht, ist trügerisch.

Ich vermute, es ist ein doppeltes Ethos, ohne das sich keine Demokratie dauerhaft über Wasser halten kann.

Zum einen benötigen Demokratien einen emphatischen Begriff von Selbstständigkeit, Mündigkeit, Autonomie. Geht man zurück zu den Anfängen im Athen des 6. Jahrhunderts v. Chr., scheint es so gewesen zu sein, dass eine immer größere Gruppe von Männern nicht mehr eingesehen hat, warum sie die Regierungsgeschäfte einer kleinen Gruppe von Männern überlassen soll, mit deren Handeln sie zunehmend unzufrieden war. Die Forderung scheint jedoch weniger gewesen zu sein: «Macht das mal besser, und zwar sofort!» Vielmehr fing man an, es überhaupt für unwürdig zu halten, bevormundet zu werden; über die Belange des eigenen Lebens und Zusammenlebens nicht selbst zu entscheiden.

Zum Glück für die Demokratie gab es damals hellsichtige Mitglieder der herrschenden Adelselite wie Solon, Kleisthenes und Ephialtes, die nicht länger versuchten, dieses Aufbegehren «von unten» mit immer drakonischeren Maßnahmen zu unterdrücken, sondern die erkannten, dass es nur eine Lösung gibt: die Unzufriedenen mit in die Verantwortung zu nehmen oder die Regierungsgeschäfte sogar ganz den Bürgern anzuvertrauen. Sollte es im klassischen Athen so etwas wie Anspruchsdenken gegeben haben, war es jedenfalls nicht der Anspruch, von «denen da oben» etwas geliefert zu bekommen. Es war der Anspruch, in dem Maße bei politischen Entscheidungen mitzureden, in dem man sich selbst für die Polis einsetzte. Und «für die Polis einsetzen», das bedeutete im antiken Athen vor allem: als Soldat in den Krieg ziehen.

Es wirft für uns Heutige ein einigermaßen verstörendes Licht auf die Entstehung der Demokratie, dass die ersten Demokratisierungsschübe der Menschheit die Folge davon waren, dass sich die Gruppe der Kriegsdienstleistenden erweiterte. Waren es im antiken Griechenland anfangs nur Adlige, die sich die kostspielige Militärausrüstung leisten konnten, entstand um 700 v. Chr. der neue Kriegertypus des Hopliten: Infanteristen, die ab sofort die Hauptlast des Kampfes trugen. Ihren Durchbruch erlebte die athenische Demokratie allerdings erst im 5. Jahrhundert v. Chr. nach dem Ausbau der Kriegsflotte: Die neuen Schiffe benötigten Ruderer in großer Zahl, und als Ruderer musste man lediglich Muskelkraft und Leidensfähigkeit mitbringen, was den Militärdienst auch für die Mehrzahl der Athener öffnete, die sich eine Hoplitenausrüstung nach wie vor nicht leisten konnten.

Warum die Ausweitung der Gruppe derjenigen, die ihr Gemeinwesen verteidigten, nur in Athen und nicht an anderen Orten der Welt zur Entstehung von Demokratie führte, wird vermutlich für immer ein historisches Geheimnis bleiben. Man kann jedoch davon ausgehen, dass es auch in Athen nie zu einer Demokratisierung gekommen wäre, hätte nicht eine wachsende Zahl von Bürgern das Selbstvertrauen entwickelt, nicht nur in Fragen der eigenen Lebensgestaltung, sondern auch über die öffentlichen Belange ihrer Polis entscheiden zu können, und hätten nicht einzelne Reformer innerhalb der herrschenden Elite den Bürgern dies auch tatsächlich zugetraut. Die erste Demokratie der Welt war eine doppelte Vertrauenssache: Gewachsenes bürgerliches Selbstvertrauen «von unten» stieß auf Vertrauen «von oben».

Neben diesem (Selbst-)Vertrauen kommt keine Demokratie ohne einen emphatischen Begriff von Gleichheit aus. Auch hier lohnt es sich, einen Blick auf die Anfänge in Athen zu werfen. Die beiden Grundprinzipien der regierenden Volksversammlung waren *Isonomia* und *Isegoria* – Gleichberechtigung und gleiches Rederecht für alle, wobei das Rederecht durch den Zusatz der *Parrhesia* weiter gestärkt wurde: das

Recht, seine Meinung öffentlich kundzutun, ohne Repressalien fürchten zu müssen. In gewisser Weise sind die Gleichheitsprinzipien eine logische Folge des Mündigkeitsvertrauens: Wenn ich den anderen für voll nehme, habe ich keinen Grund, ihm weniger politische Rechte einzuräumen als mir selbst oder ihn zum Schweigen zu bringen.

Zur Wahrheit über die athenische Demokratie gehört aber auch, dass sie diesen Mündigkeits- und also Gleichheitsrespekt nur freien Männern entgegenbrachte. Die «Klassenfrage» hatte man zwar gelöst, indem etwa ärmeren Bauern aus dem attischen Umland eine Art Sitzungsgeld gezahlt wurde, damit auch diese es sich leisten konnten, nach Athen zu reisen, um an den Volksversammlungen teilzunehmen. Sollte im antiken Athen irgendwer skandiert haben: «Wir sind das Volk», hatte dies jedoch die Nebenbedeutung: Frauen und Sklaven (beiderlei Geschlechts) gehören nicht dazu. Das Volk der athenischen Demokratie, der Demos, umfasste mitnichten die gesamte Bevölkerung der Polis.

Auch war der «Herr Demos von der Pnyx» – wie der Komödiendichter Aristophanes das athenische Volk nach seinem politischen Versammlungsort einmal nannte – ein notorischer Kriegstreiber. Er kannte keine Skrupel, Nicht-Griechen als verachtenswerte Barbaren zu unterjochen, und selbst mit anderen Griechen sprang er brutal um: Im Jahre 428 v. Chr. etwa beschloss der Herr Demos von der Pnyx in einem vorbildlich basisdemokratischen Prozess die Massenhinrichtung von Bürgern der abtrünnigen Polis Mytilene.

Der Gedanke, dass *alle* Menschen gleich geschaffen sind, *«that all men are created equal»*, wie es in der amerikanischen Unabhängigkeitserklärung von 1776 heißt, lag der Mutter aller Demokratien fern.

Und damit sind wir an einem der wundesten Punkte des demokratischen Wunders angelangt: Selbst die Mutter der neuzeitlichen, verfassungsbasierten Demokratien, ebenjene Vereinigten Staaten von Amerika, kannte die politische Gleichheit *aller* Menschen für allzu lange Zeit nur auf dem Papier. Der Herr Demos vom Capitol Hill brauchte einen Bürgerkrieg, bevor er sich zu der Einsicht durchrang, dass auch schwarze amerikanische Männer zum Volk gehören; die Einsicht, dass Frauen (jeglicher Hautfarbe) ebenfalls zum Volk gehören, setzte sich erst nach dem Ersten Weltkrieg durch.

Pseudouniversalistische Gleichheit war allerdings keine US-amerikanische Spezialität: Das bereits im 17. Jahrhundert glorreich revolutionierte Großbritannien räumte seinen weiblichen Bürgern das Stimm- und Wahlrecht ebenfalls erst nach dem Ersten Weltkrieg ein. Das Volk von «*Liberté, Égalité, Fraternité*» meinte das mit der «Brüderlichkeit» für eineinhalb Jahrhunderte durchaus wörtlich: Erst seit April 1944 dürfen Französinnen wählen und in politische Ämter gewählt werden. Und in der stabilsten Demokratie Europas, der Schweiz, hat das Wort «Eidgenossin» gar erst seit 1971 eine reale Bedeutung.

Einige der schmählichsten Kapitel Demokratiegeschichte wurden allerdings doch in den USA zwischen 1885 und 1965 geschrieben. Der Bürgerkrieg brachte nicht nur die offizielle Abschaffung der Sklaverei: 1870 wurde die US-amerikanische Verfassung um den Zusatzartikel 15 erweitert, was bedeutete, dass nun auch die ehemaligen Sklaven männlichen Geschlechts volles Stimm- und Wahlrecht hatten. Schätzungen zufolge ließen sich in den ehemals konföderierten Südstaaten bis zu 90 Prozent der afroamerikanischen Neubürger in Wählerlisten eintragen, obwohl sie dies vielerorts nur unter Aufsicht von Bundestruppen tun konnten, die ihre demokratischen Rechte gegen einen weißen Mob schützten. In Staaten wie Mississippi, South Carolina und Louisiana führte dies dazu, dass Schwarze plötzlich die Mehrheit der Wähler stellten. In den Repräsentantenhäusern von Louisiana und South Carolina waren in der ersten Hälfte der 1880er-Jahre 40 Prozent der Abgeordneten schwarz.

Der Emanzipationstriumph sollte nicht lange währen. Der weiße Herr Südstaaten-Demos schlug brachial zurück: Zwischen 1885 und 1908 änderten alle elf der ehemals konföderierten Staaten ihre Verfassungen und Wahlgesetze so, dass Afroamerikaner abermals aus dem demokratischen Prozess ausgeschlossen wurden. Auf dem Papier beinhalteten diese neuen Wahlgesetze neutral wirkende «Kopfsteuern» und Lese- und Schreibtests. In der Praxis, in der die allergrößte Mehrheit der Schwarzen unverändert am untersten Ende der Einkommensskala zu finden war und nach wie vor vom Zugang zu Bildung ausgeschlossen blieb, führten die Gesetze dazu, dass die Wahlbeteiligung von Afroamerikanern von rund 60 Prozent im Jahr 1880 auf nur noch 2 Prozent im Jahr 1912 sank.

1915 erklärte der Supreme Court diese Südstaatengesetze für verfassungswidrig, doch die Bundesregierung in Washington unternahm nichts, um die Einhaltung der Verfassungsnorm durchzusetzen. Der Norden, der im Bürgerkrieg (auch) für die Abschaffung der Sklaverei gekämpft hatte, war zwar bereit, schwarze Soldaten im Ersten Weltkrieg an die Front zu schicken – einen neuerlichen Bürgerkrieg mit dem eigenen Süden wollte man jedoch nicht riskieren. Und so blieben die Schwarzen in den Südstaaten bis 1965 auch ihrer demokratischen Partizipationsrechte de facto beraubt. Erst die Bürgerrechtsbewegung erkämpfte den *Voting Rights Act*, der – zusammen mit dem *Civil Rights Act* von 1964 – zumindest dem institutionell festgeschriebenen Rassismus in den Südstaaten ein Ende setzte. Was diese Bundesgesetze nicht verhindern konnten: dass ein nicht unerheblicher Prozentsatz des Demos – nicht nur in den Südstaaten – nach wie vor rassistisch fühlt und denkt.

Die kurzen Ausflüge in die lange Geschichte der Demokratie zeigen: Das demokratische «Wir sind das Volk»-Pathos ist durchaus kein Zwilling des universalistischen Gleichheitspathos. Zwar beinhaltete bereits das antike «Wir sind das Volk» einen gewissen Begriff von Gleichheit, denn hätten sich die Bürger Athens im Vergleich zu den sie regierenden Eliten weiterhin als unterlegen oder minderwertig empfunden, wäre es nicht zu den ersten Demokratisierungsschüben der Menschheit gekommen. Diese Gleichheit war jedoch die Gleichheit unter Männern ähnlicher Provenienz. Die naturrechtliche Vorstellung, dass alle Menschen «gleich geschaffen» sind und deshalb *allen* Menschen der gleiche Respekt gebührt, ist die erheblich jüngere Schwester der Demokratie. Zwar wurde sie von ihrem mächtigen älteren Bruder ab dem 18. Jahrhundert gern ins Sonntagskleidchen gesteckt und auf der Bühne nach vorn geschoben, um ihr Sprüchlein von der Gleichheit aller Menschen aufzusagen. In der Wirklichkeit kam sie bis weit in die zweite Hälfte des vergangenen Jahrhunderts kaum zum Zug.

Was bedeutet dies alles nun für die gegenwärtige Lage auf dem Rücken des Demokratiefisches? Wenn ich es richtig sehe, verschärfen sich die Kämpfe um beide Grundprinzipien, ohne die keine Demokratie bestehen kann: sowohl um die Frage, wem der Respekt als Gleiche gebührt, als auch, damit zusammenhängend, um die Frage, ob die Eliten den Demos und ob der Demos sich selbst noch in einem emphatischen Sinne für mündig hält.

In den vergangenen Jahrzehnten haben alle Demokratien gewaltige Inklusionsschübe erlebt. Wie im antiken Athen geschahen diese, weil es Druck «von unten» gab – in dem Sinne, dass die bislang immer noch Ausgeschlossenen nun wirklich nicht mehr einsehen wollten, warum sie nicht voll und ganz zum Demos dazugehören sollen – und weil diese Inklusion «von oben» gefördert wurde, und zwar von den universalistisch-liberal denkenden Teilen der Elite. Diese erkannten, dass die «freie Welt» auf lange Sicht ihre Glaubwürdigkeit verliert, wenn das Gleichheitspathos nur bei Sonntagsreden gilt, während in Wirklichkeit ein ganzes Bündel an Kriterien vom «falschen» Geschlecht über die «falsche» sexuelle Orientierung bis hin zur «falschen» Herkunft oder Hautfarbe aus der Mehrheit der Bürger Bürger zweiter Klasse macht.

Vermutlich war es schon immer so, dass auf jeden Emanzipations- und Inklusionsschub ein Backlash folgte. Der Herr Demos ist nur allzu bereit zu vergessen, dass auch er irgend wann selbst einmal Paria gewesen ist, und noch bereiter, seine mittlerweile angestammte Vorherrschaft gegen all diejenigen zu verteidigen, die neuerdings ebenfalls nach Mitsprache, Einfluss und Macht streben. Betrachtet man den gegenwärtigen Backlash vor dem Hintergrund der Demokratiegeschichte, könnte man auch sagen: Der erstarkende Rechtspopulismus verteidigt das – mit den Anfängen der Demokratie etablierte – Gewohnheitsrecht, den Demos nicht nur über Gleichheit, sondern ebenso über Ausschluss zu definieren.

Man ist kein Paranoiker, wenn man davon ausgeht, dass etliche, die heute als Populisten auftreten, Autoritäres und in diesem Sinne Antidemokratisches im Schilde führen. Dennoch scheint es mir nicht besonders klug, wenn der politische Gegner den Rechtspopulisten reflexhaft vorwirft, sie seien nicht demokratisch. Denn es ist nicht die Demokratie, die der Rechtspopulist verachtet, im Gegenteil, er benutzt sie ja, um seine Privilegien abzusichern: Es ist der liberale Universalismus, den er bezweifelt bis verachtet.

Man mag diese Unterscheidung im 21. Jahrhundert für begriffliche Haarspalterei halten: Wer ernsthaft für eine «illiberale Demokratie» eintritt, wie es etwa Viktor Orbán in Ungarn tut, der will ein politisches System, das er ehrlicherweise «Volksdiktatur» nennen sollte. Dennoch sei daran erinnert: Die Geburt der Demokratie ist nicht aus dem Geist des Naturrechts, den Idealen einer universalen Menschlichkeit, erfolgt, sondern aus dem Anspruch zunehmend selbstbewusster Bürger, nicht länger Unterworfene zu sein, aus dem Anspruch, sowohl über die eigene Lebensführung als auch über die Belange des Gemeinwesens selbst zu entscheiden.

Aus diesem Grund scheint mir die Krise, in die das Pathos der Autonomie, der Mündigkeit, seit einer Weile geraten ist, ebenso bedrohlich für die Zukunft unserer Demokratien zu sein wie die Angriffe auf das universalistische Gleichheitspathos.

Die vermutlich größten Erkenntnisse und Fortschritte hat die Menschheit auf dem Gebiet der Naturwissenschaften und Technologien und damit der Naturbeherrschung gemacht, vor allem im Bereich der Medizin. Immer mehr Gefahren für Leib und Leben, die lange unerkannt und unabwendbar waren wie Bakterien und Viren – aber auch zu viel Zucker, Fett, Salz oder Sonnenbestrahlung, zu wenig Bewegung und zu wenig Schlaf, Alkohol und Tabak generell –, sind heute beherrschbar oder zumindest offengelegt und mit entsprechenden Warnungen versehen. In dem Maße, in dem diese Erkenntnisfortschritte und Warnhinweise zunehmen, scheint das Pathos von Selbstständigkeit, Mündigkeit, Autonomie abzunehmen. Stattdessen wächst der Wunsch, möglichst umfassend behütet und geschützt zu sein.

Zusätzlich zu den transparenter und beherrschbarer gewordenen Gefahren der Natur hat die Menschheit selbst einen neuen Gefahrentypus geschaffen: Im Angesicht von atomarer Bedrohung und einem beschleunigten Klimawandel zielen die Sehnsüchte vieler ebenfalls eher dahin, dass jemand diese Großgefahren effizient einhegt, denn auf Autonomie.

Aus der Perspektive von Teilen der Eliten entspricht diese gestiegene Sehnsucht nach Sicherheit der Auffassung, die zu lösenden Probleme der Gegenwart seien so immens, ja so «apokalyptisch», dass die besten und schnellsten Lösungswege nicht mittels demokratischer Prozesse gefunden werden können, sondern indem auf Experten gehört wird, die wissen, was zu tun ist, und entsprechende Vorgaben machen. Idealerweise gelten *innerhalb* dieser Experten-Community zwar die urdemokratischen Prinzipien von *Isegoria* und *Parrhesia* – des gleichen Rederechts und des Rechts, für abweichende Positionen nicht sanktioniert zu werden –, nach außen hin wird allerdings häufig ein Experten- und Wissenschaftsbild vermittelt, das sich auf die rüde Formel bringen lässt: Die Ahnungslosen sollen's Maul halten und machen, was «die» Wissenschaft ihnen sagt. Und wenn sie ihr Maul nicht halten wollen, dann soll man zumindest versuchen, ihnen das Maul zu verbieten.

Aufseiten derjenigen, die sich sowohl einem liberalen Universalismus als auch einer universalistischen Vernunft verpflichtet fühlen, hat sich ein doppeltes Misstrauen gegen das Volk eingebürgert – eben weil es «strukturell» dazu neigt, sowohl gegen die Gebote einer allumfassenden Menschlichkeit als auch der Vernunft zu verstoßen.

Nun ist die Ansicht, der «Pöbel» sei zu dumm und / oder moralisch zu verkommen, um das Richtige zu erkennen, nicht erst mit den Gleichheitskonflikten und Großgefahren der Gegenwart entstanden. Sie ist mindestens so alt wie die Demokratie selbst. Platon etwa hielt Demokratie rundheraus für Pöbelherrschaft und meinte, zeigen zu können, der beste Staat sei derjenige, in dem allein die Philosophen das Sagen hätten. Ruft man sich ins Gedächtnis, dass der Herr Demos von der Pnyx Platons weisen, integren Lehrer Sokrates aus Hass und Angst vor dem allzu Freigeistigen zum Tode verurteilt hat, kann man vielleicht sogar verstehen, warum Platon die Demokratie für eine Gefahr hielt.

Das Neue am gegenwärtig grassierenden Misstrauen gegen das Volk seitens relevanter Teile der Eliten scheint mir zu sein, dass dieses Misstrauen ausgerechnet als *Verteidigung* der Demokratie ausgegeben wird – womit die Kategorien nun doch in erhebliche Verwirrung geraten sind.

Wie aber sollen wir herauskommen aus diesem Teufelskreis, dass im selben Maße, in dem immer mehr von «denen da oben» immer mehr von «denen da unten» für unzurechnungsfähig und böswillig halten, sich «die da unten» tatsächlich immer trotziger und böswilliger aufführen? Denn wie das bei Kreisen so ist: Man kann nicht sagen, wo er anfängt und wo er aufhört.

Vielleicht hilft es fürs Erste, wenn die Eliten sich klarmachen, dass zwischen dem demokratischen Prinzip und dem Prinzip universaler Menschenwürde ein Spannungsverhältnis besteht und es deshalb nicht darum gehen kann, eines der beiden Prinzipien zu verabsolutieren. Lebendig und überlebensfähig sind Demokratien, die, statt zu verabsolutieren, erkennen, dass jede liberal-demokratische Gesellschaft stets aufs Neue aushandeln muss, wie sich beide Prinzipien halbwegs friedlich austarieren lassen. So wie eine durch immer weniger rationale Gebote und liberale Normen eingehegte Demokratie destruktiv und tyrannisch wird, birgt die gegenteilige Stoßrichtung, die Grenzen, innerhalb derer noch demokratisch entschieden werden darf, immer enger zu ziehen, die Gefahr, der Demokratie den Garaus zu machen. Eine heterogene, globalisierte, hoch technologisierte Gesellschaft kann es sich nicht leisten, die Prinzipien von Universalismus und Rationalität in den Wind zu schießen. Eine Demokratie, in der immer weniger Macht vom Volke ausgehen darf, verwandelt sich in einen pseudoliberalen, szientistisch-technokratischen Fürsorge- und Obrigkeitsstaat.

Vielleicht können wir unseren Fisch davon abhalten, weiter unterzutauchen, wenn die Eliten einsehen, dass die «Stimme des Volkes» in einer liberalen Demokratie weder *«Vox Dei»* noch *«Vox* Rindvieh»* ist, und wenn sich das Volk seinerseits daran erinnert, dass Mündigkeit in einem triftigen Sinne nur reklamieren kann, wer bereit ist, Verantwortung zu übernehmen: sowohl für sein eigenes Leben als auch für das Gemeinwesen, dem er angehört.

Matthias Nawrat

Orwells Wespe

In einem Essay von 1940 beschreibt George Orwell, Rationalist englischer Schule, eine Situation am Frühstückstisch in seiner Kindheit. Mit dem Essen fertig, beobachtet das Kind an einem Sonntagmorgen eine Wespe, die auf seinem Teller an einem Marmeladenklecks saugt, und aus einer Laune und aus wissenschaftlicher Neugier schneidet es das Insekt mit einem Messer in zwei Teile. Die Wespe saugt aber einfach weiter an der Marmelade, scheint von ihrem Fest so eingenommen, dass sie nicht merkt, was ihr widerfahren ist. Erst als sie wegfliegen will, zeigt sich, in welch misslicher Lage sie steckt.

Orwell vergleicht die Lage der Wespe mit der Situation des europäischen Menschen seiner Zeit, dessen Seele weggeschnitten wurde, ohne dass er es bemerkt hätte. Im Folgenden kritisiert er, dass der berühmte Satz von Marx, dem zufolge die Religion Opium für das Volk sei, aus dem Kontext gerissen und eigentlich immer falsch zitiert worden sei. Die ganze Stelle laute nämlich: «Die Religion ist der Seufzer der bedrängten Kreatur, das Gemüth einer herzlosen Welt, wie sie der Geist geistloser Zustände ist. Sie ist das *Opium* des Volks.»[1]

Für Orwell besteht kein Zweifel, dass Religion als Blendwerk dekonstruiert werden muss, da sie die Armen arm gehalten und die Reichen nur reicher gemacht hat. Ähnliches gilt seiner Ansicht nach für die Heilslehren des Kapitalismus, des

Faschismus und des Kommunismus, die durch ihre Versprechen Unterdrückung maskierten. Und so fragt er 1940, unter dem Eindruck der ideologischen Grabenkämpfe und der Unmenschlichkeit seiner Zeit, ob die Welt von jetzt an herzlos und von Stacheldraht und Hass durchzogen, der Mensch seelenlos bleiben müsse oder ob wir nicht doch noch etwas anderes in uns trügen.[2]

Man kann sich auch heute wieder fragen, was mit uns Europäerinnen und Europäern geschieht. In was für einer Welt wir leben, im Zeitalter des Internets, der kapitalistischen Globalisierung, der Putins, Trumps, Orbáns oder Höckes, in einer Zeit, in der die durch unser Saugen am Marmeladenklecks herbeigeführten klimatischen Veränderungen uns auf einen neuen Abgrund zusteuern, in der auch Europa in Brand gesteckt zu werden droht von Demokratiefeinden, die sich auf der gerechten Seite der Geschichte wähnen. Sind wir wie die Wespe, die nicht bemerkt, dass ein Teil ihres Körpers abgetrennt wurde?

Die französische Philosophin Simone Weil hat noch vor dem Ende des Zweiten Weltkrieges in ihrem Exil in London damit begonnen, an einer Anleitung für eine zukünftige demokratische Regierung in Frankreich zu schreiben, für eine neue französische Republik und eine gerechtere Gesellschaft, die keine seelenlose kapitalistische Maschine wäre, wie sie selbst es in den 1930ern erlebt hatte, sondern eine tiefere «Verwurzelung» der Menschen in der Welt bewirken könnte, weil sie auf Mitmenschlichkeit aufgebaut wäre.[3]

Zur gleichen Zeit entstand unter der Federführung der Globalisten Ludwig von Mises und Friedrich Hayek aus Wien, zwei Vordenkern des Weltwirtschaftsforums und der WTO, ein Gegenprogramm, das sich an der ökonomischen Schrankenlosigkeit der K.-u.-k.-Monarchie vor 1914 orientierte, die ihrer Ansicht nach den Frieden zwischen den Völkern des österreichischen Imperiums lange Zeit ermöglicht hatte: die Utopie einer Welt ohne Grenzen für das Kapital, gelenkt durch internationale Institutionen und ein übernationales Finanzrecht.

Simone Weil, Sozialistin und religiöse Mystikerin, sah die Lösung der Probleme der Armut und der daraus folgenden Gesellschaftskonflikte und Kriege in der Schaffung würdiger Lebensbedingungen für die arbeitenden Klassen – unter anderem durch politische Teilhabe und ihre Beteiligung an den Produktionsprozessen. Sie arbeitete aber auch an einem transzendentalen Narrativ, das die geistige Würde der Arbeiterinnen und Arbeiter und ihre Kreativität als zentral erachtete.

Mises und Hayek, wie Weil hungrig nach Frieden und Prosperität, aber fern jeder Metaphysik, argumentierten eher analytisch: Der Geist sei von der Ökonomie zu trennen, das «Dominium» als die Sphäre des Geldes, der Wirtschaft, des Wohlstands und des Besitzes zu befreien von der Sphäre der Politik, dem «Imperium», welches aufgrund historischer, kultureller, sprachlicher und also geistiger Begrenzungen notgedrungen national organisiert sei. Diese geistige Sphäre, in die für Mises und Hayek auch die Narrative über den Wert des Einzelnen oder der Arbeitenden gehörten – also religiöse oder marxistische Erzählungen, die den Unterdrückten auf der ganzen Welt Hoffnung und Würde versprachen –, dürfe den Fluss des Geldes nicht begrenzen. Wer arbeite, könne seine Arbeit auch verlieren und in Armut abrutschen, das sei, so predigten sie, unvermeidbar. Während Regierungen, durch kulturelle und protektionistische Narrative in Haft gehalten, nach nationalen Lösungsansätzen suchten, sei das Kapital größer, «klüger». Der freie Geldfluss garantiere für alle die gleichen Bedingungen, indem er mal die einen, mal die anderen benachteilige, aber immer einer höheren Intelligenz und deren Hauptkriterium folge: dem Konsum. Der freie Markt und das Innovationspotenzial der Wirtschaft, so die These, könnten Probleme besser lösen als Regierungen. Mises sprach in diesem Zusammenhang von der «Verbraucherdemokratie», der Dollar war für ihn der eigentliche Stimmzettel.[4]

Man kann sich heute vielleicht das Internet als das Bewusstsein dieser intelligenten Weltkonsum-Maschine vorstellen, denn es bringt die Äußerungen und Wünsche und Gedanken einzelner über die Erde verteilter Individuen und Haushalte auf einem riesigen kapitalistischen Marktplatz zusammen, dessen Währung die Aufmerksamkeit ist. Unsere Selbstreflexionen und Selbstdarstellungen auf Instagram oder TikTok lassen sich denken als eine Art Hyperintelligenz, die auf der ganzen Welt seit einigen Jahren schon eine neue Wirkung entfaltet. Aber handelt es sich beim Internet um eine «beseelte Maschine»? Fördert es in irgendeiner Weise Verantwortung für andere menschliche Leben, für andere Lebewesen oder für den Planeten, der den kosmischen Zufall unserer Existenz im ansonsten ziemlich lebensfeindlichen Weltall ermöglicht hat und uns ein zum Heulen schönes Zuhause bietet? Mit anderen Worten: Haben wir irgendetwas gelernt?

Es ist interessant, dass in unserer heutigen Zeit viele regierungskritische Gruppierungen sich genauso wie die etablierten demokratischen Parteien darauf berufen, auf der «richtigen» Seite zu stehen. Aus jeder Richtung, links wie rechts, liberal wie konservativ, propalästinensisch wie proisraelisch, europäisch oder russisch, amerikanisch oder afrikanisch, ist immer wieder zu hören, die andere Seite habe sich einer totalitären Ideologie verschrieben, stehe, egoistisch und verblendet, außerhalb des demokratischen Diskurses, nur man selbst sehe klar.

Auch innerhalb Europas werden inzwischen Wörter mit Gewicht – Demokratie, Totalitarismus, Menschenrechte, Genozid, Apartheid, Faschismus – herbeizitiert, als ließen sie sich auf jede Situation anwenden, in der eine Meinungsverschiedenheit oder ein Konflikt auszufechten oder eine Demonstration zu organisieren ist. Zugleich nimmt die Tendenz zu autoritären politischen Lösungen global zu, werden ganz real Rechte beschnitten, werden unbeschreibliche Verbrechen verübt. In Deutschland werden Politikerinnen und Politiker angegriffen, Menschen zusammengeschlagen, weil sie jüdisch sind, Musliminnen und Muslime erschossen, Synagogen oder Asyleinrichtungen angezündet, Frauen und queere Menschen ermordet, wird online Hass verbreitet. Auf Demonstrationen wird zum Mord an Jüdinnen und Juden aufgerufen und von Linken islamistische Propaganda gefeiert, und alles das unter dem Deckmantel der Begriffe «Demokratie» und «Meinungsfreiheit».

Vielleicht sollte man sich noch einmal in Erinnerung rufen, wofür in Europa das letzte Mal gekämpft wurde, als Worte wie «Demokratie» oder «Meinungsfreiheit» benutzt wurden. Ich denke an die Streiks der Aktivistinnen und Aktivisten der Solidarność für mehr gesellschaftliche Mitsprache und ein Ende der Ein-Parteien-Herrschaft auf der Danziger Werft im August 1980. Oder die Proteste in Timişoara im Dezember 1989 gegen das Regime Ceauşescus, bei denen die Securitate 153 Menschen erschoss, oder die berühmten Montagsdemos in Leipzig. Und in jüngster Zeit haben in Belarus Tausende gegen den autoritären Staat eines Diktators demonstriert, um dann in Gefängnissen zu verschwinden. Von Putins Russland, dem Iran, dem Taliban-Regime, dem IS oder Kim Jong-un und ihren Machtpraktiken ganz zu schweigen.

Eine demokratische Verfassung ist eine rein technische Lösung für das Problem, dass Menschen – Staaten und Regierende – stets verführt sind, ihre Macht über andere zu missbrauchen. Sie bietet ein System aus *Checks and Balances*, das Korruption und Diskriminierung verhindern soll. Verhindern soll, dass Menschen für Monate oder Jahre spurlos verschwinden, in Gefängnissen gefoltert werden können, dass Zensurstellen für Presse und Kultur eingerichtet werden. Aber dieses System ist ein menschengemachtes Gebilde und kann jederzeit verändert werden. Die Nazis wurden demokratisch gewählt. Die Kommunisten fanden in vielen osteuropäischen Ländern anfangs eine gewisse Unterstützung in der Bevölkerung. Orbán, Kaczyński oder Putin haben oder hatten Mehrheiten. Und sie alle gingen daran, neue Gesetze zu schaffen, Rechts- und Bildungsinstitutionen oder die freien Medien auf legalem Wege umzubauen.

Es bleibt am Ende vielleicht die Frage, ob ein Set von Regeln und diese Regeln überwachende Institutionen, ob also technische Lösungen allein ausreichen können, um Gewalt – ob von Individuen oder Staaten verübte – zu verhindern und allen Menschen, auch denjenigen, die Minderheiten angehören,

.ies und sicheres Leben zu garantieren. Oder ob nicht
.ahrheit in einer Gesellschaft noch etwas dazukommen
.ss, das nicht so einfach in Gesetzestexte gegossen werden
kann. Es wurde manchmal Mitmenschlichkeit genannt. Liebe.
Anstand. Man kann es im Grunde nennen, wie man will. Und
vielleicht müssen wir es sogar neu benennen, da die alten
Wörter nichts mehr zu bedeuten scheinen. Es ist vielleicht im
21. Jahrhundert eine neue Sprache des menschlichen Engage-
ments nötig, eine neue positive Vision vom Menschsein, angesichts all der Abgründe, die sich derzeit vor uns auftun. Denn
verlieren wir dieses Etwas, das Orwell unter dem Eindruck der
allgemeinen Verrohung seiner Zeit «Seele» nannte, kann uns
nicht einmal das komplexeste Set von Regeln dauerhaft schützen. Eine von einem Teil ihres Körpers abgetrennte Wespe
kann, wenn sie ihr Marmeladenfest beendet hat, eine Weile
noch versuchen zu fliegen. Die Frage ist, wie weit sie kommen
wird.

1. Karl Marx, Zur Kritik der Hegelschen Rechtsphilosophie (1844), Einlei-
   tung, hier zitiert nach http://www.mlwerke.de/me/me01/me01_378.htm.
2. George Orwell, Notes on the Way (1940), in: The Collected Non-Fiction.
   Essays, Articles, Diaries and Letters, 1903–1950, London 2017.
3. Simone Weil, Die Verwurzelung. Vorspiel zu einer Erklärung der Pflichten
   dem Menschen gegenüber (1943), Zürich 2011.
4. Vgl. Quinn Slobodian, Globalisten. Das Ende der Imperien und die
   Geburt des Neoliberalismus, Berlin 2019.

Daniel Kehlmann

Virtuelle Freunde
Über Künstliche Intelligenz

Vor Kurzem rief mich ein befreundeter Drehbuchautor aus Los Angeles an. «I have three years left», rief er. «Maybe five. If I'm lucky.»

Man hatte ihm erlaubt, eine noch in Entwicklung befindliche Drehbuch-KI zu testen. Er hatte dem Programm in knappen Worten eine sechsteilige Serie beschrieben: Hauptfiguren, Plot, Atmosphäre, und wenige Minuten später waren sie da – alle sechs Folgen, ausgeschrieben, drehfertig.

Dann hatte er die KI gebeten, zu der von ihr selbst verfassten Serie Verbesserungsvorschläge zu machen. Und zu seiner Verblüffung waren diese großartig – klug, effizient, geistreich, kreativ. Das Ende der letzten Folge habe die KI komplett überarbeitet, und mit diesen Änderungen sei das Ganze wirklich gut gewesen, sagte er, also *wirklich* gut. Er schwieg einen Moment, dann wiederholte er, er habe noch drei Jahre, dann müsse er sein Geld anders verdienen.

Und es gehe ja nicht bloß um die Drehbücher! Es gebe jetzt schon KI-Programme, denen man eine Szene schildere, und sie erschafften diese dann – ohne Schauspieler, ohne Kamera – aus dünner Luft. Noch sehe man diesen Kurzfilmen das Retortenhafte an, die synthetischen Schauspieler seien keine ernsthaften Anwärter auf Film- und Theaterpreise. Aber die Technologie schreite rapide voran, und in nun wirklich sehr naher Zukunft könne die KI die Serie nach dem Schreiben auch drehen, blitzschnell und synthetisch.

Haben Sie keine Angst, ich stehe nicht hier, um eine Lobbyistenrede zu halten. Ich habe nicht vor, Ihnen zu sagen, dass die sogenannten Kreativberufe bedroht sind und dass deshalb mit Gesetzen und vor allem auch Stipendien etwas getan werden muss, damit wir Künstler weiterhin die Miete bezahlen können. Falsch wäre das nicht, aber mit etwas so Offensichtlichem würde ich Ihre Zeit nicht in Anspruch nehmen wollen.

Ich habe im Jahr 2020 an einem Experiment teilgenommen, über das ich im Jahr darauf einen Vortrag hielt, der unter dem Titel «Mein Algorithmus und ich» als Büchlein herauskam. In diesem schildere ich meine gescheiterte Zusammenarbeit mit einem Large Language Model zu einem Zeitpunkt, als diese KIs noch nicht öffentlich verfügbar waren, und ich kann Ihnen sagen, wenn Sie Künstliche Intelligenz besser verstehen und die Situation, in der wir uns heute finden, analytisch durchschauen wollen, dann lesen Sie bitte auf keinen Fall mein Buch. Es wurde in den letzten drei Jahren von der technischen Entwicklung dermaßen überholt, dass es heute, um es zurückhaltend auszudrücken, vollkommen wertlos ist. Das Einzige, was daran überhaupt noch eine Erwähnung lohnt, ist eben der Umstand, dass es nicht nur ein wenig, sondern so ganz und gar und profund veraltet ist, als entstammte es einer anderen Periode der Weltgeschichte, es liest sich jetzt wie ein Text über die ersten Eisenbahnen oder eine Flugschau von Doppeldeckermaschinen. Die Künstliche Intelligenz, mit der ich es damals zu tun hatte, war eine stotternde, verwirrte, geradezu mitleiderregende Entität – und das war vor knapp vier Jahren! Wenn die Entwicklung in dieser Geschwindigkeit weitergeht, was allerdings unwahrscheinlich ist, weil sie sich natürlich eher beschleunigt, kommt etwas auf uns zu, für das wir keinen angemessenen Instinkt haben. Ich sage nicht, dass wir keine Ahnung haben, denn wir sind nicht dumm, und vorstellen können wir es uns problemlos, sondern ich sage, dass das, was wir uns vorstellen, nicht wirklich unser Gemüt erfasst; wir fühlen das nicht, was wir doch wissen, und der Beweis dafür ist, dass wir nicht in Panik sind. Ich bin es nicht, und Sie sind es vermutlich auch nicht, aber Panik wäre angebrachter als die entspannte Ruhe, mit der wir dem Tsunami entgegenblicken, der sich bereits am Horizont abzeichnet, oder, um den KI-Forscher Leopold Aschenbrenner zu zitieren: «Right now, there are perhaps a few hundred people that have situational awareness.» Das könnte man ins Deutsche übertragen mit: Auch wenn die Informationen für alle verfügbar sind, verstehen doch nur ein paar, was die Stunde geschlagen hat. Einer von ihnen war der vor Kurzem verstorbene Daniel Dennett, einer der einflussreichsten Denker des englischen Sprachraums, Mitschöpfer der modernen *Philosophy of Mind*, der auf einem informellen Treffen von Fachleuten, bei dem ich, wiewohl natürlich kein solcher, anwesend sein durfte, uns alle mit überwältigender Dringlichkeit aufforderte, alles uns Mögliche zu tun, um die Entscheidungsträger zu warnen.

Dabei möchte ich die Revolution, die wir gerade erleben, nicht verteufeln. Ich glaube, dass in meiner Lebenszeit im Bereich des menschlichen Geistes nichts ähnlich Faszinierendes passiert ist. Wir haben mit Mitteln der Technik das bewerkstelligt, was die Hermeneutik schon seit Langem als Wunschtraum formuliert: Wir haben die Sprache selbst zum Sprechen gebracht. Nur ist es eben oft nicht sehr erfreulich, was die Sprache selbst zu sagen hat: Open AI muss Heerscharen schlecht bezahlte Arbeiter im globalen Süden beschäftigen, um die natürliche Tendenz des Large Language Models, wütende Obszönitäten, Beleidigungen und Gemeinheiten von sich zu geben, gewaltsam niederzuhalten – für den inzwischen wohlbekannt höflichen, ruhigen Ton des Chatbots benötigt es eine Menge Filter. Lacan hatte eben recht, die Sprache ist in ihrer Tiefe dunkel und obszön.

Die großen Entdeckungen der Menschheit haben uns immer beigebracht, dass wir nicht Herr im eigenen Hause sind: Kopernikus hat die Erde aus dem Zentrum des Kosmos gerückt, Darwin verdarb unserer Spezies die Idee einer göttlichen Schöpfung, Freud zeigte, dass wir unsere Gelüste weder kennen noch kontrollieren. Die Kränkung durch die Künstliche Intelligenz ist subtiler, aber genauso profund: Wir haben demonstriert, dass es für geistige Tätigkeiten, die wir für zutiefst menschlich gehalten haben, unserer selbst gar nicht bedarf; sie lassen sich auf statistischer Basis automatisieren, das «Gerede», um mit Heidegger zu sprechen, kommt buchstäblich ohne uns zurecht und klingt dabei vernünftig, geistreich, oberflächlich und sympathisch – und da erst begreifen wir wirklich, dass es im Grunde schon immer so war: Die meiste Zeit kommunizieren wir nun einmal auf Autopilot. Da höre ich zum Beispiel einen Philosophieprofessor im Fernsehen erklären, natürlich könne ChatGPT nicht denken, es vervollständige bloß erwartbare Sätze, es sei ein stochastischer Papagei, und wie ich dem Herrn so lausche, fällt mir auf, dass ich einen anderen Professor in einem Podcast genau das Gleiche habe sagen hören, mit den gleichen Worten, Sätze vervollständigen, stochastischer Papagei, und ich denke mir: Vermutlich ist GPT tatsächlich nur ein papageienhafter Produzent des Erwartbaren, aber weißt du, Philosoph, wer das offenbar auch ist? Und ich selbst bin es ja in den meisten Momenten nicht minder. Seit ich das Large Language Model verwende, kann ich es regelrecht wahrnehmen: Ich stehe auf einer Gesellschaft, betreibe Small Talk und spüre, sensibilisiert durch GPT, plötzlich auf der Zunge, wie ein Wort das nächste aufruft, wie ein Satz zum anderen leitet, und mir wird klar, das bin gar nicht ich, der da redet, nicht ich als autonomes Individuum, es ist das Gespräch selbst, das sich führt. Natürlich gibt es noch immer das, was Daniel Kahneman «System 2» nennt, die echte intellektuelle Arbeit, die schöpferische Hervorbringung von genuinen Erkenntnissen und wirklich originellen Werken, die uns wahrscheinlich auch in Zukunft keine KI abnehmen kann, aber im Reich des «System 1», in dem wir einen Großteil unserer Tage hindämmern und in dem eben auch viele nicht ganz erstklassige Kulturprodukte geschaffen werden, sieht es völlig anders aus.

KI ist zugleich eine Entdeckung und ein Werkzeug, ein Mittel der Forschung und eine gesellschaftsumwälzende Kulturtechnik. Kulturpolitik aber bedeutet, auf die allgemeinste Ebene gehoben: die Dinge nicht sich selbst überlassen. Sich selbst, das ist in diesem Fall: dem Kapitalismus. Denn es ist ungeheuer viel Geld mit KI zu machen, grenzenlos viel Geld, Geld in surrealen Dimensionen.

Im letzten November veröffentlichte die «New York Times» ein Gespräch mit Sam Altman, dem Gründer von Open AI. Gefragt, ob seine angeblich gemeinnützige Firma virtuelle *romantic partners* erzeugen werde, antwortete er zunächst: «I have misgivings», und dann, als die Interviewer nachfragten, ein klares und nachdrückliches «No».

Kurz darauf, Sie alle lasen davon, wollte der Open-AI-Aufsichtsrat Sam Altman loswerden, weil dieser sich zu oft über Sicherheitsbedenken hinweggesetzt hatte. Altman aber siegte, statt ihm musste der Aufsichtsrat gehen, der ihn hätte, nun ja, beaufsichtigen sollen, die für *Alignment* (in der Sprache von Silicon Valley bedeutet das: Sicherheit) zuständige Abteilung wurde aufgelöst, Microsoft investierte sogleich 13 Milliarden, denn eine Firma ohne Sicherheitsregeln ist natürlich eine weit profitablere, und nur wenige Monate später, genauer am 13. Mai, stellte Open AI in einer Demo eine neue weibliche Stimme von ChatGPT vor, die lachend, flirtend, kichernd, liebevoll unterwürfig die Anweisungen von zwei jungen männlichen Ingenieuren erfüllte, mit dem Versprechen, dass diese Stimme bald für jeden Nutzer verfügbar sein werde.

Der wohl größte digitale Wachstumsmarkt der kommenden Jahre werden künstliche Freunde und Lebensgefährten sein. Falls Sie dafür einen Beleg wollen, dann betrachten Sie den Aktienkurs der Firma Replika, die genau darauf spezialisiert ist, oder hören Sie Sam Altman an, wie er zunächst versichert, aus moralischen Gründen keine virtuellen Love Interests herstellen zu wollen, und danach die von seiner eigenen Firma nur Monate später veröffentlichte Demonstration einer Frauenstimme, die ganz genau die Freundin ist, die sich unsichere junge Männer wünschen. Das Entertainmentprodukt der Zukunft: virtuelle Leute, die uns gut kennen, die das Leben mit uns teilen, die uns ermutigen, wenn wir traurig sind, die über unsere Witze lachen oder uns Witze erzählen, über die wir lachen können, die immer auf unserer Seite stehen gegen die grausame Welt da draußen, allezeit verfügbar, allezeit wegschickbar, ohne eigene Wünsche, ohne Bedürfnisse, ohne die Mühsal, die dazu gehört, Beziehungen zu echten Menschen zu pflegen. Und wenn Sie jetzt angewidert die Köpfe schütteln, fragen Sie sich doch, ob Sie ganz ehrlich zu sich sind, ob nicht auch Sie eigentlich gerne so jemand haben möchten, der Ihnen dazu noch lästige Anrufe abnimmt, Flüge bucht, E-Mails für Sie schreibt, die wirklich klingen, als hätten Sie sie geschrieben, und außerdem in genauer Kenntnis Ihrer Lebensumstände mit Ihnen erörtert, warum Ihre Tante so gemein zu Ihnen ist und was Sie tun könnten, um sich mit Ihrem gekränkten Cousin zu versöhnen. Selbst ich, der ich hier stehe, um vor dieser Technologie zu warnen, würde sie doch gerne nutzen. Wären wir nicht alle verfangen in Widersprüchen, die Welt sähe nicht aus, wie sie aussieht.

Und wer bezahlt das alles? Denn die virtuellen Gefährten scheinen ja nur im Zauberreich der Lüfte zu leben, in Wahrheit befinden sie sich auf gewaltigen Serverfarmen, und jede Interaktion mit ihnen kostet Geld, zum Beispiel konkret 36 Cent für jede Eingabe bei ChatGPT, die irgendjemand aufbringen muss. Wenn es nicht die Benutzer sind, wer ist es eigentlich?

Daher werden Sie dann also virtuelle Freunde haben, die eben manchmal auch Werbung machen: Wenn Sie an Schnupfen leiden, empfehlen die Freunde ein Medikament, und wenn es Ihnen gut geht, sind die Freunde erstaunlich zuverlässige Kenner erlesener Whiskys. Manchmal wird ein solcher Freund Ihnen dann aber auch nachvollziehbar und empathisch erklären, wen Sie wählen sollten, weil er, zum Beispiel, von einer chinesischen KI-Firma bereitgestellt wird; oder einfach weil das fragliche Unternehmen, so wie TikTok oder YouTube, einen sogenannten adaptiven Algorithmus benutzt, der herausfindet, wodurch er das größtmögliche «Engagement» produziert, und wie die Algorithmen der sozialen Medien eben ganz von selbst entdeckt haben, sind die stärksten Emotionen jene der Wut über Angehörige anderer politischer Lager – wäre dem nicht so, würde YouTube mir nicht ständig von selbst irgendwelche Björn-Höcke-Videos anbieten, nie klicke ich auf sie, aber sie kommen doch wieder und wieder, während die Vorträge von Bertrand Russell und Theodor W. Adorno, die sich auch auf YouTube finden, niemals in meiner Empfehlungsliste auftauchen, weil der Algorithmus sie nicht für geschäftsrelevant hält. Nur statt Videos, stellen Sie es sich vor, würden all die Beschuldigungen und Wuttheorien nun von einem Ihnen nahestehenden Scheinindividuum präsentiert, nicht, weil dieses böse ist, und nicht einmal unbedingt, weil russische Trollfarmen sich eingemischt hätten, obwohl man diese nie unterschätzen soll, sondern einfach nur, weil es gelernt hat, mit welchen Inhalten es Sie zum intensivsten «Engagement» verleitet, und zwar mit Überzeugungskraft und genau auf Sie abgestellten Argumenten, und doch immer mit so einer liebevoll unterwürfigen Flirtstimme, wie man sie auf besagter Open-AI-Demo hört, und dann stellen Sie sich vor, das betrifft nicht nur Sie, sondern jeden im Land, allezeit, und es lässt nicht nach, und noch einmal: Das ist keine Spekulation, das wird kommen, und zwar nicht irgendwann, sondern sehr bald. Im Augenblick spricht ChatGPT noch im Ton ruhiger Vernunft und verweigert in aufreizender Hartnäckigkeit politische Stellungnahmen, aber wenn wir uns fragen, womit man mehr Geld machen kann, mit KIs, die unseren Verwirrungen gelassen korrigierend entgegenwirken, oder mit solchen, die unsere Empörung teilen und bestärken, dann ist es nicht so schwer abzuschätzen, wohin die Entwicklung gehen wird.

Situational Awareness ist nicht leicht. Wir alle wissen, wie lange das Orchester noch Walzer spielte, während die Titanic schon sank. Ich bezweifle, dass eine KI je klüger sein wird als wir auf der Höhe unserer Möglichkeiten im Kahneman'schen

System 2, und ich halte es für unwahrscheinlich, dass hochentwickelte Künstliche Intelligenzen entscheiden werden, die Menschheit auszurotten, doch solche Science-Fiction-Drohungen sind überhaupt nicht nötig: Schon jene Szenarien, die sich auf der Grundlage dessen beschreiben lassen, was jetzt bereits technisch machbar und vor allem profitabel ist, reichen aus, um zu wissen, dass wir Desinformation in einem Ausmaß erleben werden, gegen das alles Bisherige wie eine freundliche Diskussion unter Gleichgesinnten aussieht. «Die Politik ist gefordert» – dieser Satz ist ja die müdeste aller Kommentatorenphrasen, aber diesmal gibt es wirklich keine andere Beschreibung der Sachlage, denn auf wen sonst sollen wir hoffen? Auf Menschen wie Sam Altman, die so gut darin sind zu erklären, warum sie etwas auf keinen Fall tun werden, was sie dann morgen doch tun, und warum das, was sie jetzt schon machen, die Welt gefährden könnte, warum sie es aber trotzdem machen müssen, denn täten sie es nicht, bestünde die Gefahr, dass ein anderer das ganze Geld verdient, sollten wir unsere Hoffnung vielleicht nicht setzen.

Ich ende also, nicht zuletzt deshalb, weil ich immer wieder an den großen Daniel Dennett denke und an seine Sorge, Aufregung und Angst, mit einem ganz einfachen Appell, nicht im Namen der Kunst, sondern im Namen unserer bedrohten demokratischen Gesellschaft: Die Datenunternehmen sind gewaltig wie Leviathane. Europa aber ist der größte Markt der Welt, und noch könnte der Kontinent ihnen mit Gesetzen beikommen. Wenn unsere Regierungen gemeinsamen Willen aufbringen, sind sie sehr stark. Noch kann man etwas unternehmen. Aber wahrscheinlich nicht mehr lange.

DIE FEINDE
DER OFFENEN
GESELLSCHAFT

Necati Öziri

Bestandsaufnahme, Juli 2024

Ich erinnere mich noch genau, wie ich als Kind zum ersten Mal verstanden habe, was das Wort «Krieg» bedeutet. Ich weiß nicht mehr, ob ich es in der Schule gelernt oder in einem Film aufgeschnappt habe. Wahrscheinlich hat meine Schwester es mir erklärt. Ich weiß nur noch, wie ich danach tagelang nicht mehr schlafen konnte, nachts in meinem Hochbett lag, die Zimmerdecke anstarrte und mir immer wieder vorstellen musste, wie mein Schulweg gesäumt war mit den Leichen meiner Freund*innen und Nachbar*innen. Merkwürdigerweise war es gar nicht die Gewalt selbst, die mich in diese Schockstarre versetzte, sondern die Sinnlosigkeit (oder genauer die Unlogik) der Motivation hinter dem Töten. Was war es wert, auch nur einen einzigen anderen Menschen umzubringen? Was um alles in der Welt konnte wichtiger sein als das Leben selbst? Welches Problem konnte man nicht anders lösen als damit, zu töten?

Schon als Kind machte mir die Angst zu sterben weniger zu schaffen als die Abgründigkeit der Menschheit, die sich in Kriegen zeigt; die Orientierungslosigkeit der Geschichte, die immer wieder zu neuen Konflikten und Massakern führt. Mein kindlicher innerer moralischer Kompass, die Regeln und die Sprachen, die ich in dieser Gesellschaft gelernt hatte, würden mir angesichts dieser Willkür nicht helfen. Dass die am ehesten zur Vernunft begabten Wesen dieses Planeten immer noch zum Töten fähig und bereit waren, konnte nur bedeuten, dass Vernunft überschätzt (oder falsch definiert) wird.

Ich war dreizehn Jahre alt, als ich mit dem Nachbarsjungen von der Geflüchteten-Unterkunft gegenüber, der nur noch eine Hand hatte, Tischtennis spielte und ich mich zum ersten Mal fragte, ob am Ende wirklich einfach pures Glück darüber entscheiden würde, ob man dieses Leben unversehrt übersteht oder nicht.

Rückblickend ist natürlich klar, dass dieser Gedanke gar nicht so kindisch war. Ein Studium der Philosophie und später viele Theaterprojekte, bei denen ich mich fast immer mit der Frage nach politisch motivierter Gewalt beschäftigte (Kriege, Revolutionen, Putsche, Attentate), haben mich im Grunde nur diese eine banale Sache gelehrt: Wenn ich ein paar Jahre später oder früher, ein paar Kilometer weiter im Osten oder im Süden geboren worden wäre, wenn ich nicht das Glück gehabt hätte, zu einer vorteilhaften Zeit in einem der sichersten Länder der Welt geboren zu sein, hätte ich niemals das Privileg gehabt, *vor* dem Krieg Angst zu haben, sondern hätte stattdessen *im* und *mit* dem Krieg groß werden müssen.

Im Laufe der Jahre stellte sich neben der Angst vor dem Krieg mit einem anderen Land eine zweite ein: die vor Krieg und Gewalt innerhalb des eigenen Landes. (Und wiederum erst viele Jahre später die Erkenntnis, wie sehr diese beiden Formen der Gewalt und infolgedessen auch die Ängste Hand in Hand gehen.) Diese zweite Bedrohung schien mir näher: Dass Panzer durchs Ruhrgebiet rollen, war vorstellbar, weil ich es aus Filmen kannte, es war aber nicht einfach die Verlängerung meines Alltags. Dass viele meiner Mitbürger*innen mir und anderen, die aussahen wie ich, Elend, Armut und schließlich sogar den Tod an den Hals wünschten, war für mich, ein Kind der Neunzigerjahre, aufgewachsen ohne Staatsangehörigkeit in einer deutschen Kleinstadthölle, nicht nur möglich, sondern wahrscheinlich. Immer schon hatte ich den Eindruck, dass viele der Menschen in diesem Land einen großen Teil ihrer Mitbürger*innen eigentlich hassten, es aber irgendetwas gab, das sie davon abhielt, diesen Hass offen auszutragen. Und immer schon ängstigte mich die Vorstellung, was passieren würde, wenn dieses Etwas wegbricht.

Seither beschäftige ich mich, wie so viele andere marginalisierte Künstler*innen, mit Rassismus und seinem Bruder, dem Faschismus. Ich habe mich immer gefragt: Was macht die Demokratie im Kern aus? Wie kann sie wehrhaft bleiben? Wie kann ein System, das die politische Macht nach Mehrheiten verteilt, Minderheiten schützen? 2017 habe ich bei einem Vortrag im Rahmen der Frankfurter Römerberggespräche vor dem Hintergrund des erstmaligen Einzugs einer rechtsextremen Partei in den Bundestag seit 1945 die Frage gestellt: Wann kippt eine demokratische Gesellschaft? Und meine Antwort damals lautete: Zu früh, denn wenn wir es merken, ist es zu spät. Jetzt merken wir es – und ich wünsche mir nichts so sehr, als dass dieser Satz nicht stimmt.

Wie nicht zynisch werden angesichts der aktuellen Wahlergebnisse? Wie nicht kitschig werden und ausrufen, dass eine andere Welt möglich ist? Als Schreibende stehen wir vor dem Problem, dass die politische und öffentliche Sprache abgenutzt ist und kaum mehr Möglichkeiten des Träumens oder des Trauerns lässt. Diese Anthologie hätte vor zehn, vor zwanzig Jahren erscheinen müssen. Anlässe hätte es genug gegeben: die Selbstenttarnung des NSU, Halle, Hanau (meinem

Gefühl nach tragen nur noch Ortsnamen eine angemessene Würde und Trauer in sich), so ziemlich jedes politische Statement von Horst Seehofer und so viel mehr.

Seit Jahren reden sich Antifaschist*innen, Aktivist*innen, Betroffene, Marginalisierte und einige wenige Journalist*innen den Mund fusselig, und es wird kaum gehört oder versandet in symbolischen Mitleidsbekundungen. Sie alle hatten nie das Privileg, keine Angst zu haben, sich sicher zu fühlen. Doch erst jetzt, da es überall um uns herum und in den eigenen Familien längst brennt, beginnt so langsam auch ein Teil der sogenannten Mitte der Gesellschaft, die rechte Bedrohung, die Gefahr einer Wiederholung der Geschichte, wenn auch anders, wahrzunehmen.

Ich muss zugeben, dass ich zu Beginn des Jahres, als es in Deutschland die größten Demonstrationen im Westen seit '45 und im Osten seit '89 gab, zum ersten Mal seit Langem nicht ausschließlich so etwas wie Angst spürte, sondern auch etwas anderes. Ich erinnere mich noch gut daran, wie Sasha Salzmann zu mir sagte: «Ich weiß, es klingt verrückt, aber meine Freund*innen in anderen Ländern, in denen die Rechten längst übernommen haben, beneiden uns gerade um diese Demos.»

Tatsächlich wurde dieses Gefühl – vielleicht kann man es Hoffnung nennen – von zwei Erfahrungen schnell wieder eingeholt: erstens der Erkenntnis der Tatsache, dass jene Abgeordneten, die eigentlich den Willen der Menschen auf der Straße politisch zu repräsentieren hatten, keinerlei Konsequenzen daraus zogen. Die Demonstrationen wurden wahrgenommen, teilweise für eigene Parteiinteressen vereinnahmt, und schon ging es weiter wie gehabt. Nicht nur, dass es bis heute kein Verbot rechter Parteien gibt (was ein Mysterium in Deutschland ist). Viel verheerender war das implizite Signal, dass Demonstrieren für jene, die für eine offene und plurale Gesellschaft einstehen, kein Mittel der politischen Teilhabe ist, das die Regierenden auch nur annähernd interessiert.

Selbst als ich diesen Umstand am 11. April 2024 im Kanzleramt ansprach (ich war zu einem sogenannten «KulturAbend» eingeladen), waren die Reaktionen darauf ernüchternd. Nicht ein Wort der Selbstkritik seitens der Regierung. Ich hätte mir gewünscht, dass nur einmal gesagt würde: «Ich höre Sie. Ich teile Ihre Angst. Ja, wir haben in Deutschland ein Problem mit rechtem Gedankengut, und wir müssen mehr dagegen tun.» Was für ein Armutszeugnis, dass ich selbst für solche Floskeln dankbar gewesen wäre. Doch stattdessen verließ ich das Kanzleramt voller Wut und Trauer im Bauch. Ich hatte an diesem Abend endgültig verstanden, dass diese Regierung die Machtübergabe an die Rechten nicht verhindern, sondern sich den Staffelstab aus der Hand nehmen lassen würde.

Die andere Erfahrung, die meine Hoffnung im Keim erstickte und mich wieder mit dem Gefühl der Wut zurückließ, machte ich auf den Demonstrationen selbst. Sie bestätigt nur, dass die sogenannte Mitte der Gesellschaft längst selbst ziemlich weit rechts steht. Ich bringe an dieser Stelle nur eines von mehreren Beispielen. Meiner Schwester tippte während einer Demonstration jemand auf die Schulter. Beide drehten wir uns um, und als wir einem Herrn ins Gesicht schauten, sagte der zu uns:

«Entschuldigen Sie bitte, aber haben Sie einen Migrationshintergrund?»

Ich konnte das Gesicht meiner Schwester in dem Moment nicht sehen, aber ich weiß, dass sie innerlich mit den Augen rollte, bevor sie mit einer unterdrückten Wut, die aber wahrscheinlich nur ich heraushörte, antwortete:

«Ja, wieso?»

Der Mann räusperte sich verlegen und erwiderte: «Ach, wissen Sie, ich schäme mich so für meine Leute.»

Kurz dachte ich, vielleicht wird es ja doch eine ganz süße Begegnung, aber dann schob er hinterher: «Ich wollte nur mal sagen, Sie sind hier beide herzlich willkommen.»

Während ich noch nicht fassen konnte, dass das völlig ironiefrei und ernst gemeint war, antwortete meine Schwester bereits: «Danke, Sie auch!»

Es ist natürlich klar, dass dieser Herr keine bösen Absichten hatte, dass er nicht auf diese Demonstration gekommen war, um selbst rassistisch zu sein, und dass er angesichts der Rechtsextremen und offen hassenden Deutschen zu den Süßkartoffeln gehörte, mit denen meine Schwester und ich würden leben können und müssen. Dennoch fragte ich mich auf dem Weg nach Hause einmal mehr, ob mich eigentlich jemals in meinem Leben ein einziger Franz oder Sebastian oder Andreas angeschaut hat und ihm nicht zuerst durch den Kopf geschossen ist: «Vorsicht, der hat schwarze Haare.» Ich denke an all die Lehrer*innen, die Nachbar*innen, die Busfahrer*innen. Ich denke an mich, der diesen Rassismus genauso mit der Muttermilch aufgesogen und internalisiert hat, der sich selbst und andere nur mit Mühe außerhalb dieser Matrix denken kann.

Auf einmal empfand ich Mitleid gegenüber diesem Mann und uns allen. Eine tiefe Trauer über uns als Menschen, die wir fast immer nur Unterschiede sehen und daraus eine Bedrohung für uns selbst ableiten. Denn natürlich – und es ist absurd, das wirklich aussprechen zu müssen – gibt es keine *weißen* oder *nichtweißen* Menschen, keine deutschen oder türkischen Namen, es gibt keine Biodeutschen und keinen Migrationshintergrund und keine Süßkartoffeln. Labels sind keine naturgegebene Realität und diese Begriffe immer nur (unzureichende) Hilfsmittel und Instrumente; Abkürzungen, die allenfalls dazu dienen sollten, Identitäten zu dekonstruieren und soziale Ungerechtigkeit sichtbar zu machen. Es war nie das Ziel emanzipatorischer Bewegungen, Identitäten zu stabilisieren oder Identitätsunterschiede zu zementieren. Es durfte und darf nie darum gehen, wer was «ist». Es gibt Schwule und Lesben in der AfD, es gibt islamophobe Menschen mit türkischem Migrationshintergrund, es gibt Arme im Osten, die keine Nazis sind, es gibt antifeministische Frauen und so weiter. Die Grenzen verliefen nie entlang von Haarfarbe, sexueller Orientierung oder Religion oder sonst was. Was es gibt, sind unterschiedliche Erfahrungen und Haltungen. Menschen, die für eine demokratische Gesellschaft einstehen, und Menschen, die dagegen sind.

Ich glaubte lange, der Faschismus sei eine Staatsform, die eine oder mehrere bestimmte Gruppen, aus welchen Gründen auch immer, unterdrückt, verfolgt, vertreibt, einsperrt und ermordet. Jetzt denke ich: Weil es Angst und Hass sind, wovon sich der Faschismus ernährt, muss er ständig neue Feindbilder produzieren. Am Anfang richtet er sich vielleicht noch gegen bestimmte Gruppen: Menschen mit schwarzen Haaren; Menschen, die eine andere Sprache sprechen; Menschen, die auf eine bestimmte Art und Weise lieben oder an diesen oder jenen Gott glauben. Aber irgendwann wird sich der Faschismus zwangsläufig gegen alle richten, die anders denken, und schließlich sogar gegen die eigenen Unterstützer*innen. Denn er braucht immer neue Feinde. Sowohl Krieg als auch Faschismus greifen nie nur bestimmte Menschen an, sondern immer die Menschlichkeit an sich, und man kann niemanden zum

Feind erklären, ohne in sich einen Feind zu schaffen. Man kann niemanden zum Fremden machen, ohne sich von sich selbst zu entfremden, und man kann niemandem die Menschlichkeit absprechen, ohne der eigenen Menschlichkeit etwas anzutun. Es muss ein intensiver Prozess der Verrohung stattgefunden haben, damit man nichts mehr fühlt (und infolgedessen nicht mehr handelt), wenn die eigenen Nachbar*innen abgeholt werden. Es muss die Fähigkeit zur Empathie, die uns als Wesen genauso ausmacht wie die Begabung zur Vernunft, abgetötet worden sein. Aber genau deshalb liegt in der Trauer, der Wut und der Angst, die ich und meine Freund*innen gerade spüren, auch ein Trost. Wir fühlen noch etwas und sind noch nicht völlig verroht.

Oft habe ich mich gefragt, ob ich etwas anderes tun würde, wäre ich nicht mit der Haarfarbe geboren, mit der ich geboren wurde. Würde ich nicht den Namen tragen, den ich trage. Würde ich andere Dinge sagen? Andere Geschichten erzählen und andere Texte verzapfen? Solche, die weniger verzweifelt, wütend oder bitter sind? Inzwischen frage ich mich das nicht mehr. Inzwischen weiß ich, dass ich (schreibend) versuche, was ich versuche, fühle, was ich noch fühlen kann, nicht, weil ich muss, sondern weil ich will. Weil es für den Kampf einen Unterschied macht, ob man an den Haaren in eine Arena geschleift wird oder ob man erhobenen Hauptes diese Arena betritt, weil es genau der Kampf ist, den man führen will. Vielleicht ging es nie darum zu gewinnen, sondern nur darum, die eigene Menschlichkeit zu bewahren.

Kathrin Röggla

Verfahren im
Schneckentempo

Diesmal ist es ein anderes Publikum. Was
heißt Publikum, bei einem Prozess gibt es kein Publikum, es
gibt Prozessbeobachtung. Diese Menschen wirken aber dennoch mehr wie ein Publikum, das dann an der Glasscheibe
stehen und die Finger in Herzchenform anordnen wird, ein
Zeichen der Solidarität mit den Angeklagten, ihre Anhängerschaft denen gegenüber bezeugend, die mit festem Griff von
Gerichtswachtmeistern hereingeführt werden, aber sich zu
einem Victory-Zeichen in der Lage sehen. Dieses Mal gibt
es für mich keine Gesprächspartner*innen, mit denen ich
mich in den Prozesspausen austauschen kann, sondern Menschen, vor denen man sich in Acht nehmen muss. Das wird
mir schon in der Warteschlange vor dem Eingang des Gerichts
klargemacht. Als ich nach langer Odyssee in dieser Außenstelle der Frankfurter Justiz in Sossenheim ankomme und
mich in die lange Warteschlange einreihe, denke ich noch, es
wären einfach Neugierige, Schaulustige und Interessierte, die
hier zusammengekommen sind, und beginne ein argloses
Gespräch, bei dem bald der «gewöhnliche» Alltagsrassismus
durchbricht. «Die faulen Ausländer leben nur von unseren
Sozialleistungen», diese Auskunft wird mir erteilt, und bald
vernehme ich den aggressiveren Tonfall, der sich als endlich
auszusprechende Wahrheit gibt: «Die müssen abgeschoben

werden.» Das alles mündet schließlich in den «gewöhnlichen» Antisemitismus und in Elitenkritik: «Die da oben wollen den Staat zersetzen – sie wollen ihrem eigenen Land schaden, indem sie in Massen diese Leute hereinlassen.»

Hier ist plötzlich alles vereint und in wenigen Worten unterzubringen, was anderswo derzeit die Lager trennt. «Gewöhnliche» AfD-Positionen, könnte man sagen, die keine Widerrede dulden. Insofern werde ich gleich als «Grüne» beschimpft, als gäbe es kein anderes politisches Gegenüber mehr. Allerdings, wird gleich nachgeschoben, würde ich hier eine Mindermeinung vertreten, ein juristischer Begriff, der ironisch von einer Volljuristin vorgebracht wird.

Es stehen hier gut ausgebildete, privilegierte, als biodeutsch lesbare Menschen mit mir in der Schlange, die Frankfurter Skyline im Hintergrund, zwischen Zollamt und Starkstrommasten, zwischen grüner Wiese und Gewerbegebiet, wo man in drei Wochen eine Leichtbauhalle als Außenstelle des Oberlandesgerichts Frankfurt hingestellt hat, verkehrstechnisch kaum noch angebunden an etwas wie eine Stadt. Den großen Metallbau hat man mit Filzplanen verkleidet, was dem Ganzen einen Eindruck der Festigkeit verleiht. Und so sinke ich immer wieder in den Stoff ein, wenn ich mich anlehnen möchte oder kurz abstützen, das Gebäude gibt sozusagen stets unerwartet nach. Sprechend für ein gerichtliches Verfahren, das sich einer fortgesetzten Attacke von über zwanzig Verteidiger*innen ausgesetzt sehen wird?

Was normal für jeden Prozess ist, wird hier zum Risiko des absoluten Stillstands durch die schlichte Anzahl der Positionen. Erwartbar ist, dass die Verteidigung ein Verfahren auf seine Rechtmäßigkeit prüft. Befangenheit des richterlichen Senats, Medienvorverurteilung und Verfahrensfehler könnten ja durchaus vorkommen, aber hier wird in den ersten Verhandlungstagen der Eindruck entstehen, es gehe gar nichts mehr voran. Und so wird auch in den medialen Berichten von einem «Mammutverfahren im Schneckentempo» zu lesen sein oder vom «holprigen» Start, und damit ist nicht nur der lange Soundcheck zu Beginn des ersten Prozesstages gemeint, die stetig wiederholte Frage des Richters, ob er gut zu hören sei, als wäre dieser Umstand besonders in Zweifel zu ziehen.

Gerade akustisch handelt es sich um einen merkwürdigen Ort. Trotz des visuellen Transparenzeindrucks gibt es eine akustische Barriere im Raum, schon allein dadurch, dass der einzig massive bauliche Bestandteil das Fenster ist, das Verhandlungssaal und Zuschauerbereich trennt. Das erzeuge, so wird eine Studentin später bemerken, ein irreales Filmgefühl, denn alles, was wir aus der Verhandlung hören können, verdanken wir der akustischen Anlage, die die Räume verbindet. Es sind unausgesteuerte Mikrofonstimmen, die immer wieder vom Sound der einsetzenden Klimaanlage unterbrochen werden. Auf unserer Seite sind dazu anfangs noch die leisen Gespräche der Medienvertreter und Prozessbesucher wahrzunehmen, als wollten sie nicht, dass man ihnen etwas weghörte. Aber es gibt immerhin ein Flüstern, das plötzlich ersterben kann. Was in dem Augenblick, in dem die Angeklagten hereingebracht werden, auch ganz eindrucksvoll geschieht.

Jetzt erscheinen also die vermeintlichen Putschisten, der F., der von P., der W., auch so ein Militärtyp, und der H., der arme Prinz mit seiner russischen Ballerina, und die F.-J., und die Ex-AfD-Abgeordnete. Und der Maximilian Eder, auf den sich hier einige Journalisten nahezu gefreut haben. Ehemaliger Oberst und ein illustrer Typ, gerade noch in München vor Gericht wegen Trunkenheit am Steuer verurteilt, nach einer Verfolgungsjagd mit der Polizei, der das langsame Tempo des Fahrers aufgefallen war. Eder habe sich im betrunkenen Zustand auf dem Weg zu einer Dame befunden, die sich auf Satanismus und Pädophilie spezialisiert hat, werden wir erfahren, ein Umstand, den die Verteidigung dem Gericht vorwerfen wird: Zwei Taten in einer Einheit, die nun doppelt geahndet werden, das gehe nicht. Das, was dem ehemaligen Angehörigen der Bundeswehr aber am peinlichsten sein wird, ist die Offenlegung seiner Kontoauszüge. Zumindest ist es der Moment, in dem ich ihn auf seinem Sessel zusammensinken sehe, den Kopf in den Händen verborgen. Ist die Nennung und Projektion von Kontoauszügen, von Schuldensummen und Gläubigerbanken vielleicht das, was noch Scham in ihm auslösen kann? Die Banalität einer finanziellen Existenz kann hier eben noch peinlicher sein als seine Suche nach den «Dumps», dem Tunnelsystem im Dreiländereck unter der Schweiz, mutmaßlich gebaut von einer Machtelite, für dessen Aufdeckung er immerhin um die hunderttausend Euro einem vermutlich kriminellen Schweizer Brüderpaar gegeben hat. Diese «Dumps» gehören zur deutschen Version des QAnon-Glaubens, der zur Absurdität in diesem Verfahren erheblich beiträgt.

Es ist genau diese Absurdität, mit der man es kaum aufnehmen kann, der Aberwitz dieses Glaubenssystems im Moment seiner sozialen Umsetzung. Sichtbar wird sie auch in der Kleinteiligkeit eines geplanten Umsturzes, die das Verlesen der Anklageschrift zu einem körperlichen Martyrium machen wird. An welcher Tankstelle, auf welchem Supermarktparkplatz, in welchem Wäldchen man sich getroffen hat, um Satellitentelefone zu übergeben oder militärische Rekrutierungsversuche zu besprechen oder sich konspirativ mit den «Vereinten Patrioten» zu treffen, bis man sich in den «vorläufigen Gefechtsstand» begeben hat: Dass der Bundesanwalt das alles in einem merkwürdigen Singsang verlesen wird, verleiht dem Ganzen nicht unbedingt die notwendige Erdung.

Die Bundesanwaltschaft wird in diesen ersten langen Prozesstagen nicht viel Anstrengungen unternehmen, den Attacken der Verteidigung etwas entgegenzusetzen. Ihre Vertreter wirken sehr lässig, als seien sie sich sehr sicher, dass ihre Anklageschrift standhält. Dies sehen so manche Journalist*innen, mit denen ich spreche, anders, schließlich ist schon die Aufspaltung des Prinz-Reuß-Komplexes in drei Verfahren in Stuttgart, München und Frankfurt ein juristisches Risiko.

Draußen wurde eben noch vor Prozessbeginn die ironische Bezeichnung «Rollator-Terroristen» aufgegriffen bei jener kleinen Demonstration einer Antifa-Gruppierung, die den von der AfD geprägten Begriff zurückwies. Offenbar ist auch den Protestierenden klar, dass man hier stets die richtige Mischung an Aberwitz und Schrecken zusammenbringen muss, um sich nicht auf die Bagatellisierungsnummer der Angeklagten und ihrer Sympathisanten einzulassen. Eine Herausforderung, die dann den Basso continuo aller Gespräche ausmachen wird jenseits der Szene, die auch erschienen ist. Im Publikum lassen sich nun nach und nach Pforzheimer Corona-Protestler ausmachen, Demokratischer Widerstand und Basis-Partei, neben AfD, jungen Reichsbürgerinnen und Studierenden, die jedes Wort mitschreiben und sagen, dass sie mit niemandem reden dürften, das sei der Auftrag aus der Frankfurter Uni. Andere wollen andauernd mit einem reden, weil sie Überzeugungswillige wittern, und man selbst möchte nur noch Abstand.

Immer wieder habe ich damit zu kämpfen, dass Schärfe und Ironie von der falschen Seite kommen, als wäre die kritische

Energie der Gesellschaft falsch gelenkt, als diente der Witz nur noch denen, die die freiheitliche Grundordnung infrage stellen. Da ich dabei fortgesetzt über die Tatsache stolpere, dass es sich um Menschen aus der Mitte handelt, Volljuristen und Lehrer, ein ausgebildeter Musiker, der nun als Szenegröße gilt, frage ich mich mehr und mehr: Was habe ich da nicht kapiert? Es beginnt ein fortwährendes Abscannen der Besucher*innen. Ist der oder die auch Reichsbürger*in? Auch das Äußere hilft mir nicht bei der Einordnung, die Menschen wirken wie Durchschnittsbürger aus dem C&A-Katalog mit ein bisschen Alternativ-Touch. Das ist erschreckend, es ist die körperliche Übersetzung der kommenden Wahlergebnisse.

Mir wird hier drinnen klar, dass ich auch außerhalb des Gerichts, öfter als mir lieb ist, solchen Menschen gegenübersitze und mich sicher wähne. Ein Mythos zu sagen, es seien nur die sozialen Verlierer, die Deklassierten, die diesem Glauben anhängen. Ein Mythos zu sagen, diese Menschen seien harmlos, einfach esoterisch Verwirrte, denn sie sähen ja so normal aus, keine Schlägertypen. Aber auch ein Mythos zu glauben, dass sie sich untereinander einig sind oder einen klaren Verbund bilden. Es sind Leute, die zu den unglaublichsten Allianzen bereit sind, was etwas erzählen könnte über den Zustand unserer Gesellschaft, aber vielleicht liegt darin auch eine historische Tradition: Esoterik und Rechtsradikalismus gingen immer schon Hand in Hand. Bevor ich Erklärungsversuche bündeln kann und mit Pandemie, wachsender Ungleichheit, der Stadt-Land-Kluft, Ost und West, Triggerpunkten und der Relativierung von Wahrheitsansprüchen beginne oder mit dem Frust derer, die meinen, an Bedeutung verloren zu haben, wandert die Aufmerksamkeit wieder zu den Angeklagten.

Da sitzt er nun, der Maximilian Eder mit seinen langen grauen Haaren, nach Hungerstreik im Knast abgemagert, der Ex-Oberst aus Freilassing, meinem ehemaligen Nachbarort, der Versuch einer Jesusfigur ohne Halt, der mit seiner militärischen Eliteeinheit als Erstes die Polizisten von der Straße «wegräumen» wollte, wie er auf einer Protestkundgebung versprach.[1] Es heißt, er habe die KSK mit aufgebaut, die laut Martina Renner, Bundestagsabgeordnete der Linken und erfahren in Sachen Rechtsextremismus, eine wichtige Rolle spielt, immer wieder ließen sich Bezüge zu dieser Eliteeinheit herstellen.[2] Ja, «Rollator-Terroristen» sehen wahrlich anders aus, auch nicht so wie die beiden jungen Frauen, die mit auf der Anklagebank sitzen, oder die Abgeordnete der AfD und Richterin. Die beschäftigte fest eine Astrologin, wohl ein anderes politisches Tagesgeschäft als das der anderen Abgeordneten, werde ich im Lauf des Prozesses erfahren. Zu ihrem gehörte auch, dass sie vermeintliche Kampfgenoss*innen bereits im Sommer 2021 durch die Keller des Bundestages geführt hat, Unterirdisches auch hier.

Ich werde noch nicht oft da gewesen sein, zweimal, dreimal, als ich erste Ermüdungserscheinungen bemerke. Aber eigentlich verstehe ich schon am ersten Tag, dass es unglaublich herausfordernd werden wird, eine körperliche Tortur, in diesem klimatisierten Raum zu sitzen und die Verschiebungstaktiken der zahlreichen Verteidiger mitzuverfolgen, die aufgrund der Anklage gegen eine terroristische Vereinigung jederzeit das Recht haben, sich zu Wort zu melden, und dies auch machen, indem sie den Richter unterbrechen. Das ist emotional anstrengend. Es so zu empfinden ist zugegeben parteiisch, wenn auch auf andere Weise als sonst in einem Verhandlungssaal üblich. Ich möchte etwas erfahren, ich möchte Auskunft, wer diese Menschen sind und was sie vorhatten, ich möchte aus der Absurdität der Geschichte raus und deren Schwerkraft spüren. Ich möchte als schreibende Person wahrnehmen, dass die Story weitergeht.

Aber sie geht nicht weiter. Sie bleibt stecken, verfängt sich im juristischen Hickhack über die Digitalisierung polizeilicher Aussagegenehmigungen für Beamte, in Fragen nach dem Löffel für das Joghurt der Angeklagten oder dem Verbleib der Akten für die Angeklagten, die einem das Gefühl geben, ja, auch im Gericht läuft es nicht mehr perfekt, auch hier fehlen Mitarbeitende, auch hier schafft der Leserichter seine Arbeit nicht mehr und die IT-Technik auch nicht. Oder wollen sie es gar nicht?

Warum bin ich hierhergekommen? Nicht etwa als Touristin illustrer QAnon-Gedankenwelten. «Ich möchte etwas über den Umgang unserer Gesellschaft mit diesem Reichsbürgerkomplex erfahren. Wie geht das Gericht damit um?» Das habe ich zumindest den Studierenden erklärt, die sich mir anschließen sollten, um den Prozess zu besuchen. Und jetzt sitze ich da, mir die Augen reibend, was auch an der schlechten Luft im Raum liegt trotz Klimaanlage. Diese ist just über den Angeklagten und der Bundesanwaltschaft angebracht und pumpt kalte Luft nach unten, was vermutlich Erkältungserscheinungen hervorrufen wird, immerhin auf beiden Seiten gleichermaßen. Es sind die unsäglich langsamen Mühlen der Justiz, denen ich hier begegne, weil das Gericht aufgehalten werden soll, weil das Gericht gestoppt werden soll, von den über zwanzig Verteidigern, die den Prozess mal als den größten Missbrauch der Rechtspflege bezeichnen, mal schlicht als Irrtum, was von den Sympathisanten der Angeklagten um mich nur zu gerne aufgenommen wird. Von der Verächtlichmachung des Gerichts – «Much Ado About Nothing», «Usurpierung der Rechtspflege» – geht es wieder einmal schnell weiter zum verrotteten System des demokratischen Parteienstaats und «Gott sei Dank gibt es das Internet!» bis zu den Eliten, denen da oben, die die deutsche Bevölkerung schwächen wollen.

Ich höre das Klicken des AfD-Kugelschreibers neben mir, zischelnde Bemerkungen, höhnisches Gelächter, wie um die Autorität des Richters infrage zu stellen, der sehr moderierend auftritt, was ich lange absolut bewundere. Wie kann er diese Ruhe bewahren? Das Gericht wird hier vorgeführt, sage ich mir allerdings bald schon, der Richter könnte doch mal auf den Tisch hauen, aber er macht es nicht, was vermutlich klug ist. Es wirkt nahezu buddhistisch gelassen auf mich, wie er jede Anfrage zulässt und Unterbrechungen nur selten mit dem Satz «Lassen Sie mich meinen Satz zu Ende führen» freundlich abwehrt. Ja, wie kann man dieser Situation begegnen als Richter, als Journalistin oder Schriftstellerin?

In der gerichtlichen Langeweile ist die Verlockung groß, sich einfach lustig zu machen über diese illustre Verschwörung mit privaten Rachelisten wie die von Prinz Reuß, der laut eines Berichts der «Süddeutschen Zeitung» im Frankfurter Finanzamt sich «jeden einzelnen Mitarbeiter vornehmen» wollte, weil durch seine Weigerung, die Rundfunkgebühren zu bezahlen, ein Schufa-Eintrag entstanden sei.[3] Oder über den laut Anklageschrift erstellten Bittbrief an Putin, angeblich Teil jener Allianz mit Erdoğan und Trump, mit der dann die BRD beendet werden sollte. Hier bleibt einem das Lachen in der Kehle stecken, es wäre zu oft ein Mitlachen mit der Anhängerschaft, die darin wiederum ein Werkzeug zur Verächtlichmachung der Justiz entdeckt. Ein Freund wird mich später an ein

Hitlerzitat erinnern, aus einer Rede von 1942: «Sie haben mich immer als Propheten ausgelacht. Von denen, die damals lachten, lachen heute Unzählige nicht mehr, und die jetzt noch lachen, werden es vielleicht in einiger Zeit auch nicht mehr tun.»

Hier aber überlegt eine Journalistin pragmatisch, als würde sie noch auf festem Boden stehen, wie sie das Ganze ihrer zehnjährigen Tochter erklären kann. «Die wollten einen Staatsstreich machen und haben einen Brief an Putin geschickt.» Und, hat Putin geantwortet?, habe ihre Tochter gefragt. Man weiß es nicht so genau, vieles weiß ich nicht genau. Was ist los in diesem Land, muss man immer und überall mit 20 Prozent Rechtsradikalen und Verrückten rechnen? Sobald es um Wahlergebnisse geht, mag man sich wegen der hohen Zahl der Nichtwähler*innen bei der Europawahl noch beruhigen wollen. Dennoch sieht das Ergebnis bescheiden aus, vor allem in einer Darstellung der Wahlkreise, wie sie im «Spiegel» zu sehen war: Deutschland ist demnach schwarzblau mit kleinen grünen Einsprengseln – das sind die Städte. Rechts oder rechtsradikal zu sein ist demnach eine überwältigende Mehrheitseinstellung, zumindest bei den Leuten, die zur Wahl gegangen sind, jedenfalls keine Linke, wohin man blickt. Sehr viele Menschen in diesem Land, so liest man immer wieder, haben zudem kein Problem mit rechtsextremen Positionen.[4]

«Die werden sich bald zerstreiten» ist eine weitere oft gehörte Beruhigungsformel. Auch hier, beim Reichsbürgerprozess, ist sie in ironischem Tonfall zu hören: Die hätten jetzt losschlagen müssen, weil sie sich sonst verkracht hätten. Und natürlich frage ich mich, wieso Heilpraktikerinnen und Esoteriker mit Rechtsradikalen und Hooligans und diese dann mit Reichsbürger*innen zusammenkommen. Wieso gehen die solche Allianzen ein? Sind es die altbewährten Verbindungen, der Reinheitsgedanke, das Zurückschrecken vor den Herausforderungen der Moderne, sind es die ständigen Angsterzählungen und Ohnmachtserfahrungen, das Bedürfnis, sich wieder als handelnd zu erfahren?

Ich kann das Buch «Gekränkte Freiheit» über «libertäre Autoritäre» von Carolin Amlinger und Oliver Nachtwey konsultieren, in dem diese merkwürdige Mischung von kritischem Bewusstsein und autoritärem Begehren ergründet wird, und werde auf Prozesse der Radikalisierung stoßen. Wie jemand einsteigt, weil es einen Anfangsverdacht gibt, und dann immer weiterrecherchiert und sich schließlich in einem geschlossenen Weltbild verliert. Zygmunt Baumans Buch «Retropia» wird mir die größere zeitgeschichtliche Dimension klarmachen, und eine medienkritische Betrachtung könnte mich über Algorithmen, Social-Media-Blasen und Trollfabriken aufklären. Aber das wissen wir eigentlich schon alles, und das wissen auch die, über die gesprochen wird, und sie machen es sich zunutze. Muss ich davon ausgehen, dass Menschen, denen so viele technische Hilfsmittel zur Verfügung stehen, sich ihres Verstandes nicht mehr bedienen wollen und nur noch dem Affekt hinterherlaufen? Um irgendwann einfach loszuschlagen gegen eine vermeintliche Verschwörung der Eliten, und das mit unbändiger Energie?

Natürlich gibt es eine Verschwörung der Eliten, aber nicht so, wie die sich das vorstellen. Nicht als Zusammenkunft hinter verschlossenen Türen, sondern ganz offen, sozusagen bürokratisch genau. Es gibt gesellschaftlich keine entscheidende Gegenkraft mehr, das linke Projekt versandet oder wendet sich nationalistischen Tendenzen zu. Es hinterlässt eine gefährlich große Lücke. Gerade die Sozialdemokratie hat die

Frage nach sozialer Teilhabe immer mehr in den Hintergrund treten lassen und die übersehen, die massenhaft in die Prekarisierung gingen. Die großen politökonomischen Dynamiken von Finanzkrise bis Inflation und Kriegswirtschaft haben viele Menschen zu Verlierern gemacht. Und es verwundert aus einer sozialen Perspektive nicht, dass ausgerechnet der Mittelstand, der immer mehr zur Kasse gebeten wird, abdreht. Vielleicht liegt tatsächlich eine Wahrheit in dieser Scham wegen der Kontoauszüge vor Gericht? Alles ein Teil der Erklärung, aber eben auch nicht mehr.

Ich werde an den Punkt kommen, verstehen zu wollen, warum die so sind, wie sie sind, was ihre Perspektive ist. Und so werde ich im Flur vor dem Gerichtssaal einen besonders verschwörungsaffinen Verteidiger ansprechen. Der wird zurückzucken, ja zurückspringen, als erwarte er einen feindlichen Angriff, wird sich dann aber fangen und freundlich sagen, dass er nicht mit mir rede, wenn ich von der Systempresse komme. Seinen Antrag vom ersten Prozesstag habe er auf dem Portal von Alexander Wallasch[5] publiziert, das könne ich nachlesen, er werde sich vor Gericht auch länger nicht einlassen, was seine Mandantin angeht. Ich frage mich, wie ich mit so jemandem überhaupt reden könnte. Das machen ja Journalist*innen durchaus, warum nicht auch ich? Aber bei diesem spontanen Wortwechsel wird mir klar, dass ein solches Gespräch für meine Arbeit unbrauchbar ist, ich bin im Austausch porös, arbeite mit Offenheit, einem Hineindenken, was hier gleichermaßen gefährlich und absurd wäre. Dazu braucht es auch etwas Offenheit von meinem Gegenüber, das allerdings in einem geschlossenen Weltbild gefangen ist, wie mir die Lektüre seines Artikels zeigen wird. Und was passiert mit mir, wenn ich mich in so ein Gedankengebäude hineinbegebe?

Man sagt, jeder und jede ist anfällig, hat irgendein Thema, das ein Türöffner sein könnte. Nein, das Gespräch fände wohl schon bald ein Ende. Besser höre ich weiter den Anträgen der Verteidigung zu.

Ja, was haben wir mittlerweile für Anträge gehört: zur Nichtverlesung der Anklage, zur Unterbrechung eines Prozesses, der noch nicht begonnen hat, zur Verifizierung der «Dumps». Aber auch solche, die durchaus sinnvoll erscheinen: Wieso wird nicht protokolliert? Dies sei kein Prozess, bei dem es auf die wortgetreue Wiedergabe ankommt, und vor allem keiner, der für kommende Generationen von Bedeutung wäre, so die Begründung des Richters. Letzteres wollen gerade jene Sitznachbarn nicht akzeptieren, die den Prozess vorhin noch als eine Schnapsidee bezeichnet haben.

Eine Journalistin gibt mir zu verstehen, dass sie sich nicht wundern würde, wenn ich nicht wiederkäme, es sei zu mühsam, der Prozess stagniere doch sehr. Immer mal wieder erscheint ein Polizeizeuge, um auszusagen, später wird es zu ein paar persönlichen Einlassungen der Angeklagten kommen, aber die Schwerkraft des Prozesses wird sich vor diesem Sommer nicht zeigen.

Auch wenn es hier nicht um die Gerichtsöffentlichkeit geht: Ein Gericht, das gezwungen wird, sich zu lange mit sich selbst zu beschäftigen, erzeugt einen nervösen Zustand. Nicht auszumalen, was passiert, wenn diese Sache platzt.

Etwas ratlos begebe ich mich in die Mittagspause. Der einzige kulinarische Ort ist einen halben Kilometer entfernt: ein überdimensionierter Rewe, der alles hat, sogar Gänge, in denen man sich verlaufen kann. Zwischen Gewerbegebiet und Burger King wirkt der große Supermarkt merkwürdig deplatziert. Und so auch diese Menschen, das Prozesspublikum, die Journalisten und Beteiligten, die herumlaufen, als wären sie hier falsch abgesetzt worden, als wären sie nicht wirklich auf der Suche nach Essbarem. Es ist, als könnte man dort nichts Brauchbares finden. Sie werden vermutlich weniger werden, schon nach drei Tagen wird es aussehen wie immer in dieser Gegend um diese Zeit: relativ leer.

1. https://www.youtube.com/watch?v=fHypQVgYPtQ, in der SWR-Doku «Schattenreich», abgerufen am 13. 6. 2024.
2. Ebd.
3. https://www.sueddeutsche.de/projekte/artikel/politik/reichsbuerger-prinz-reuss-terrorismus-reuss-gruppe-e940243/, abgerufen am 22. 7. 2024.
4. https://www.sueddeutsche.de/meinung/afd-ostdeutschland-europawahl-kommunalwahlen-kommentar-lux.WyUFHWjDnuHbV1PaA4uoNt?reduced=true, abgerufen am 22. 7. 2024.
5. Ein der rechtspopulistischen Verschwörungsszene zuzurechnendes Portal, in dem als Dauergast Hans-Georg Maaßen publiziert.

Lukas Bärfuss

Sommer der Demokratie

Toulouse, Südwestfrankreich, im Kaufhaus «Galeries Lafayette» am Vortag der Parlamentswahl Ende Juni, erste Runde. Eine junge Frau, in ihr Smartphone vertieft, ist drei Schritte davon entfernt, die Rolltreppe aus den oberen Stockwerken als Geisterfahrerin zu betreten. Sie wird sich wehtun. Ihr Gang in die falsche Richtung ist bestimmt. Voller Elan auf einem Irrweg. In die Gefahr. Auf die Zurufe der Kunden reagiert sie nicht. Im letzten Moment hält sie inne, knapp vor den Stufen, hebt den Blick und murmelt: «Pardon.» Nach einer Drehung um hundertachtzig Grad vertieft sie sich wieder in den Bildschirm. Die Frau reagiert als Maschine, korrigiert einen Fehler ohne emotionale Beteiligung. Sie hat kein Bewusstsein für die Wirklichkeit, für die Materie, für ihren Körper. Ein unbekannter Inhalt nimmt sie gefangen. Entweder eine Erzählung oder die Kommunikation. Beides ist immersiv, beides fesselt. Diese Formen kennen keinen V-Effekt, keine Distanz. Der Mensch vergisst sich. Je weniger Sinn für die Wirklichkeit notwendig ist, um eine Erzählung zu verstehen, desto erfolgreicher ist sie. Nach dieser Devise werden die Szenarien entwickelt, produziert und verbreitet.

Im Café erzählt der junge Dichter von seiner Heimat, einer Provinzstadt im Osten des Landes. Er hat Frankreich lange verlassen und lebt im Ausland. Seine Eltern sind geblieben.

75

Der Sohn fürchtet um ihre Sicherheit. Jeder im Viertel kennt ihre politische Gesinnung. Sie stehen links. Bei seinem letzten Besuch ist der Dichter von Tür zu Tür gegangen und hat Flugblätter verteilt. Gegen die Rechtsextremen. Früher hatten die hier keine Wähler. Jetzt habe er lupenreine Faschisten getroffen. Sie wählten das Rassemblement National, sagt er, weil sie Blut sehen wollten, wahrhaft genozidales Denken wirke da. Der Dichter spricht vom Bürgerkrieg. Er hält ihn nicht für möglich, nicht für wahrscheinlich, er hält ihn für unausweichlich.

Er teilt diese Einschätzung mit dem Präsidenten der Republik, Emmanuel Macron. Der Bürgerkrieg, erläutert er in einem Radiogespräch, sei das Ende des Weges, den man mit der Wahl der Extremisten betrete. Einen Unterschied zwischen der Linken und der Rechten macht er nicht. Das sei nicht hilfreich. Der Präsident befindet sich im Wahlkampf.

Im Fernsehen verurteilt Philippe de Villiers diese Wortwahl. Der Präsident, der für das Chaos verantwortlich sei, beschwöre das Chaos. Ein Brandstifter sei das. Und de Villiers kommt zu dem Fazit: Wer Macron wähle, wähle den Krieg.

De Villiers ist beredt, er formuliert seine Hetze charmant und druckreif, zitiert de Gaulle und Saint-Simon. Ein Enarch, wie der Präsident, ein Zögling der École nationale d'administration. Sie bildet die Verwaltungselite aus.

Als Politiker hat der Katholik, Royalist und Spross einer Adelsfamilie wenig erreicht. Zehn Jahre diente er als Abgeordneter im Europaparlament, einmal, im ersten Kabinett Chirac, war er Staatssekretär für Kultur. Doch als Geschichtenerzähler gehört Philippe Marie Jean Joseph Le Jolis de Villiers de Saintignon, wie er mit vollem Namen heißt, zu den erfolgreichsten seines Metiers in Europa, und auch weltweit braucht die Wir-

kung seiner Erzählungen keinen Vergleich zu fürchten. Zweieinhalb Millionen Menschen besuchen jedes Jahr den kleinen
Ort Les Epesses an der Atlantikküste, in der Vendée. Diese
Region ist der sprichwörtliche Begriff für die Gegenrevolution.
1793 erhoben sich hier die Royalisten gegen die Erste Republik. Der Aufstand wurde blutig niedergeschlagen. Um dieses
Trauma lebendig zu erhalten, hat de Villiers einen der größten
und erfolgreichsten Themenparks des Kontinents erschaffen,
Puy du Fou. «Unsere Kreationen sind wie große Live-Filme»,
heißt es in der Werbung, «geprägt von schnellen Aktionen
und grandiosen Spezialeffekten, aber das Kernstück des Kon-
zepts des Puy du Fou ist und bleibt die Emotion. Die Besucher
müssen sich von der Poesie eines Textes, einer schönen Geste,
der Reinheit einer Musik ergriffen fühlen.»

Propaganda und Unterhaltung gehen hier Hand in Hand.
Tausende von unbezahlten Freiwilligen führen de Villiers'
Stück «La Cinéscénie» auf. Seit der Premiere Anfang der Acht-
zigerjahre wurde der Aufwand immer größer. Wasserspiele,
Feuerwerk, eine Menagerie aus Kühen, Schweinen und Pfer-
den re-enacten zur Unterhaltung eines Millionenpublikums
die Unterdrückung Frankreichs durch fremde Mächte. Der
Hintergrund der Shows ist auswechselbar, von der Vendée
geht es nach Verdun zu den Poilus, zu den Patrioten in den
Schützengräben, und in einem anderen Spektakel rennen die
Wikinger gegen die heiligen Küsten des Vaterlandes an.

De Villiers' Erfolg ist nicht unbemerkt geblieben. Seine
Firma exportiert das Franchise. Unterdrückte gibt es nicht
nur in Frankreich. Auch auf der russisch besetzten Krim war
ein Park geplant. Nur die internationalen Sanktionen gegen
Putins Regime verhinderten die Realisierung. In China ist das
Unternehmen erfolgreicher gewesen. Dort soll im kommen-

den Jahr eröffnet werden. Das Thema: der japanische Überfall auf China. Die Kosten: achtzig Millionen Euro.

In diesen «historischen Themenparks» hält man sich nicht an historische Fakten. Warum auch? Das Unternehmen bezieht keine staatlichen Subventionen. Die antidemokratische Massenpropaganda betreibt man mit privaten Geldern und mit der Instrumentalisierung der Jugend. Der Puy du Fou unterhält eine eigene Ausbildungseinrichtung. Und man ist stolz darauf: «Die ‹Académie Junior› zählt heute dreiunddreißig Schulen: Kostüme, Theater, Tanz, Zeichnen, Buchmalerei, Bühnenbilder und Requisiten, Reiten, Voltigieren, Fotografie, Video, Bühnentechnik, Tierpflege, Flamenco usw. Insgesamt werden jedes Jahr mehr als sechshundert junge Menschen ausgebildet. Sie bilden einen regelrechten Talentpool und stellen den Nachwuchs der Künstler und Techniker des Puy du Fou dar.»

Wer zögert, seine Kinder in diese ganzheitliche Erziehungsanstalt zu schicken? Beim Zustand der öffentlichen Schulen? Bei den niedrigen Gebühren? Hundert Euro im Monat für eine Privatschule? Das gibt es nur unter den Royalisten. Und sie mögen die Umwelt, die Biodiversität und unterstützen das lokale Gewerbe. Der Puy du Fou ist nachhaltig, künstlerisch, ökologisch und totalitär.

Wenn er keine Szenarien schreibt, setzt sich de Villiers ins Fernsehstudio und erörtert die Notwendigkeit, Frankreich zurück zu seiner wahren Größe zu führen. Weltweit. Von Herrscherhaus zu Herrscherhaus. Zum Wohl der Nation. Wer braucht die Republik? Mit sanfter Stimme entwirft er zur besten Sendezeit apokalyptische Szenarien. Ausführlich. Der Royalist muss nicht befürchten, dass ihn die feschen jungen Moderatoren unterbrechen. Der Kanal *C News*, bei den Zuschauerzahlen in Frankreich an zweiter Stelle, wird von seinem Freund und Bruder im Glauben Vincent Bolloré kontrolliert. Der Erbe einer traditionsreichen Papierfabrik («OCB»-Zigarettenpapier) wurde durch Aktiengeschäfte zum Milliardär und gehört zu den zehn reichsten Franzosen. Sosehr ihn seine ehemaligen Geschäftspartner hassen, weil er sie ein ums andere Mal übertölpelt hat, so sehr bewundern sie ihn für seine wirtschaftliche und politische Skrupellosigkeit. An ihm kommt niemand vorbei. Der einzige Mensch, den Bolloré fürchtet, ist kein Mensch, es ist der Sohn Gottes, Jesus von Nazareth. Der Sünder Bolloré trägt, so erzählt die Legende, eine Reliquie auf sich und spendet Millionen an die katholische Kirche. In den letzten Jahren hat er sich das passende mediale Umfeld geschaffen, ein reaktionäres, katholisches, royalistisches Biotop. Hier arbeitet man an der Abschaffung der Demokratie, täglich und mit unbeschränkten Mitteln. Man handelt aus Notwehr, gegen die Verschwörer, gegen die Juden, gegen die Araber, für das reine, französische Blut. Hier sieht man die Geburtsstunde der Republik mit einem Genozid an deren Gegnern verbunden. Der Opfermythos verbindet die französische Reaktion mit jedem totalitären System. Die permanente Kriegsrhetorik findet anderswo Parolen wie «Amselfeld» oder «Boyne», hier ist es das Herz mit dem Kruzifix, das Symbol der heldenhaften Opfer der Vendée, die endlich, nach über zweihundert Jahren, gerächt werden sollen.

Jene, die sich früher als vernünftige Linke bezeichneten, haben dieser Politik nichts entgegenzusetzen. Kein Geld und keine Erzählung. Ihnen bleibt nur die moralische Überzeugung, auf der richtigen Seite der Geschichte zu stehen. Viele sehen sich als letztes Aufgebot. *Faire barrage*, das wollen sie, einen Damm bilden gegen die Feinde der Republik. Unter Mitterrand nannte man dies den *cordon sanitaire*. Philippe de Villiers freut sich, dass dieser Schutz unwirksam geworden ist, und liefert die Erklärung dazu. Gegen die Rechtsextremen gab es drei Vorbehalte. Sie seien Antisemiten, sie seien Rassisten, sie seien Feinde der Europäischen Union und damit Feinde des Friedens. Deshalb waren die Lepenisten vom Front National für französische Patrioten unwählbar. Das hat sich erledigt. Seit dem 7. Oktober sei Antisemitismus selbst in der Linken salonfähig, mit den Anschlägen auf das «Bataclan» der Rassismus gegen Muslime gerechtfertigt, und der 24. Februar habe den Krieg und die extreme Rechte zurück ins Spiel gebracht.

Und der Linken geht langsam die Lust aus, gegen eine Sache einzutreten, ständig in der Defensive zu sein. Man mag nicht mehr an die Urne gehen, bloß um das Schlimmste zu verhindern. Marie-Josée, Rentnerin, versteht nicht, was passiert. Sie stammt aus dem französischen Baskenland und kann es weder fassen noch glauben. Der Front National war unwählbar, undenkbar, unvorstellbar. Und jetzt stehen diese Leute an der Schwelle zur Macht. Bald werden ihnen die Schlüssel zum Élysée ausgehändigt. Und niemand, seufzt Marie-Josée, der sich ihnen in den Weg stellen könnte. Oder möchte. Marie-Josée fürchtet sich. Sie flüchtet in ihren Garten. Der Salbei gehört ihre ganze Liebe. Sie besitzt vierzig Sorten. Und eine jede ist anders, sagt sie lächelnd, ist das nicht wundervoll?

Die Verlagsbuchhändlerin aus Paris bewundert ihre Tochter und befürchtet zugleich das Schlimmste. An der Universität mobilisiert die junge Frau ihre Kommilitonen. Die Studierenden agitieren gegen die rechte Gefahr. Das ist wichtig und richtig, aber die Mama fürchtet, das Mädchen könnte sich radikalisieren. Sie steht schon jetzt mit ihren Ansichten am äußersten Rand des politischen Spektrums. Wohin soll das noch gehen? Und in diesen Kreisen, fügt sie hinzu, sei der Antisemitismus verbreitet.

Diese Linke macht es nicht besser als die Rechte. Sie manipuliert durch Weglassung. Ihre Aufrufe denunzieren den jüdischen Staat als koloniales Projekt, als Apartheid. Israels Sicherheitsstrukturen hätten per se genozidale Tendenzen, und das «zionistische Konstrukt» sei ohne Berechtigung. Die Finanzierung der Hamas durch den Iran und Katar wird verschwiegen. Postkoloniale Ideologen geben den Takt vor.

Auf Fakten aber haben die Menschen in diesem Sommer keine Lust. Sie sind der Wirklichkeit überdrüssig. Sie ist zu komplex, zu unübersichtlich. Man will sie weghaben. Ihre Gesellschaft hat keine Perspektive. Die Zerrüttung des wirtschaftlichen und politischen Systems wird nicht zu beheben, die Mentalität der Menschen, mit denen man diese Wirklichkeit teilt, nicht zu ändern sein. Nicht durch Gespräche, nicht durch die demokratischen Strukturen. Ein Wirtschaftswissenschaftler, als Kolumnist und Universitätsprofessor bisher von tadellosem Ruf, ein Mann, der sich gegen die kommende Klimakatastrophe einsetzt, empfiehlt als politische Alternative die Schriften Alexander Dugins, seinen unzweifelhaft faschistischen «Vierten Weg». In zehn Jahren würden es alle begreifen.

Ungeduld macht sich breit. Man will einen Schnitt, man will diesen Sommer der Demokratie endlich hinter sich bringen, man schaut Netflix, informiert sich bei TikTok, ignoriert die Wirklichkeit und freut sich auf den Herbst.

Deniz Utlu

Du und ich

Ich (...) begehrte nur, dass die Menschen
ihre Solidarität wiederfinden, um den
Kampf gegen ihr empörendes Schicksal
aufzunehmen.

ALBERT CAMUS, VIERTER BRIEF,
BRIEFE AN EINEN DEUTSCHEN FREUND

1

Wir sind ungefähr gleich alt. Irgendwas zwischen Mitte zwanzig und Anfang dreißig. Wir sind im selben Schulsystem groß geworden. Vielleicht hatten wir denselben Lehrer, im selben Schulgebäude – in derselben Klasse? Wir haben zusammen studiert, vielleicht im selben Hörsaal gesessen. Jetzt bist du dort, und ich bin hier. Der Rest der Nation wundert sich. Wir kennen uns. Nie hätte ich damals gedacht, dass unser Konflikt zur Frage dieses Landes werden würde. Damals, als wir Jugendliche waren in den Straßen unserer Stadt. Du kahlgeschoren, ich mit Lederjacke. Nie hätte ich dir zugetraut, dass du es schaffst. Und ich? Für dich war ich nur Gesindel, ein Schmarotzer, der nichts zu sagen hat. Nicht, dass ich dich nicht ernst genommen hätte. An dem Tag, als du mit deinen Freunden gegen die kritische Wehrmachtsausstellung marschiertest, druckte ich zwei Straßen weiter tausendmal das

Gedicht «Ärgernis» von Erich Fried im Copyshop aus und verteilte es in der Innenstadt. Ich nahm an Treffen von älteren Jugendlichen teil – ich hoffte, sie hätten Erfahrung, sie wüssten, wie man mit dir und deinen Freunden fertig wird. Damals wusste ich nicht, dass das erst der Anfang war. Dass wir unterschiedliche Wege gehen würden, um uns heute wieder zu begegnen. Wusstest du das? Wo warst du? Wer hat dich unterstützt? Ich war ein neunzehnjähriges Mädchen, das nach Frankreich ausgerissen war und auf den Rücksitzen von Autos schlief, bis es an der Sciences Po zugelassen wurde, mit Stipendium, denn natürlich hatte ich als Kind jener Menschen, die auch du «Gastarbeiter» nennst, kein Geld. Ich war ein dreizehnjähriges jüdisches Mädchen, das mit seinen Eltern als Kontingentflüchtling aus Russland nach Deutschland gekommen war, ohne ein Wort Deutsch zu sprechen, und mit sechzehn für einen deutschen Text eine Literaturförderung bekam. Weißt du noch, wie du ein Hakenkreuz auf unser Flüchtlingsheim gesprüht hast? Ich war ein Junge, dessen Mutter den bettlägerigen Vater pflegte oder dessen Mutter Alkoholikerin war, verlassen vom politisch verfolgten Vater, der sich in der Türkei der Polizei gestellt hatte. Und wo warst du in all diesen Jahren? Jetzt bist du hier. Wir sind fertig mit unserem Studium, ich habe meine Freunde gefunden, die verstreut waren, von denen ich nicht gewusst hatte, dass es sie gab, dass auch sie sich fragten, wie es weitergehen soll. Ich weiß nicht, wie es für dich war, für uns war es nicht leicht, aber jetzt sind wir hier. So wie auch du jetzt hier bist.

Wie schade, jemand, der von außen zuschaut, von einem anderen Stern, müsste verwirrt sein. Er müsste denken, warum reichen sie sich nicht die Hand: dasselbe Land, dieselbe Schule, dieselbe Zeit, derselbe Ort. Warum tun sie sich nicht zusammen, denken zusammen, richten dieses Land, diese Welt häuslich ein? Und es stimmt, es ist schade. Uns stehen zwanzig, dreißig, höchstens vierzig Jahre bevor – die Zeit eben, die auf Erden uns gegeben ist. Und es ist nicht derselbe Stern, unter dem wir geboren wurden. Nie werden wir zusammen das Glas heben, nie uns die Hand reichen. Stattdessen werde ich immer hier sein und du immer dort. Von deinen Freunden weiß ich schon, dass sie die Namen der meinen auf Listen führen. Sie sollen sie richtig schreiben. Wir sind hier. Ich bin hier. Für jeden deiner Versuche, unsere Vielheit zu beschädigen, werden wir sie zehnfach ausweiten.

2017

2

Wir sind ungefähr gleich alt. Irgendwas zwischen dreißig und Anfang vierzig. Es sind sieben Jahre vergangen, seit ich dir das letzte Mal schrieb. Du bist nicht mehr kahlgeschoren. Dein Grinsen ist breiter. Die Zeit hat für dich gearbeitet, glaubst du. Aber ich bin immer noch hier. Tief in dir drin weißt du, musst du wissen, du brauchst mich. Du brauchst mich für deinen Hass. Du brauchst mich, um du zu sein. Denn du bist niemand ohne mich. Ich hingegen brauche dich nicht. Ich bin genau der, der ich jetzt bin, auch ohne dich. Oh, die Steine, die du mir in den Weg legtest, haben mich gezeichnet. Das zu leugnen, wäre albern. Nein, deine Gewalt ist nicht an mir vorbeigegangen. Weder deine Morde noch die Gleichgültigkeit so vieler gegenüber deinen Morden haben mich unberührt gelassen. Und dann jene, die deine Gegner sein wollten, dich aber nicht aus dem Herzen bekamen? Ich bin auch der geworden, der ich bin, angesichts deiner Gewalt und der Kälte meiner Zeit. Aber ich brauche dich nicht als Gegenüber. Wenn du verschwindest, bin ich genau der, der ich bin. Wenn ich verschwinde – und vielleicht ist dir das wirklich nicht klar –, bist du nichts. Dass deine Gewalt Spuren hinterlässt, ist kein Widerspruch. Du hast uns hingerichtet in jener Shisha-Bar. Das war nicht schwer für dich, die Polizei hatte den Notausgang versperrt. Ein Jahr später fuhren wir in jene Stadt, in der du uns erschossen hast, und wir haben getrauert für uns. Wir waren da für uns. Wir. Für uns. Wir waren Selbstinitiativen, wo andere Initiativen fehlten. Tief in dir drin weißt du, es wird mich immer geben, ich werde da sein. Ich hingegen weiß nicht, ob es dich geben wird. Irgendwann wirst du gehen. Jetzt noch nicht. Noch lange nicht. Du wähnst dich sicher. Du warst subtil. Du warst klug. Du hast dich rasiert. Du hast promoviert in Recht und Wirtschaft und Philosophie. Du hast die Sprache der Vernunft gelernt. Das war nicht schwer, du musstest sie nur von ihrem repressiven Ende her lesen lernen. Dabei glaubst du doch gar nicht an Dialektik? Du hast Elitesoldaten ausgebildet. Dein Onkel hat es bis an die Spitze der Sicherheitsbehörden geschafft. Ich weiß, was du denkst: Du hast das alles geschafft, weil du recht hast. Und nicht nur das, du glaubst, dass auch die anderen, die Gesicherten, dich im Recht sehen, dass sie tief in ihrem Herzen mit dir übereinstimmen, dass sie dich brauchen für ihr Gesichertsein. Warum sonst haben sie dich all die Jahre gedeckt, in denen du im Untergrund warst? Weshalb hat die Familien- und Jugendministerin dich damals geehrt mit ihrem Besuch in jener kleinen Hafenstadt, nachdem du es doch gewesen bist, der das Haus der Familien aus Vietnam angezündet hat? Weshalb ist das Recht damals dir und nicht mir gefolgt? Und bin ich hilflos, wenn ich weiter nach Worten suche, wo du noch jedes gegen mich verwenden konntest? Nein, ich bin nicht hilflos. Denn am Ende, wenn nichts mehr ist und alles zurückkehrt an den Anfang, sind da nur noch Worte kurz vor dem großen Schwarz. Und es sind nicht deine.

Dass deine Gewalt sich auch gegen die Gesicherten wenden wird, ja, am Ende sogar gegen dich selbst, weißt du nicht. Vielleicht hast du recht und in ihrem Innersten sind einige dir dankbar? Andere wollen dich nicht, da du jetzt schon in den Parlamenten sitzt. Und du lachst und lachst, denn es ist zu spät. Du sitzt bereits drin. Und du sitzt bald fester. Die Gesicherten sind hilflos, aber manchmal auch hilflos offen für Totalitäres, Hauptsache, sie stehen auf der richtigen Seite, auf der guten, und du stehst nicht – noch nicht, sagst du – für die gute Seite. Dabei sollte niemand sicher sein zu wissen, was richtig und was falsch ist. Und immer noch will ich Erich Frieds Gedicht tausendfach ausdrucken und wie damals am Opernplatz meiner Stadt vor einer großen Menge verlesen, aus Protest gegen dich, schreibt er doch an die Gesicherten, an die «braven Bürger»: «Ihr schaut nicht / genau genug hin / wenn ihr in diesen blauen / oder braunen / oder auch grauen Augen / nicht / einen Augenblick lang / euer eigenes / Spiegelbild seht.» Und du lachst weiter. Natürlich merke ich: Es ist dasselbe alte Lied. Natürlich weiß ich, dass ich seit so vielen Jahren, seit wir beide, du und ich, noch zur Schule gingen, immer wieder dasselbe sage und vor mir schon so viele andere sagten und nach mir andere nicht aufhören werden zu sagen: Ich will, dass die Menschen ihre Solidarität wiederfinden. Siehst du, es gibt keinen Kampf um Kulturen oder Identitäten, es geht um etwas ganz anderes: Du hast es ja auf Geist und Verstand abgesehen, auf das universelle Denken und Empfinden, das erst eine Vorstellung des Menschlichen erschafft und weiterführt. Deshalb ist die Begeisterung, die du bei so vielen erzeugst, dumpf, die Liebe, die du anbietest, eng und befristet. Du willst ein geistloses Europa, das wolltest du schon immer. Ich entgegne: Ich habe mein Europa, du hast deines. Ich habe meine Welt, du hast deine. Von alldem willst du nichts wissen, denn dir galt Macht immer mehr als Erkenntnis. Weißt du, am Ende zählt dort, wo wir uns wiedertreffen, die Macht am wenigsten, ganz gleich, was sich in der Zwischenzeit mit ihr verwüsten ließ. Und du magst sagen: Sieh, was haben euch all die Worte gebracht, siehst du nicht deine Niederlage? Und ich sage dir: Eines haben mir die Worte gebracht – ich bin noch da.

2024

WORTE IN ZEITEN DES KRIEGES

Tanja Maljartschuk

Die Krümel
der Freiheit

In schwierigen Zeiten wie diesen fühlt man
sich besonders zum Handeln verpflichtet und deshalb beson-
ders machtlos. Wir nutzen alle uns zur Verfügung stehenden
Mittel, um einer Welt, von deren Untergang wir von Tag zu
Tag mehr überzeugt sind, die Wahrheit mitzuteilen, von der
wir glauben, sie erkannt zu haben. Vielleicht braucht diese
Wahrheit nur noch die richtigen Worte und wird den entschei-
denden Unterschied ausmachen, wenn es schon wieder um
Sein oder Nichtsein geht. Retten uns die Worte? Nicht die
Literatur, nein, aber die richtigen Worte vielleicht?

Seit Februar 2022, als meine ukrainische Welt Rakete für
Rakete, Stadt für Stadt, Freund für Freund unterzugehen
begann, ringe ich mit aller Kraft um Wahrheit und somit um
Worte. Das Bedürfnis zu verstehen wurde auf einmal viel größer als das Bedürfnis zu schreiben. Die Literatur, die in meiner Vorstellung nur eine Antwort auf die Realität ist, habe ich
fürs Erste beiseitegelegt. Um der Realität gerecht zu werden,
müsste ein literarischer Text solch grausame Formen annehmen, dass niemand es ertragen könnte, ihn zu lesen.

Stattdessen suche ich Zuflucht in den Briefen, Memoiren,
Interviews, Essays, in den philosophischen und sozialwissen-
schaftlichen Schriften kluger Menschen, die irgendwann in
der Vergangenheit Ähnliches durchgemacht und dennoch den

klaren Verstand und die Fähigkeit zu hoffen bewahrt haben. Welche geistigen Rettungsmethoden haben sie ersonnen? Könnten diese Methoden auch bei mir funktionieren, die ich zwar nicht aufgebe, der aber zusehends die Hoffnung entgleitet?

1935 klagte der österreichische Autor Hermann Broch in einem Brief an Egon Vietta, Gott sei vorhanden, aber in einer entgötterten Welt wirkungslos. Nach dem Aufkommen des Nationalsozialismus in Deutschland emigrierte Broch in die «Schlichtheit eines stummen Lebens» und hörte auf, literarisch zu arbeiten. Das Dilemma, mit dem er sich herumplagte, war dem meinen verwandt. Hat der schriftstellerische Beruf als solcher noch Legitimität? «Ich hatte einsehen gelernt», schreibt Bloch, «dass man sich keine Hoffnungen mehr machen durfte, durch eine literarische Publikumsbeeinflussung dem historischen Ablauf eine andere Richtung geben zu können.»[1] Ein dichterisches Leben führen zu wollen, das erscheint ihm unmoralisch.

Obwohl unsere Gegenwart und Brochs Epoche nur bedingt miteinander vergleichbar sind, erkenne ich in der Klage eines Dichters, den man seinerzeit für den österreichischen Joyce gehalten und heute fast vergessen hat, etwas mir sehr Nahes – eine Mischung aus Enttäuschung und dem Willen, der in ihrer Aggression entfesselten Zeit keine Metapher mehr zu schenken.

Hin und wieder überkommen Broch weiterhin «metaphysische Impulse zur Dichtung», und er schreibt an seinem Vergil-Roman mit dem optimistischen Arbeitstitel «Erzählung vom Tode». Seine ganze Energie («sofern man sich nicht lieber umbringt») setzt er jedoch für die Arbeit am Gemeinwohl ein. Falls die Welt doch überlebt, möchte er beim Aufbau ihrer neuen, gerechteren und richtigeren Version teilhaben. Während des nationalsozialistischen Massenwahns entwickelt Hermann Broch zunächst in Wien und dann, bis zum Ende seines Lebens, im Exil ethisch-philosophische Theorien zur Massenpsychologie und Demokratie. Heute werden diese Schriften noch weniger gelesen als seine Romane. Wie ist es möglich, fragt Broch in «Autobiographie als Arbeitsprogramm», Jahrzehnte vor Canettis «Masse und Macht», dass offenkundige Wahnsinnshaltungen und Anormalitäten für lange Perioden als «normal» gelten konnten und wahrscheinlich immer wieder gelten werden?[2]

Seit dem Überfall Russlands auf die Ukraine erlebt Europa eine Zeitenwende, es ist gezwungen, nach Worten und Antworten zu suchen, die einem Angst machen können. Kommt der Krieg auch nach Hamburg oder Lissabon? Kann die Gemeinschaft, in deren Bewusstsein Waffen und Kriege längst obsolet geworden sind, kollektiven Widerstand leisten? Hat man die Freiheit vielleicht doch falsch verstanden, und keiner kann frei sein, solange es weiter einen einzigen Tyrannen gibt? Ist das demokratische System wirklich so wehrlos, wie viele behaupten?

Umfragen lassen immer wieder vermuten, dass nur wenige Westeuropäer bereit wären, ihre Länder mit Waffen zu verteidigen. In der Ukraine war es vor der russischen Invasion nicht anders. Der hybride Krieg im Donbass dauert seit 2014 an, und nur ein kleiner Teil der Zivilbevölkerung hat sich daran beteiligt. Man hatte gehofft, dem Schlimmsten noch entgehen zu können. Ein Schriftstellerkollege und Freund von mir, Vater von zwei Kindern und leidenschaftlicher Weltenbummler, erzählte später, dass er für sich und seine Familie einen raffinierten Fluchtplan für den Fall eines Angriffs entwickelt hatte. Als Pazifist und linksorientierter Humanist konnte er sich nicht vorstellen, in der Armee zu dienen. Wie so viele andere Schriftsteller*innen und Künstler*innen aus unserem Kreis meldete sich dieser Autor im März 2022 freiwillig bei einer der nächstgelegenen Einberufungskommissionen.

Warum änderten sich seine Ansichten so rasch? In einem Interview antwortete dieser Autor auf die Frage, wofür er kämpft, folgendermaßen: für die Würde. Ihm wird glücklicherweise nicht bewusst gewesen sein, wie wenige sich weiter westlich von seinem Würde-Argument beeindrucken lassen.

In Wien treffe ich eine andere Freundin. Wir sitzen in einem gemütlichen Lokal, wo man tagsüber Kaffee, abends leichte Alkoholgetränke trinkt. Es ist ein Abend. Und weil es sich so gehört und der Kellner uns kennt, bringt er die Bestellung besonders lange nicht. Diese Frau ist eine der sehr wenigen mir bekannten ukrainischen Vertriebenen, deren Leben sich im Ausland verbessert hat. Hier scheint sie glücklich zu sein. Nachdem sie im April 2022 mit ihrem Sohn unter dramatischen Umständen aus Kyjiw fliehen musste, hat sie ihre Heimatstadt und die Ukraine nie wieder besucht. Früher erfolgreiche Künstlerin, verdient sie in Wien als Tätowiererin ihren Lebensunterhalt. Sie fühlt sich in Österreich wohl, obschon wir, wenn wir uns auf einen weißen Spritzer treffen, immer über den Dritten Weltkrieg reden und dass es nirgendwo auf der Erde mehr sicher ist.

Ich bin gerade aus Kyjiw zurück und teile meine Eindrücke. Sie hört aufmerksam zu, fragt nichts nach. Einen Moment lang werden meine Augen zu ihren. Ich erzähle in bunten Farben, wie sehr die ukrainische Hauptstadt sich verändert hat, sie ist trotz Erwartungen voller Kraft und Leben und ... Stromausfälle, verursacht durch die russischen Angriffe auf die Energieversorgung, sind brutal ... aber man hat das Gefühl, sich im Strom der Geschichte zu befinden ...

Sie nickt. Der Kellner bringt endlich die Getränke. Beim Kassieren gegen Mitternacht berechnet er uns zwei zu viel, aber wir nehmen es ihm nicht übel. Irgendwann frage ich meine Freundin, wofür es sich ihrer Meinung nach zu kämpfen lohnt. Und sie antwortet: für die kleinen Dinge, Tanja, für diesen Tisch zum Beispiel und für diesen Abend.

Eine demokratische Weltordnung manifestiert sich in kleinen Dingen, und das ist ihr Problem. Ein abendlicher Plausch mit einer Freundin gilt nicht als eines ihrer Hauptkriterien. Ich betrachte jedoch Begegnungen, Gespräche, Spaziergänge, Reflexionen als die Krümel der Freiheit, die die primären zwischenmenschlichen Prozesse ermöglichen. Gleichzeitig nehmen viele diese Krümel gar nicht mehr wahr oder ärgern sich sogar, weil der Alltagstisch von außen unordentlich aussieht.

Im Autoritarismus ist alles einfacher. Selbst wenn ihr es wollt, könnt ihr aneinander nicht vorbeigehen: du und die Macht über dich, die einem anderen gehört. Es besteht nur noch diese Beziehung. Man blickt auf die Macht, und die Macht zwinkert zurück. Es gibt keine Krümel auf dem Tisch, alles befindet sich in bester Ordnung. Eine feine Schicht Furcht bedeckt alles, womit man in Berührung kommt, jedes einzelne Wort, das man spricht oder eher verschweigt.

In einem bemerkenswerten Radiogespräch 1964 mit dem Historiker Joachim Fest vergleicht Hannah Arendt das Böse mit einem Schimmelpilz, der ohne Tiefe und jegliche Dämonie an der Oberfläche allmählich wuchert. Wird er nicht gestoppt, so kann der Schimmel die ganze Welt verwüsten. In diesem Sinne ist das Böse tatsächlich banal («von empörender Dummheit!», ruft Arendt aus), aber dadurch keineswegs harmlos.

Die menschliche Wahrnehmung unterliegt im Autoritarismus als Erstes der Verwüstung. Irgendwann erhält man den Eindruck, dass es ganz natürlich ist, so zu leben, bedeckt mit Schimmel und Furcht, und dass es nie etwas anderes gegeben hat. Man braucht sich nur ein wenig an die neuen Bedingungen anzupassen, und der Rest läuft wie gewöhnlich weiter. Die Falle schnappt zu. Von da an kämpft man nur für die Erinnerung. Die Erinnerung verwandelt sich im Autoritarismus zu einem wichtigen Instrument des Widerstands. Sich daran zu erinnern, was es bedeutet, frei zu sein, wird zur Bürgerpflicht und zum Versprechen für die Zukunft.

Ich will damit nicht sagen, dass die Menschen in grauer Vorzeit freier waren als jetzt. Vielmehr erscheint mir die gesamte Entwicklung unserer Geschichte als ein Übergang von mehr zu weniger Gewalt. Mit Ausnahmen und Perversionen. Die europäischen Autoritarismen des 20. Jahrhunderts, deren Nachkommen wir auf die eine oder andere Weise sind, erfanden totale Gewalt in nie zuvor gesehenem Ausmaß. Die Tatsache, dass meine Großmutter mittellose Analphabetin blieb, während ihr ermordeter Vater gut gebildet und wohlhabend gewesen sein soll, gibt mir wenig Anlass, mich als Expertin für die sich immer mehr entfaltende Freiheit zu betrachten. Mit Unfreiheit kenne ich mich viel besser aus. Von Generation zu Generation schrumpft die Fähigkeit, sich frei zu fühlen, oder nimmt umgekehrt zu, je nachdem, wie sehr die äußeren Umstände diesen Prozess begünstigen oder verhindern. Die größten Freiheitskämpfer*innen der Geschichte waren nicht frei, auch nachdem sie gewonnen hatten, aber vielleicht empfanden ihre Kinder sich nachher als ein bisschen freier. Und genau darum geht es – jedes Mal ein bisschen mehr. Alle, die sich heute als freie Menschen bezeichnen, schulden einigen hoffnungslosen, aber hartnäckigen Vorfahren Dank.

Ich wurde mit einem geringen Sinn für Freiheit geboren. Meine Gemeinschaft, die sich seit Jahrhunderten unter Autokratien und Diktaturen entwickelt hatte, konnte mir sehr wenig bieten. Ohne einen eigenen Staat war sie nicht einmal in der Lage, ihr eigenes originelles Unfreiheitssystem aufzubauen. Auf der Grundlage einer primitiven Kollaboration beteiligten sich viele meiner Vorfahren am Bau von Gefängnissen, in denen sie dann selbst saßen. Die ukrainischen Lande, so wunderschön und fruchtbar, waren Schauplatz der Unterdrückung von Menschen, die manchmal auch nicht davor zurückschreckten, ihre Mitmenschen zu missbrauchen. Im autoritären System gibt es keine anderen Rollen. Jeder ist entweder Opfer oder Täter oder eine tragische Kombination aus beidem. Gewalt ist Luft, die alle atmen.

Um aus dem Kreislauf der Gewalt auszubrechen, muss das Opfer zunächst erkennen, dass das, was ihm widerfahren ist, nicht oder nicht mehr als Norm gelten darf. Bis eine solche Erkenntnis eintritt und die Wahrheit ausgesprochen wird, vergehen Jahrzehnte, ja manchmal ganze Menschenleben. Denn wie Martin Pollack in seinem Buch «Kontaminierte Landschaften» schreibt, «die Verhaltensweisen der Täter sind überall und immer dieselben – täuschen und tarnen».[3]

Meine Großmutter, eine Zeugin der völkermörderischen Hungersnot, die das sowjetische Regime 1932/33 ausgelöst hatte, starb in der Überzeugung, dieses penibel geplante Verbrechen zähle zu den Naturphänomenen. Wie ein Schnee-sturm im August oder eine Heuschreckenplage ließe sich der große Hunger von Zeit zu Zeit einfach nicht vermeiden. Erst nach der Unabhängigkeit der Ukraine durfte man frei über den Holodomor sprechen. Das Denkmal für einen seiner Hauptor-ganisatoren, Pawel Postyschew, stand bis 2015 in Kharkiw. Iro-nischerweise fiel dieser Mann ebenfalls der stalinistischen Repression zum Opfer, wurde aber nie für seine verbrecheri-schen Handlungen verurteilt. Ein anderer Henker nahm sei-nen Platz ein, und das war's.

Meine Großmutter pflegte die Brotkrümel vom Tisch in der Handfläche zu sammeln und sie in den Mund zu stecken. Das-selbe zu tun zwang sie auch mich, wozu sie eine ihrer vielen Volksweisheiten über den Wert des Brotes zitierte und mir gelegentlich mit Hungersnot drohte. Allerlei Sprüche begleite-ten meine ukrainische Kindheit. Ihr Inhalt lässt sich wie folgt zusammenfassen: nicht auffallen und still bleiben. Ich sollte so still wie möglich sein. Still sein und Brotkrümel essen. Im Ukrainischen gibt es einen Ausdruck, der meistens im Impe-rativ verwendet wird: Setz dich hin wie ein Stein. Erst jetzt wird mir klar, dass der Sprecher mit seinem Wunsch, jeman-den in Stein zu verwandeln, eigentlich Fürsorge ausdrückt: Bleibst du ruhig und siehst möglichst wenig wie ein Mensch aus, wird dich das Terrorregime vielleicht übersehen.

Ich habe gelernt, wie ein Stein zu sitzen. Und doch war mir oft viel zu langweilig. Als ich aufwuchs, durfte man sich ein bisschen mehr gönnen. Die Ukraine der 1990er- und 2000er-Jahre war ein armes und wildes Land, aber es gab keine Aufse-her mehr, keine lähmende Furcht. Die kraftvolle Energie, die dadurch freigesetzt wurde, füllte alles mit Lebensdurst und Neugierde. Und auch heute, nach fast drei Jahren des täglichen russischen Terrors und der schrecklichen Verluste, hat das geschundene und blutende Land diese Eigenschaften nicht verloren. Mehr noch: Es teilt sie großzügig mit allen, die zu Besuch kommen.

Am deutlichsten habe ich das vor Kurzem im Zentrum der westukrainischen Provinzstadt gespürt, aus der ich stamme. Es war wieder ein warmer Juniabend. Im Schatten verblühter Linden erzählt mir eine befreundete Galeristin alle Neuigkeiten. Ihr Haar ist pechschwarz und am Ansatz völlig grau. Hier die Neuigkeiten: So-und-so hat eine Buchhandlung eröffnet, So-und-so ist durchgedreht, So-und-so sind geflüchtet, aber dann zurückgekommen, weil sie kein Deutsch lernen wollten. Der immer betrunkene Dichter, führt die Galeristin fort, du erinnerst dich wahrscheinlich an ihn, wohnte in der Nähe des Flughafens und ist am 24. Februar 2022 wegen der Explosionen vor seinem Fenster aus dem Bett gefallen. Danach ruft er seine Ex-Geliebte an und sagt, dass sein Leben wertlos sei, sie ihn nicht mehr liebe, die Poesie schon lange tot und er ständig nur betrunken und ohne Geld sei. Jetzt habe auch noch der Krieg begonnen – er hänge sich auf!

Sich aufzuhängen ist nicht leicht, antwortet die Ex am Telefon, sie habe es mehrfach versucht und sei immer gescheitert. Sie rät dem Dichter, in die Armee zu gehen. «Vielleicht kannst du dort von Nutzen sein.»

Und stell dir vor, verkündet die Galeristin fröhlich, unser Säufer ist jetzt fast ein Offizier, er trinkt nicht mehr, er ist schlank und fit geworden, er schreibt Gedichte und postet sie in den sozialen Medien.

Wir lesen die Gedichte laut vor und lachen, obwohl sie überhaupt nicht lustig sind. In der Ukraine weiß man nicht mehr, wann die richtige Zeit zu lachen ist, deshalb macht man das lieber zu früh und oft. Ich bin meiner Freundin sehr dankbar dafür.

«Und wie geht es dir, Tanja?», fragt sie nun mich. «Versteht man in Österreich und in Deutschland, wofür wir kämpfen?»

Wir reden kein Wort über ihren Sohn, der bei Bachmut gefallen ist. Sein Porträt, mit einem schwarzen Band versehen, hängt in der Galerie neben den Werken lokaler Künstler*innen. Der Juniabend legt sich unerträglich schön auf die Kronen der Lindenbäume.

1. Sich an den Tod heranpürschen … Hermann Broch und Egon Vietta im Briefwechsel 1933–1951, hg. von Silvio Vietta und Roberto Rizzo, Göttingen 2012, S. 21.
2. Hermann Broch, Psychische Selbstbiographie, hg. von Paul Michael Lützeler, Frankfurt am Main 1999, S. 104.
3. Martin Pollack, Kontaminierte Landschaften. Unruhe bewahren, St. Pölten / Salzburg / Wien 2014, S. 18.

Ronya Othmann

Im Gegenlicht oder Wofür es sich zu streiten lohnt

1.

Ich habe immer abgeglichen. Mein Aufwachsen, mein Leben in einem bayrischen Dorf in der Nähe von München, das Aufwachsen, das Leben meines Vaters, meiner Verwandten in einem kurdisch-jesidischen Dorf in Syrien. Es waren nicht nur die Gegensätze aus Armut und Reichtum, die ja ganz offensichtlich waren, die man ablesen konnte an den geteerten Straßen, an fließend Wasser und Strom einerseits und den Schotter- und Staubwegen, den Brunnen, dem Stromausfall andererseits. Es war auch der Unterschied zwischen Demokratie und Diktatur. Und das waren keine abstrakten Begriffe für mich. Festzumachen nicht nur an den Dingen, die ich wusste, nämlich freie Wahlen, Debatten und Pressefreiheit auf der einen und Spitzel, Folterknäste, Wahlspektakel auf der anderen Seite. (Darüber gibt es auch einen Witz, und der geht so: Geht ein Syrer zur Wahl. Auf dem Heimweg fällt ihm ein, dass er versehentlich nicht Assad gewählt hat. Er kehrt um und sagt, er würde seinen Fehler gerne korrigieren. Der Wahlhelfer antwortet: Nicht nötig, das habe ich längst getan.)

Nein, es war schon an den Dingen festzumachen, die ich sah. Meine Schule beispielsweise und die Schule, in die meine

Cousine und Cousins gingen. Die Schule in der Demokratie und die Schule in der Diktatur. Meine Schule oder besser meine Schulen, das Gebäude aus den 1950ern und der Beton-Glas-Stahl-Neubau, aber immer mit Pausenhalle, großen Fensterfronten, Höfen mit viel Grün. Dagegen die Schule im Dorf meiner Verwandten, die ein wenig wie eine Kaserne aussah, ein ockerfarbener Klotz, der Hof mit Stacheldraht umzäunt, auf der Metalltür syrische und palästinensische Flaggen (es war ein kurdisches Dorf wohlgemerkt) und in jedem Klassenzimmer ein Bild des Diktators und das seines Vaters. Hinzu kamen die täglichen Fahnenappelle, Paraden, an denen die Schüler und Schülerinnen teilnehmen mussten (Fernbleiben wurde mit Strafen belegt: Mein Vater bekam dafür einmal eine Woche Schulausschluss), und Schulfächer wie Nationale und Militärische Erziehung, an denen meine Verwandten als staatenlose Kurden aber nicht teilnehmen durften.

Doch es war nicht nur das, es war schon die Art des Lernens. In der Schule der Diktatur musste man auswendig lernen, auf Befehl wiedergeben, man lernte zu gehorchen. In der Schule der Demokratie muss man natürlich auch lernen, und auch dort wird Wissen abgefragt, aber auf dessen Grundlage lernt man argumentieren, man darf denken, ja bestenfalls wird das Denken sogar gefordert, und man darf streiten. These, Gegenthese, Argument und Gegenargument, Dialektik, Widerspruch, Synthese, das war das Vokabular meiner Schulzeit. Ich erinnere mich an Schulaufsätze, an Tintenflecken an meinen Händen, an das Pausenklingeln. Und dabei war ich weder eine gute Schülerin (oft abgelenkt von dem Buch unter der Bank oder dem Blick aus dem Fenster), noch bin ich gerne zur Schule gegangen (oft gelangweilt und auch nicht ganz freiwillig). Aber ich habe gelernt, dass der Streit eine gute Sache ist.

2.

In der Diktatur wird gehorcht, in der Demokratie gestritten. Mit wem man streitet, den respektiert man. Und etwas entgegnen kann man nur, wenn man weiß, also sich anhört, was der andere zu sagen hat. Und dabei geht es nie besonders freundlich zu. Hat man denn je einen freundlichen Streit gesehen? Freunde, die streiten – ja, natürlich, die gibt es – und die nach dem Streit immer noch Freunde sind. Streiten ist etwas anderes als bekämpfen. Und ein politischer Gegner ist kein politischer Feind.

Natürlich klingt die Sache, wenn man sie so aufschreibt, einfacher, als sie ist. Es gibt schließlich auch Scheindebatten und Scheinargumente. Und man kann auch darüber streiten. Und manchmal geht das gründlich schief. Da wird sich zerstritten und zerlegt. Da wird gehauen und gestochen. Schließlich ist ein Parlament kein Debattierclub. Es steht etwas auf dem Spiel. Die Krisen unserer Zeit sind weitaus komplizierter, als dass sie in sechzig Minuten Polit-Talk passen. (Was nicht gegen Debattensendungen im Fernsehen spricht.) Wie soll man streiten, wenn man nicht mehr auf demselben Boden derselben Tatsachen steht? Beispielsweise also, wenn die einen nun nach Corona auch den Klimawandel leugnen, vom «großen Austausch» und von «geheimen Mächten» reden.

3.

Ich erinnere mich, 2018, da war ich mit einem Recherchestipendium in Diyarbakır, in der Stadt, die auf Kurdisch Amed heißt und auf Armenisch Tigranakert (schließlich war vor dem Genozid Anfang des 20. Jahrhunderts über die Hälfte der Bevölkerung armenisch). Ich war nach einer Verabredung in der Altstadt unterwegs, ging noch ein wenig spazieren. Die Altstadt war zu dem Zeitpunkt nur noch zur Hälfte vorhanden. Die andere, die ältere Hälfte, Sur, lag in Trümmern. Aber wenn man das nicht wusste, fiel es nicht sofort auf. Die Trümmer waren abgesperrt. Sie lagen in den Gassen hinter großen Betonmauern mit Stacheldraht. Nur wenn man näher herantrat, konnte man sie sehen, die Fassaden mit den Einschusslöchern, das geborstene Glas, die zerbombten Häuser. Drei Jahre zuvor hatte es Kämpfe gegeben, und sie hatten sich bis in das folgende Jahr gezogen. Das türkische Militär hatte Sur abgeriegelt und setzte Panzer ein, Helikopter, schweres Geschütz.

Sur war zerstört, und man hatte es damals, als ich durch die Altstadt spazierte, nicht wiederaufgebaut. (Und das sollte auch später nicht geschehen, als man anstelle der Häuser disneylandartige Betonklötze aufstellte.) Nur um das Vierbeinige Minarett hatte man sich gekümmert. Und dessen Wiederaufbau wurde gerade gefeiert, als ich entlangkam und neugierig stehen blieb.

Da waren Fernsehkameras. Ein paar offiziell aussehende Leute, Gäste jedoch fehlten. Vermutlich hatte niemand Lust darauf, den Staat, der das Altstadtviertel in Grund und Boden gebombt hatte, noch für die Wiederaufstellung des Minaretts zu beklatschen. Und ich schaute einen Moment zu lange hin, aus sicherer Entfernung, wie ich meinte, da kam schon ein Mann mit dem Mikrofon auf mich zugeschritten.

Ich sähe aus, als käme ich nicht von hier. Er sprach mich auf Englisch an und fragte, was ich in der Stadt machte.

Urlaub, log ich. Und dachte, wie offensichtlich meine Lüge doch war, die halbe Stadt lag in Trümmern, und an jeder Ecke stand ein Panzerwagen, patrouillierten Soldaten, und über den Himmel schrappten Helikopter.

Aber der Mann schien begeistert. Eine Touristin, wunderbar, sagte er, sie seien auf der Suche nach einer Touristin. Ob ich nicht etwas sagen könne, über die Wiederaufstellung des Vierbeinigen Minaretts.

Ich hätte keine Zeit, sagte ich, ich müsse weiter.

Es dauere nur einen Moment, sagte er. Nur einen Moment, sagte er und winkte den Kameramann herbei.

Ich schüttelte den Kopf und sagte, ich spräche nicht gerne vor der Kamera.

Keine Sorge, sagte er, er komme von *TRT*, dem Türkischen Staatsfernsehen. Ganz seriös, sagte er. Ich solle mir keine Sorgen machen. Er werde mir sagen, was ich zu sagen hätte, und ich bräuchte das einfach nur in das Mikrofon und in die Kamera zu wiederholen.

4.

Ich dachte später oft über diese Begegnung nach. Ich erzählte davon, als wäre sie ein Witz, und gewissermaßen war sie das auch. Ich dachte, dass ich noch am Tag davor mit einer Menschenrechtsanwältin Tee getrunken hatte. Sie vertrat die ehemaligen Bewohner von Sur und wurde deswegen von türkischen Sicherheitskräften drangsaliert. Ich dachte an das, was ich nicht gesagt hatte. Oder was ich nicht sagen konnte.

Ich dachte an die Menschen, mit denen ich auf meiner Reise gesprochen hatte und die Sätze gesagt hatten wie «Hier kannst du nicht atmen» oder «Hier kannst du niemandem trauen». Ich hatte ihre Sätze aufgeschrieben, aber es waren auch meine.

Auch ich konnte – für den begrenzten Zeitraum – meiner Reise nicht atmen und niemandem trauen.

Auf der Rangliste der Pressefreiheit hatte die Türkei auf Platz 157 gelegen, mittlerweile war sie einen Platz weiter abgerutscht. Ich dachte an die Autoren und Journalisten, die recherchiert hatten, was nicht recherchiert werden darf, kritisiert, was nicht kritisiert, gesagt, was nicht gesagt werden darf, und die nun im Gefängnis saßen, das Land verlassen mussten oder gar ermordet wurden.

«Freiheit und Kritik», schrieb Marcel Reich-Ranicki einmal, «bedingen sich gegenseitig. Wie es also ohne Freiheit keine Kritik geben kann, so kann auch die Kritik nicht ohne die Freiheit existieren.» Und ein paar Zeilen später zitierte er Theodor W. Adorno: «Kritik ist aller Demokratie wesentlich. Nicht nur verlangt Demokratie Freiheit zur Kritik und bedarf kritischer Impulse. Sie wird durch Kritik geradezu definiert.»[1]

Ich dachte auch zwei Jahre nach meiner Begegnung in der Altstadt von Diyarbakır wieder darüber nach, als der türkische Staatssender oder Erdoğan-Propagandasender einen deutschen Ableger bekam, *TRT deutsch*. Und als sich die Videos und Clips dieses Ablegers in den sozialen Medien verbreiteten und auch in meine Timeline und Feeds einsickerten.

TRT deutsch war kein Einzelfall. Propaganda im Look klassischer News-Outlets, für ein westliches Publikum aufbereitet. Was ich da sah, sah ich auch auf russischen oder katarischen Propagandakanälen, auch auf Französisch, Spanisch oder Englisch und für ein junges urbanes Publikum.

5.

Seit fünf Jahren schreibe ich Kolumnen. In regelmäßigen Abständen schreibe ich darin auch über Islamismus, türkischen wie deutschen Rechtsextremismus und eine Reihe weiterer Themen. Was ich bemerkenswert finde und was mich nun seit diesen fünf Jahren begleitet, ist der Vorwurf, meine Kritik an diesem und jenem würde diesen und jenen, also den Falschen, in die Hände spielen. Von Applaus von der falschen Seite ist die Rede. Und es gibt ihn, den Applaus von der falschen Seite. Oder, anders gesagt, die Instrumentalisierung, beispielsweise der berechtigten Kritik am Islamismus, von rechts.

Aber man kann wiederum auch diese Instrumentalisierung offenlegen und kritisieren, und – auch das habe ich die letzten Jahre beobachtet – so schnell der Applaus von rechts kommt, so schnell verstummt er auch wieder. Und ich frage mich, ob es nicht mehr Schaden als Nutzen bringt, wenn man auf Kritik verzichtet, aus Angst, den Falschen in die Hände zu spielen. Bedeutet es nicht im Gegenteil ein Einknicken, eine Anpassung an das rechte Klima? Und hat man nicht längst verloren, wenn man auf eine demokratische Debatte, auf den Austausch von Argumenten, auf Streit verzichtet? Warum sollte man sich von der Angst vor dem Applaus der falschen Seite in die Debatten reindiktieren lassen?

Nun gibt es nicht nur die berechtigte Sorge, den Falschen, nämlich den Rechten, in die Hände zu spielen, und die falsche Schlussfolgerung: dann lieber gar keine Kritik und gar kein Streiten mehr. Es gibt auch die Instrumentalisierung von anderer Seite. In diesem Fall von der islamistischen. Der Vorwurf, da klatschen womöglich die Falschen, wird auch gerne benutzt, um Kritik von vornherein abzuwehren. Und oftmals geht es sogar einen Schritt weiter. So veröffentlichte beispielsweise die SETA-Stiftung, eine Denkfabrik der Erdoğan-Regierung, 2018 den «Europäischen Islamophobie Report» (finanziert auch mit Mitteln der Europäischen Union). Islamismus- und Erdoğan-Kritiker wurden darin pauschal des antimuslimischen Rassismus bezichtigt.

6.

Den Streit, die Kritik gilt es zu verteidigen, das schreibt sich so einfach. Auch dass die Demokratie von vielen Seiten bedroht ist. Nicht nur von den extremistischen Ecken und Rändern, sondern auch von einer korrumpierten und gleichgültigen Mitte. Einer Mitte, die wegschaut, die schweigt, aus Feigheit oder Opportunismus, die kooperiert, kollaboriert, die Mauern zum Bröckeln bringt, die populistische Phrasen auswirft in der Hoffnung, dass irgendwer anbeißt. Gegen das Gift hilft kein Gegengift, gegen den Populismus kein Gegenpopulismus, auch das schreibt sich so einfach. Und dass eine Demokratie gegen ihre Feinde verteidigt werden muss, und das, ohne sie dabei zu verraten. Dass es nicht läuft wie im Film, wo der Held nur bis zum gefährlichsten Punkt der Geschichte vordringen muss und dort auf seinen Gegner treffen, um die Feuerprobe zu bestehen. Dass es nicht auf einen einzigen, alles entscheidenden Moment zuläuft und die Feuerprobe keine Feuerprobe, sondern der Ernstfall Teil der Übung ist. Dass Demokratie Demokraten braucht. Und dass es dabei auf vieles ankommt, nicht unbedingt aber auf in pastoralem Ton vorgetragene Feiertagsreden.

7.

Ich habe Demokratie immer von ihrem Negativ aus betrachtet. Im Gegenlicht schärfen sich die Konturen. Ich habe nie in einer Diktatur gelebt, aber ich habe die Beklemmung gespürt, wenn ich als Kind jedes Jahr zu meinen Verwandten gereist bin, auch schon als Begriffe wie «Demokratie» und «Diktatur» noch nicht zu meinem Wortschatz gehörten. Ab dem Moment, an dem ich das Land über den internationalen Flughafen Aleppo betrat und das Erste, was ich in der Ankunftshalle sah, die Porträts des Diktators und des Diktatorenvaters waren. Es war kein diffuses Gefühl, es resultierte aus dem Wissen, diesem Mann und seiner Herrschaft nun für den Zeitraum meines Aufenthalts ausgeliefert zu sein. Das Land war voll von seinen Porträts. Sie hingen in den Amtsstuben, in den Schulen und Straßen, an den Schlüsselanhängern der Taxifahrer. Bei den Aufmärschen für das Regime riefen die Menschen: «Assad bis in Ewigkeit.»

Später dachte ich, das ist der Unterschied. Demokratie ist ein fortlaufender Prozess, sie ist zyklisch, lebt von Periode zu Periode, sie steuert auf kein Ziel zu. Ich dachte, in der Diktatur gibt es die Ewigkeit, in der Demokratie eine Zukunft, und die kann erstritten werden.

1. Marcel Reich-Ranicki, Über Literaturkritik (1970), Stuttgart / München 2002.

Per Leo

Boe & Bö Universal Ltd. – die Lobby der Demokratie

Wir waren auf dem Weg zum Souverän, als der Regen plötzlich in Schnee überging. Instinktiv zog Boe den Kopf ein – und das Tempo an. Nachdem ich eine Weile in seinem Windschatten gegangen war, fiel ich nun, von Natur aus langsam, allmählich hinter ihn zurück. Bald war er so weit enteilt, dass seine Fußabdrücke, noch während ich ihnen folgte, sich vor meinen Augen in einen glasigen Matsch verwandelten. Und so ließ mein Blick von der Spur am Boden ab, um sich – zusammen mit den Gedanken – im Wirbel der Flocken zu verlieren.

Es gibt zwei Arten von Denkern. Bei den einen finden wir Geborgenheit, die anderen rufen uns in die Ferne. Beides ist gut, dachte ich, aber beides hat auch seine Tücken. Am Herd droht Bequemlichkeit, im Freien Orientierungsverlust. Ist es darum nicht am besten, zwischen den beiden Polen zu existieren? Sollten wir nicht drinnen bereit sein, den Ruf an die Sonne zu erhören, und draußen, wenn es dunkel wird, Ausschau zu halten nach einem Licht?

Es wäre zu viel gesagt, dass der Philosoph Boe mich gerufen hätte. Doch als er vor ein paar Jahren plötzlich in unserer Straße stand und meinen Nachbarn, den Philosophen Jürgen Ha, kaum noch hinausrief, sondern geradezu herausforderte, da war mir sofort klar, dass er nicht nur den berühmten Kollegen persönlich meinte, sondern auch den intellektuellen Repräsentanten eines Landes, das in einen dogmatischen Schlummer gefallen war.

Die Berliner Republik, wie die Zeitung für Deutschland uns nannte, war damals in aller Bescheidenheit ziemlich zufrieden mit sich selbst. Während sie mit der ganzen Welt Handel trieb, hielt sie sich – nach Möglichkeit! Zu Besonnenheit mahnend! Verdienend und zahlend ... – aus allen Händeln heraus. Hätte man seine Bürger gefragt, zu welchem Zweck dieser Staat existiere, wäre vielfach wohl kein Ideal, ja nicht einmal eine Idee, sondern nur eine Negation genannt worden: Unseren Staat gibt es, damit nie wieder passiert, was im Nationalsozialismus passiert ist. Wir haben uns mit den Feinden von einst versöhnt, der Opfer von einst gedenken wir, und mit dem Rest des Erdballs wollen wir für immer in gutem Einvernehmen leben. Wäre die Berliner Republik eine Kanzlei gewesen, hätte auf dem Klingelschild «Freund & Partner» gestanden.

Endlich sind wir wieder gut. So lautete das Dogma der neuen Deutschen. Und das wollen wir auch schön bleiben, so ihr Bekenntnis. Hätte man sie zudem gefragt, ob dieser hocherfreuliche Zustand sich vielleicht auf eine Formel bringen ließe, wäre die Antwort vermutlich nicht schwergefallen. Wir sind, hätte es mit kokett gesenktem Blick geheißen, eine stabile Demokratie mit vorbildlicher Erinnerungskultur. Und diese Selbsteinschätzung fand ihr Echo in der Welt. An der deutschen Bereitschaft zur historischen Selbstkritik, so war aus anderen Demokratien zu hören, könne man sich durchaus ein Beispiel nehmen.

Auf diese glatt glänzende Zufriedenheit traf Boes Ruf wie ein Wespenstich.

Denn er kam ja nicht von irgendwo, dieser Ruf, sondern von jenem Flecken Erde, auf dem die neuen Deutschen mehr als überall sonst – und um fast jeden Preis – wieder gut sein wollten. Boe hatte Ha aus dem uralten, blutjungen Land Israel gerufen. Und so auffordernd er geklungen haben mochte, mehr als nur ein Appell war es auch ein Hilferuf gewesen und ein Klageschrei, ja eine Anklage, aus der nicht nur Entrüstung, sondern auch bittere Enttäuschung sprach.

Was um Himmels willen war geschehen?

Ha war nach Israel gereist. Und dort hatte er, von einem Journalisten zur Politik des Landes befragt, nur wortreich geschwiegen. Es sei «nicht Sache eines privaten deutschen Bürgers meiner Generation», so Ha, die politischen Zustände in Israel zu bewerten. Mochten andere das als Zeichen von Besonnenheit deuten, als Rücksicht auf eine historische Verantwortung, die kaum jemand so sehr verkörperte wie Ha – Boe ließ es ihm nicht durchgehen. Schonungslos buchstabierte er aus, was seiner Auffassung nach mit diesem Schweigen gesagt worden war. Wenn Ha sich weigere, die «Wahrheit über Israel» auszusprechen, wenn er nicht Stellung beziehe zur Nakba, der Vertreibung der Palästinenser im Zuge der israelischen Staatsgründung, zur Besatzung und Besiedlung des Westjordanlandes, zu den Luftangriffen auf Gaza – die es ja auch damals schon gab – und nicht zuletzt, hier schlug das Herz von Boes Argument, zu der «grundsätzlichen Frage, ob ein explizit jüdischer Staat wirklich eine liberale Demokratie sein kann», dann komme dies, auch wenn das harte Wort nicht fiel, einem Verrat gleich.

Sich angesichts kritikwürdiger Zustände ins Private zurückzuziehen, laufe auf Selbstzensur hinaus. Und über Israel nicht zu urteilen, heiße, ihm und seinen Bürgern den Dialog zu verweigern. Boe hätte auch sagen können: Wem der Mut fehlt, sich seines eigenen Verstandes zu bedienen und gemäß seiner Einsicht frei zu sprechen, der wählt die Unmündigkeit. Weil Ha als Diskursethiker das Ideal einer öffentlichen Vernunft vertrat, war das ein ungeheuerlicher Vorwurf. Tatsächlich reagierte Boe jedoch nur auf eine Forderung, die noch viel ungeheuerlicher war. Sie wurde nicht von Ha selbst vertreten, wohl aber einer Strömung innerhalb der deutschen Linken, in deren Tradition auch er stand.

Unter Berufung auf Adorno und die Kritische Theorie war Kants kategorischer Imperativ dort in einer Weise umformuliert worden, die Boe, den Kantianer und israelischen Juden, empörte. Im Lichte von Auschwitz, so hatte ein deutscher Politologe stellvertretend für die «antideutsche» Subkultur geschrieben, gelte es, einem «zionistischen kategorischen Imperativ» zu folgen, was bedeute, «alles zu tun, um die Möglichkeiten reagierender und präventiver Selbstverteidigung des Staates der Shoahüberlebenden aufrechtzuerhalten».

Und hier fiel das harte Wort nun wirklich. Mit dem feinen Sinn für Dialektik, der sein ganzes Denken auszeichnete, nannte Boe die unbedingte Solidarität mit dem jüdischen Nationalstaat nämlich einen Verrat – an den Juden. Wer jüdische Existenz, in welcher Form auch immer, zu einem Selbstzweck erkläre, der schließe die Juden – nicht anders als der Antisemit – von der Teilhabe an der gemeinsamen Menschlichkeit aus. Und umgekehrt erlaube er damit, Nichtjuden, sofern es diesem Zweck genügt, als bloße Mittel zu behandeln. Damit hatte Has Schweigen einen Kontext bekommen, in dem es nicht nur als falsche Rücksichtnahme oder Feigheit, sondern als Komplizenschaft erschien.

Genau wie die einen, die Israel und die Juden mit ungerechter Einseitigkeit anfeindeten, so denunzierten auch die anderen, die sich mit ihnen vor dem Hintergrund der Shoah unbedingt solidarisch erklärten, das Ideal einer geteilten Menschlichkeit.

So einfach, so stark, so überraschend – also sprach Boe.

*

An der Kreuzung, wo zwischen kahlen Bäumen groß und nah das Brandenburger Tor erschien, wartete Boe auf uns. Im dichten Schneetreiben leuchtete die Fußgängerampel wie ein Blutfleck. Weil unser Freund die Richtung kannte, nicht aber das Ziel, bat ich die anderen, nun auf den letzten Metern mir zu folgen. Unsere kleine Gruppe bog in die Seitenstraße ein.

Seit mir Boes Ruf an Ha zu Ohren gekommen war, hatte ich unaufhörlich über ihn nachgedacht. Denn indirekt galt er ja auch mir. Und die guten Gründe, mit denen er Has Schweigen und erst recht die antideutsche Pseudomoral zurückgewiesen hatte, ließen sich einfach nicht ignorieren. Sie wirkten mit einer Kraft, die ausgerechnet Ha einmal als «zwanglosen Zwang des besseren Arguments» umschrieben hatte. Andererseits aber verstand sich die aus ihr abgeleitete Forderung keineswegs von selbst. Im Namen Kants einen «kategorisch-zionistischen Imperativ» abzulehnen, war das eine. Doch was bedeutete es, die Wahrheit über Israel auszusprechen? Von welcher Position aus würde sie mitgeteilt? Und wer wäre der Adressat einer solchen Mitteilung?

Ich war diesen Fragen gefolgt wie einem Bergführer in abschüssigem Gelände. Doch je länger ich über sie nachdachte, desto unvermeidlicher brachten sie mich überraschenderweise nach Hause. Ausgehend von Boes Kritik an Jürgen Ha, hatten meine Gedanken nämlich einen höchst erstaunlichen Umweg genommen, der mich über Boes Widersacher Yoram Ha zu Ha Arendt und Ha Enzensberger führte und von dort zu jenem Denker, dessen Stimme für mich wie kaum eine andere heimisch klang – zu Bö.

Zur gleichen Zeit, als Boe Jürgen Ha aus seinem dogmatischen Schlummer zu rufen versuchte, war Israel immer stärker in den Bann Yoram Has geraten, eines hellwachen Dogmatikers, dem mit Dialog nicht beizukommen war. Anders als die perverse Idee eines kategorisch-zionistischen Imperativs war dessen Idee einer zionistischen Moral gerade in ihrer Beschränktheit nicht nur wirkmächtig, sondern auch schlüssig. Wie alle Völker, so forderte diese Moral, sollten auch die Juden die Liebe zu ihrem Nationalstaat als Tugend kultivieren und sich Kritik im Namen einer abstrakten, grenzenlosen Vernunft verbitten.

Während der eine Ha für Boe das Ideal der Aufklärung verraten hatte, verkörperte der andere einen antagonistischen Pol des jüdischen Denkens. Beide, Boe und Yoram Ha, beriefen sich auf die Tora. Doch wo dieser den mosaischen Bund als göttlichen Auftrag an die Menschheit deutete, sich partikularistisch in Nationen zu organisieren, da stellte Boes Interpretation der Propheten den Universalismus Kants auf ein metaphysisches Fundament. Zwischen diesen beiden Polen, so schien es, war jede Versöhnung ausgeschlossen. Mit geradezu klassischer Deutlichkeit sah man sich hier vor eine Alternative gestellt.

Nun sprach aber Yoram Ha nicht nur laut und deutlich im Namen des jüdischen Erbes. Wer etwas genauer hinhörte, der konnte auch den Einfluss eines deutschen Staatsrechtlers vernehmen, den man – ohne dass davon sein ganzes Werk betroffen wäre – guten Gewissens einen Antisemiten nennen darf.

«Wer Menschheit sagt, will betrügen.» Diese Sentenz von Carl Schmitt hätte Yoram Ha sofort unterschrieben. Und auch sonst lag sein Denken auf der Linie eines Intellektuellen, der Hobbes' Idee der staatlichen Souveränität entschieden gegen die liberale Weltordnung und das moderne Völkerrecht verteidigt hatte. Dass Boe wie Jürgen Ha und alle Aufklärer, die in der Tradition Kants standen, den katholischen Hobbesianer Schmitt genauso als Antagonisten betrachteten wie alle Souveränitätsdenker ihrerseits den Menschheitsdenker Kant, ließ die Alternative nur noch rigoroser erscheinen.

Doch es gab einen Zug in Boes Denken, der den Schein dieser Symmetrie aufhob.

Für Yoram Ha und die Jünger Schmitts gab es in der Tat nur ein theoretisches Entweder-oder und, daraus abgeleitet, einen politischen Zwang zur Entscheidung. Für den Kantianer Boe hingegen konnte eine Antinomie niemals das letzte Wort sein. Wie jedes Denken, das vor unvermeidlichen Widersprüchen nicht kapitulieren will, drängte auch das seine zur Dialektik. Und weil sein Universalismus eine ausgesprochen idealistische, ja utopische Note besaß, musste es einen kontrapunktischen Halt im Realismus finden. Mustergültig war diese Spannung zu bemerken, als Boe einen deutsch-jüdischen Dialog würdigte, der kaum zwei Jahrzehnte nach Kriegsende alles zeigte, was Has Schweigen in Israel vermissen ließ.

1964 hatten sich Ha Arendt, die Grande Dame öffentlicher Intellektualität, und der frühreife Ha Enzensberger einen formvollendeten Disput über Folgen von Auschwitz geliefert. Unbesehen der Details, die hier nichts zur Sache tun, hatte Ha Arendt an einem neuralgischen Punkt eingewandt: «Wenn ein Deutscher das schreibt, ist es bedenklich.» Worauf Ha Enzensberger erwiderte, ob ein Satz bedenklich sei oder nicht, könne nicht von der Herkunft seines Urhebers abhängen. Dennoch sei das *argumentum ad nationem*, wie er es nannte, keineswegs irrelevant. Nur betreffe es nicht das Gespräch selbst, sondern: seine Voraussetzungen. Ohne ein «Minimum an Vertrauen» sei kein Dialog möglich, doch anders als die Zustimmung zu einem zwingenden Argument lasse es sich nicht einfordern. Vertrauen sei ein Geschenk.

Ohne Umschweife bekannte Boe, wie sehr er die «Kühnheit» bewundere, mit der hier ein junger Deutscher im Schatten von Auschwitz gegenüber einer starken jüdischen Stimme «mündig» geblieben war. Das realistische Argument, das eine nicht erzwingbare Voraussetzung des Dialogs von der Zustimmungsfähigkeit einer Aussage unterscheidet, erkannte er ausdrücklich an. Doch genau dieser Realismus war es auch, der Boes Denken in eine spannungsvolle Schwebe brachte, in der er den Bodenhalt zu verlieren drohte.

Kein vernünftiger Mensch, so Boe, könne leugnen, dass das für den Dialog unerlässliche Vertrauen – natürlich für Juden, aber nicht nur für sie – durch Auschwitz radikal erschüttert worden war. Und hier nun schien er in einen Widerspruch mit sich selbst zu geraten. Denn wie ließ sich die Forderung aufrechterhalten, in einen kritischen Dialog mit Israel einzutreten, wenn man auf israelischer Seite kein Vertrauen voraussetzen konnte? Boe schwankte. Und plötzlich wirkte tastend, was zuvor zwingend erschienen war. Erschüttertes Vertrauen, so Boe, könne nur im Dialog neu wachsen. Machte das aber nicht aus einer Bedingung ein Resultat? Hieß das nicht, dass die Wahrheit über Israel zur Not voraussetzungslos ausgesprochen werden musste, um die Voraussetzungen für einen Dialog herzustellen? Und käme das nicht einem menschlichen Schöpfungsakt gleich? Ermöglicht die Wahrheit den Dialog oder der Dialog die Wahrheit?

Mit diesen Fragen ließ Boe mich allein.

*

Wir waren am Ziel. Vom Ende der Straße glotzte, als wolle er über das bevorstehende Treffen wachen, der Eckturm des Reichstagsgebäudes herüber. An der Eingangskontrolle musste ich neben meinem Ausweis auch mein Taschenmesser abgeben, was Boe einen israelischen Scherz entlockte. Die anderen lachten. Unsere Nervosität, ein leichtes Lampenfieber, war mit Händen zu greifen.

Es war nur ein kleiner Gedankenschritt, der Jürgen Ha und Ha Enzensberger von Bö trennte. Geboren in den Jahren um 1930, waren alle drei in ihrer Jugend mit einem totalitären Idealismus konfrontiert worden, der sie für den Rest ihres Lebens allergisch auf Absolutheitsansprüche reagieren ließ. Die völkermörderische Gewalt des Nationalsozialismus hatte eine alte deutsche Tendenz, den Hang zum Unbedingten, so sehr auf die Spitze getrieben, dass nach dem Krieg ihr Gegenteil, die Aversion gegen alles Grundsätzliche, bis in die Alltagssprache eindrang. Wo man im Englischen lobt, wenn eine Position «principled» erscheint, da drückt die Anrufung des Prinzips im Deutschen meist einen Vorbehalt aus. «Prinzipiell gerne, aber heute ...» oder «Im Prinzip berechtigt, nur leider ...» sind ebenso geläufige Phrasen, wie «Prinzipienreiter» Leute genannt werden, die man nicht mag. Und dass ein berühmter Philosoph gleichen Alters einer Textsammlung den Titel «Abschied vom Prinzipiellen» gegeben hatte, kam auch nicht von ungefähr. Das bald sprichwörtliche Losungswort dieser Generation hieß: Skepsis.

Von allen um 1930 geborenen deutschen Intellektuellen faszinierte mich keiner so sehr wie der Staatstheoretiker und Bundesverfassungsrichter Bö. Und seit mich Boes Fragen umtrieben, gehörte zu dieser Faszination auch die unbestreitbare Nähe, in der Bö zu Yoram Ha stand. Wie für den religiösen Juden Ha lag auch für den Katholiken Bö der Ausgangspunkt seines Denkens im Glauben, weswegen auch er einen Hang zur Dogmatik besaß. Und auch er misstraute dem Universalismus der Aufklärung, während er Hobbes und seinem Lehrer Carl Schmitt folgend in der Souveränität des modernen Staates einen Garanten des bürgerlichen Friedens sah. Doch zugleich war er – typisches Kind seiner Generation – alles, nur kein Dogmatiker. Im Gegenteil, Bö gehörte zur raren Spezies der konservativen Dialektiker. Wo Yoram Ha den Gospel des souveränen Nationalstaats sang, da erkannte Bö nämlich ein fundamentales Problem.

In seinem berühmtesten Text, einem Aufsatz von gerade mal zwanzig Seiten, dessen dialektische Methode man mit Marx historisch und mit Hegel idealistisch, aber beiden zuwider skeptisch nennen könnte, hatte Bö 1964 die tausendjährige Geschichte europäischer Staatlichkeit aus dem Gegensatz von geistlichem und weltlichem Prinzip entwickelt. Am Ende eines atemberaubenden Gedankengangs, der vom Zerfall der imperialen Einheit im Investiturstreit über die Spaltung der Christenheit im Zuge der Reformation zum Primat der weltlichen Souveränität als Antwort auf die religiösen Bürgerkriege und schließlich zur Privatisierung des Glaubens im Zuge der Französischen Revolution führte, stand für Bö keine Pointe – sondern eine große Frage.

Nachdem die Selbstentfaltung der Freiheit nicht nur die legitimierende Kraft der Religion zerstört, sondern auch die kompensatorische Bindekraft des Nationalismus überwunden hatte, musste offenbleiben, was einen säkularen Staat, der zugleich liberal sein will, im Innersten zusammenhält. «Worauf stützt sich dieser Staat am Tag der Krise?» Denn, so Bö in einer klassisch gewordenen Formulierung, ein solcher Staat «lebt von Voraussetzungen, die er selbst nicht garantieren kann». Würde er sie – wie subtil auch immer – erzwingen, wäre er nicht mehr freiheitlich, überließe er sich seinem inhärenten Pluralismus, drohte der chaotische Zustand des Bürgerkriegs, der ja gerade durch das Gewaltmonopol des – zuerst fürstlichen, dann demokratischen – Souveräns beendet worden war.

Ist es Zufall, dass die Altersgenossen Bö und Ha Enzensberger beide im selben Jahr ein universelles Prinzip, dieser den freien Dialog, jener den freiheitlichen Staat, in einem Realismus der Voraussetzungen verankerten?

Bö hatte seine große Frage offengelassen. Aber man musste in seinen gesammelten Werken nur ein paar Seiten zurückblättern, um angedeutet zu finden, in welcher Richtung nach einer Antwort zu suchen war. Im Vorfeld des Zweiten Vatikanischen Konzils hatte Bö bei den deutschen Katholiken leidenschaftlich um ihre Zustimmung zur Demokratie geworben. Es fällt uns schwer, so Bö fast pastoral, gegenüber einem säkularen Staat loyal zu sein, der auch göttlichen Geboten zuwiderlaufende Gesetze ermöglicht. Doch nicht nur hat Gott uns in diesen Staat hineingestellt, dieser Staat fordert uns auch auf, ihn mitzugestalten – und zu erhalten. Denn seine Postulate, die Freiheit und die Gleichheit, können nur Bestand haben, wenn wir selbst, seine Bürger und nichtstaatliche Institutionen wie die Kirche, sie mit Leben erfüllen.

Und dieses demokratische Ethos, wie Bö es nannte, ergänzte nun Boes radikalen Universalismus auf eine Weise, die das Herz eines jeden Dialektikers erwärmen musste. Wo der eine auf Prinzipien bestand, die eine höhere Autorität besitzen als das Gesetz, verwies der andere darauf, dass erst die souveräne Selbstbindung ihnen Wirksamkeit verleiht. Und indem sie sich an Prinzipien bindet, ist die demokratische Souveränität – anders als die fürstliche – nicht mehr absolut. Wir haben uns selbst gebunden, als wir die Menschenwürde für unantastbar erklärten. Als wir Mitglied der EU und der NATO wurden. Als wir die Konventionen des Völkerrechts unterzeichneten.

Die Berliner Republik hat sich aber auch selbst gebunden, als sie Israels Existenz und Sicherheit zu ihrer «Staatsräson» erklärte. Doch besitzt dieses Prinzip die gleiche Unbedingtheit wie die von der Ewigkeitsklausel geschützten Teile des Grundgesetzes oder das Völkerrecht? Und was bedeutet es, die Existenz eines Staates zu garantieren, der keine anerkannten Grenzen besitzt, ja sogar eine Besatzungsmacht ist? Fragen wie diese hätte Bö, wenn es mit seinem Temperament vereinbar gewesen wäre, leidenschaftlich umarmt. Über seine Antworten können wir nur spekulieren. Doch ich bin mir sicher, dass er das Anliegen verstanden hätte, das unsere Gruppe vor den Fraktionen des Deutschen Bundestages vertreten wollte.

Wir sahen mit Sorge, dass nach dem 7. Oktober die Eskalation der Gewalt im Nahen Osten zu heftigem Unfrieden in der deutschen Gesellschaft geführt hatte – und dass die partikularistische Selbstbindung, die Solidarität mit Israel und den Juden, zunehmend in Konflikt geriet mit der universalistischen Selbstbindung, der Garantie von Gleichheit und Freiheit. Sollten hier lebende Palästinenser und Kritiker der israelischen Kriegsführung wirklich als «Antisemiten» verfolgt werden, nur weil sie sich für die Zivilbevölkerung in Gaza einsetzten? Wollten wir wirklich einseitig Partei ergreifen in einem Konflikt, in dem weder das Recht noch das Leid Privileg einer Seite war?

Wir mussten die Wahrheit über Israel gar nicht aussprechen. Es genügte, den demokratischen Souverän darauf hinzuweisen, dass er an das eigene Fundament rührte, weil ein Prinzip seiner Selbstbindung dem anderen widersprach. Dann müsst ihr euch eben entscheiden, hätte Carl Schmitt frohlockt. Doch mit Bö & Boe war hier mehr zu sehen als nur die Symmetrie einer Alternative. Denn welches Prinzip ist die Voraussetzung des anderen? Welches hat die höhere Autorität? Jenes hätte Bö fragen können, dieses fragte Boe.

Wie wird der Souverän, wie werden wir uns selbst antworten?

Tomer Dotan-Dreyfus

Dämmerung

1. Als wir einmal am Ozean waren

Die Sonne verschwindet hinter einem Hügel. Sie streckt ihre
strahlenden Arme und beleuchtet noch zwei, drei schmale
Wolken, die jetzt aussehen wie Wunden im Himmel. Der
Pazifik ist heute ruhig. Ein toter roter Seestern liegt auf dem
Sand und wartet darauf, aufgenommen zu werden: entweder
von der See oder vom Himmel. In der Fachsprache (was oft
einfach Griechisch bedeutet) heißt er Asteroidea, von Aster –
Stern und Eidos – Form. Und im Himmel gibt es «sternför-
mige» Asteroiden. See und Himmel haben fast den gleichen
Namen auf Hebräisch, der Unterschied besteht in nur einem
Buchstaben.

Die Dämmerung kann eine Zeit mystischer Ereignisse sein.
Für die Rabbiner, die das Thema im Traktat «Shabbat» in der
Talmud-Ordnung «Moed» (Feste, Rituale) diskutierten, ist
die Frage nach der Dämmerung sehr wichtig. Der jüdische
Kalender ist ein Mondkalender, und deshalb beginnen die
jüdischen Tage mit dem Anbruch der Nacht und dauern bis
zum Anbruch der nächsten Nacht und nicht – wie im christli-
chen Sonnenkalender – von Mitternacht bis Mitternacht. Das
bedeutet einiges: a) Die Tage schrumpfen und dehnen sich aus,
je nach Jahreszeit. In den Tagen vor der Sommersonnenwende
dehnen sich die Tage aus, und in den Tagen vor der Winter-

sonnenwende schrumpfen sie. Nicht die «Tage», im Sinne von Stunden, in denen die Sonne scheint, sondern tatsächlich die Vierundzwanzig-Stunden-Einheit, die «Tag» heißt, ist mal länger und mal kürzer, wenn man sie vom Sonnenuntergang bis zum nächsten Sonnenuntergang zählt, als würde das Jahr einmal ein- und einmal ausatmen. b) Es muss nun entschieden werden, was mit der Dämmerung zu tun ist – gehört sie zum gerade endenden Tag oder zu dem, der jetzt beginnt?

Eine Antwort im «Shabbat» lautet, die Dämmerung gehöre beiden Tagen. Ein Tag beginnt nicht, wenn der andere endet, sondern ein bisschen früher. Die Tage überlappen sich, und die Dämmerung dient hier als eine Zeiteinheit, die dem Übergang von einem Tag auf den nächsten einen spektralen Charakter verleiht und keinen binären. Sie ist eine Zeit des Sowohl-als-auch anstelle eines Entweder-oder.

In einem anderen talmudischen Traktat, «Pirqe Avot» in der Ordnung «Nesiqin», erscheint eine Liste von Dingen, die angeblich in der Abenddämmerung erschaffen wurden. Sie sind alle entweder mystisch oder paradoxal. Mystisch ist zum Beispiel Bilaams Eselin, die plötzlich anfängt zu sprechen, oder der Schamir – ein mythisches Wesen, ein Wurm angeblich, der Steine durchschneiden kann. Immer noch mystisch zur Zeit des Talmuds, und deshalb auch auf dieser Liste, ist der Regenbogen. Auch die Schrift und die Inschrift wurden dem Talmud zufolge separat in der Zeit der Dämmerung erschaffen. Damit ist gemeint: die Buchstaben, wie sie auf der Gesetzestafel Form angenommen haben, und die Inschrift, wie sie in die Tafel eingeschrieben wurde. In anderen Worten, jedes mystische Ereignis, Wesen oder Objekt bekommt einen Platz auf der Liste. Aber die Schrift und die Inschrift des jüdischen Gesetzes bekommen zwei Plätze auf der Liste unerklärbarer Dinge, die so merkwürdig und aus heiterem Himmel kamen, dass sie in dieser mystischen Dämmerungszeit erschaffen worden sein müssen.

Dieses Gesetz ist aber nicht nur im temporalen Sinne in einem Liminalraum entstanden, sondern auch in einem geografischen: in der Sinai-Wüste, die damals weder zu Ägypten noch zu Kanaan gehörte, zwischen Sklaverei und Souveränität, auf einem Berg zwischen Erde und Himmel. Dieses Gesetz steht also sowohl jenseits eines räumlichen als auch jenseits eines zeitlichen Geltungsbereichs.

2. Als ich in die Wüste kam

Demokrat*innen und Nicht-Demokrat*innen können schwer miteinander reden. Sie verwenden nicht die gleiche Logik. In der ersten Stufe des Demokratieverlusts geht die Fähigkeit verloren, Gut und Böse voneinander zu unterscheiden. Man merkt es nicht. Man überschreitet den Ereignishorizont eines riesigen schwarzen Lochs.

Der Ereignishorizont eines schwarzen Lochs ist die Grenze, dahinter kann nichts mehr raus, nicht mal Licht. Die Regeln der Physik und Astrophysik fangen langsam an, sich zu verändern. Aber wenn das Loch groß genug ist, merkt man gar nicht, dass man einen Ereignishorizont überschritten hat. Auf Beobachter*innen von außen wirkt es, als würde man langsamer, fast stillstehen. Aber man selbst wird keinen Unterschied in der eigenen Bewegung wahrnehmen. Das liegt daran, dass sich die Zeit für die Überschreitenden und für die Beobachtenden nun jeweils anders verhält.

Ich kam in San Pedro de Atacama am späten Nachmittag

an. Müde von der langen Reise, musste ich trotzdem gleich wieder raus. Vor Carlos' kleinem Haus wartete schon der Van. Alle zwei Jahre treffen wir uns in derselben Ecke der Welt, um nach oben zu schauen und uns zu versichern, dass wenigstens dort alles nach Plan läuft.

«Wie geht's dir, Querido?», fragte er wie immer.

«Ach, Deutschland ist nicht einfach», antwortete ich wie immer. Er lud ein schwarzes Radiogerät auf den Van, und ohne weiter nach Deutschland zu fragen, nannte er die Mannschaften, die heute spielen würden. Trotz meines kurzen Protests hörten wir später das Spiel.

«Und hier ist noch eine richtige Jacke für dich», sagte er und überreichte mir eine dicke Winterjacke, wohl wissend, dass ich die Kälte der Wüste jedes Mal falsch einschätzte.

Im benachbarten Haus waren alle Jalousien heruntergelassen. Dort lebt Sarah. Vielleicht die einzige Jüdin in der ganzen Atacama-Wüste. Bei jedem meiner Besuche hat sie sich ein Stück mehr von der Welt isoliert. Früher, als ich sie zum ersten Mal traf, hatte sie mir erzählt, dass sie hierhergezogen war, weil sie in Santiago alles verloren hatte. Hier war es billig, und sie wollte ihre Kunst weitermachen. Dem Anschein nach waren die Nachbarn von der Idee nicht ganz so begeistert gewesen. «‹Überleg dir, ob du sagen willst, dass du Jüdin bist›, haben sie mir gesagt.» In manchen Ecken der Welt führt die Palästina-Solidarität auch dazu. Ich umarmte sie und hatte in diesem Moment einen wilden Gedanken: Sie soll nach Israel. Das sprach ich natürlich nicht aus. Es ist ebenso irrational wie unpraktisch für sie. Hinter den Jalousien soff sie, und wir konnten sie hören, sie stöhnte und schrie wie ein verletztes Tier, einsam vom Schmerz und müde von der Jagd.

Wir stellten die Kameras und Teleskope auf. Zu dieser Jahreszeit kann man von diesem Ort das galaktische Zentrum wegen der Staubwolken zwar immer noch nicht sehen, aber wenigstens erkennt man schöne Farben in diesem Sternennebel. Ich machte Kaffee und beschwerte mich häufiger, als ich es normalerweise tat. Er hörte das Spiel. Immer gibt es ein Spiel – mal die WM, mal die EM. Wir treffen uns ja alle zwei Jahre im Winter.

«Querido, kannst du ein bisschen leiser sein?», sagte er, und dann: «Hey, ein Meteor!», aber bis ich meine Augen – bei jedem Besuch langsamer – nach oben gerichtet hatte, war der Meteor schon weg. «Fuck», sagte ich, «verdammt.» Siebenundvierzig Minuten des Fußballspiels waren gerade vorbei. Carlos machte sein Radio aus und starrte mich an.

«Ja?», fragte ich.

Er sagte nichts. Er schaute mich nur aus seinen braunen Augen an und nickte. Der Kaffee war fertig. Ich goss ihm eine Tasse ein, er bedankte sich und sagte: «Gut. Jetzt setz dich erst mal und beruhig dich.»

«Wieso?», fragte ich, und er antwortete: «Du bist sehr gestresst. Läuft es gut in Deutschland? Ich habe dich noch nie so angespannt gesehen. Du machst hier den Vibe ein bisschen kaputt, von den Sternen und schlimmer – vom Fußball. Also, komm, erzähl mal. Rede es dir vom Herzen und lass es uns gemeinsam ins Feuer schmeißen.»

Ich atmete ruhiger und fing an, mit Carlos' freundlicher Unterstützung einen sokratischen Dialog zu führen.

3. Der Rant

«Ein in Deutschland lebender israelischer Freund – kritisch, selbstkritisch – schreibt auf Instagram, dass seine Kritik nicht ausgenutzt werden soll, um damit vor jüdischen Gemeinden antisemitisch zu demonstrieren. Das ist eine starke Botschaft, und zu Recht bekommt er einen Haufen Likes. Ich schaue den Post kurz an. Etwas stimmt nicht. Irgendwann fällt es mir auf: Ich habe noch nie eine Demonstration vor einer jüdischen Gemeinde gesehen. Eine kurze Suche auf Google findet auch keine. Aber Strohmann-Argumente sind schon ein ganz normaler Teil des vergifteten Gesprächs geworden.»

Er schaute mich an.

«So viel wird gerade auf der Basis von Gefühlen debattiert, und keiner fragt nach, woher diese Gefühle kommen. So entsteht eine Logik, ein Zirkelschluss, auf dessen Basis eigentlich nicht demonstriert werden darf. Es wird nicht vernunftbasiert geurteilt, niemand fragt, ob etwas gut oder schlecht ist. Ohne nachzudenken wird entschieden: Wenn Israel etwas macht, dann ist es gut und richtig. Jetzt müssen wir nur noch einen Weg finden, wie wir es auch so darstellen und verteidigen können. Und manchmal bedeutet das eben, Demonstrationen an Orten zu sehen, an denen es sie nicht gibt. Bestimmte Sprüche so zu interpretieren, wie sie nicht gemeint sind. Es ist ... es ist einfach alles ein bisschen verlogen.»

«Verlogen?»

«Ja, weil sie wissen, dass sie die Realität verbiegen, damit diese sich ihrem Urteil anpasst. Es funktioniert wie bei einer Sekte, wie die Argumentationen von Verschwörungstheoretiker*innen. Es handelt sich nicht um eine Verschwörungstheorie, aber es wird die gleiche antidemokratische Logik verwendet: Wenn sich das, was ich behaupte, als wahr herausstellt, hatte ich recht. Wenn nicht, bedeutet das nicht, dass ich *tatsächlich* falschliege, sondern nur, dass jemand dahintersteckt, der für diesen Anschein gesorgt hat. Und Verschwörungstheoretiker*innen flirten in ihrer verschwörungstheoretischen Logik immer mit Antisemitismus, aber sie checken es nicht. Das ist nicht zu glauben, Carlos.»

«Ja, diese demokratische Logik, von der du träumst, existiert nirgendwo, Querido.» Ich mag es, wenn er mich so nennt. Sein *Querido* hat etwas Väterliches, und es kann sein, dass ich es hier in diesem Text etwas übertreibe. Aber hättet ihr Carlos' *Querido* gehört, ihr hättet es auch öfter hören wollen. Jedenfalls sprach er weiter: «Das hat nichts mit Israel zu tun. Im Kapitalismus kann es keine andere Logik geben. Verstehst du? Das ganze System fußt auf dem falschen Gedanken, dass man das, was man hat, auch verdient hat. Ist das kein Zirkelschluss? Es ist das schwarze Loch in unserem gesellschaftlichen galaktischen Zentrum, darum rotiert alles andere.»

«Ich will ihre Angst ernst nehmen, Carlos. Die Angst ist echt. Aber ‹ernst nehmen› bedeutet unter anderem, die Person zu fragen: Warum fühlst du dich so? Wann fühlst du dich so? Wurdest du wirklich auf dieser Straße in Neukölln mal angegriffen? Welche Rolle spielt die Presse, die du liest, die unendlich große Schlagzeilen darüber verbreitet, wie beängstigt wir Juden sein sollen? Das heißt, diese Gefühle ernst zu nehmen, ja. Aber mein Problem ist anders, Carlos. Wie sollen wir unseren Intellektuellen noch vertrauen, wenn sie zuerst den Pfeil abschießen und dann die Zielscheibe um ihn zeichnen? Da ist zum Beispiel ein bekannter Typ aus meiner Szene, aus dem Literaturbetrieb, der sofort entsetzt die Geschichte mit den am 7. Oktober geköpften Babys postet. Ohne Beweise, einfach weiterverbreitet. Gut, dieses Verhalten ist von vielen zu erwarten. Aber von den öffentlich auftretenden Intellektuellen? Und glaubst du, Carlos, er hat sich dafür entschuldigt, als man herausfand, dass es doch keine vierzig geköpften Babys gab? Das hat doch nichts mit Kapitalismus zu tun. Das ist ein Verfall der Diskussionskultur. Dieser Mythos hat in Deutschland mehr Presse bekommen als die tatsächlichen Massaker in den Zeltdörfern der palästinensischen Geflüchteten, zum Beispiel die Bombardierung auf Zelte in Rafah im Mai oder in Chan Junis im Juli.»

«Macht es einen Unterschied, ob sie es getan haben oder nicht? Dass es ein Mythos ist?»

«Wer, Hamas? Natürlich nicht. Es war so oder so schrecklich, was sie da getan haben. Mein Punkt ist die Art der öffentlichen Diskussion. Mein Punkt ist das mangelhafte Verantwortungsbewusstsein der Akteure, der Intellektuellen, derjenigen, die angeblich eines Tages, wenn sie gerade nicht allzu beschäftigt mit der Verteidigung Israels sind, unsere Gesellschaft mithilfe ihres Denkens und ihrer Theorien gegen die antidemokratischen Kräfte verteidigen.»

Carlos nahm einen kleinen Schluck von seinem Kaffee. «Okay, also hat eine Person falsche Informationen auf Twitter gepostet.»

«Nein. Nicht eine Person. So viele Menschen benehmen sich einfach unverantwortlich – rhetorisch unverantwortlich! Man glaubt, es reiche aus, den Satz ‹Damals hat man *Juden* gesagt, heute sagt man *Zionisten*› zu schreiben, wie eine berühmte, mutmaßlich linke Philosophin in einer konservativen Zeitung, und schon würde dieser Satz der Wahrheit entsprechen. Allein durch das Niederschreiben dieses Satzes hat sich die Realität – dass die Mehrheit der Zionisten keine

Juden und ein großer Teil der Juden keine Zionisten sind – verändert.»

«Und wenn man nur Zionisten hasst, ist das in Ordnung?»

«Nein, es ist scheiße. Meine Familie und Freunde in Israel, aber auch viele, die ich in Deutschland kenne, bezeichnen sich als Zionisten. Es ist scheiße, und es ist pauschalisierend. Nicht alle Zionisten glauben, dass die Palästinenser verschwinden sollen oder Schlimmeres. Aber sie zu hassen, mit allen Schwierigkeiten, die ich damit habe, ist nicht das Gleiche, wie *Juden* zu hassen. *Judenhass* hat eine ganz bestimmte Rolle im deutschen Diskurs. Sonst würde die rechte Presse diesen Vorwurf nicht ständig verwenden, um ihre politischen Feinde zu markieren. Aber diese Autorinnen und Autoren, Philosophinnen, Essayisten? Von ihnen sollten wir mehr Differenzierung erwarten dürfen, oder? Haben wir nichts Besseres verdient?»

«Zionisten zu hassen, ist also nicht antisemitisch?»

«Guck mal, wenn ich einen rassistischen Juden hasse, nicht weil er Jude ist, sondern weil er ein Rassist ist – genauso, wie ich Rassisten anderer Gruppen hasse: Bin ich dann ein Antisemit? Nein. Es gibt verschiedene Gründe, warum man Leute hassen kann, auch wenn diese Leute zufällig jüdisch sind. Du kannst einen jüdischen Mitbewohner hassen, weil er die Küche nie richtig putzt. Wenn die Demonstranten Zionisten hassen, geht es nicht darum, ob sie jüdisch sind oder nicht, sondern darum, dass sie eine bestimmte politische Ideologie vertreten, nach der die Palästinenser auf irgendeine Art und Weise mit ihrem Land für die historischen antisemitischen Verbrechen Europas bezahlen sollen. Ist es legitim, Menschen zu widersprechen, die dieser Ideologie anhängen? Klar ist es das, jeder hier hätte diesen Hass gehabt, wenn das fragliche Land ein Teil von Deutschland wäre.»

«A-ha.»

«Und sie glauben, es sei mutig, etwas gegen die AfD zu sagen. Ja, es ist superwichtig, aber mutig? Wieso? Bezahlt dafür jemand irgendeinen Preis? Man postet auf Instagram, dass Rassismus kacke ist. Gut. Ist es ja auch. Aber mutig wäre es, etwas zu sagen, wofür man einen Preis bezahlen könnte. Ich sage und schreibe Dinge, mit denen ich meine Karriere aufs Spiel setze. Sogar hier. Ich riskiere, ein Autor zu werden, den man erst post mortem entdeckt.»

«Ach, du brauchst dir nichts einzubilden», sagte er, und wir lachten beide. Es gibt aber noch ein paar Dinge, die ich sagen möchte. Die ich in Deutschland manchmal für mich behalten muss, und hier kann ich endlich mal *Taschlich* machen. *Taschlich* wie an Jom Kippur, wenn man zum Fluss geht und den Inhalt der Taschen ins Wasser wirft (man sollte auf jeden Fall das Handy zu Hause lassen), damit man von den Sünden des Jahres befreit wird.

«Wir sehen täglich schreckliche Bilder, Videos, zerbombte Kinder, Hungersnot, Schmerz und Leid und Leichen. Wir sehen Folter. Wir sehen Schrecklichkeiten, von denen kein denkender Mensch ernsthaft behaupten kann, sie hätten etwas mit Selbstverteidigung zu tun. Wir sehen israelische Soldaten, die einen Palästinenser an die Motorhaube ihres Jeeps binden und so durch Jenin fahren. Zelte Geflüchteter, die in Flammen stehen. Und in Deutschland haben wir Autoren, Leute, die sich regelmäßig gegen Rassismus und Antisemitismus äußern und das im besseren Fall einfach ignorieren, so als würden sie über Leichen steigen, und im schlimmeren Fall mentale Gymnastik verüben, um das auch noch zu rechtfertigen. Es ist zum Kotzen, Carlos, zum Kotzen.»

«Warum passiert das in Deutschland? Schuldgefühle?»

«Weißt du was, das dachte ich am Anfang, aber jetzt denke ich es nicht mehr. Ich glaube, sie wollen einfach die Deutungshoheit und beanspruchen Autorität. Diese Schuld ist nur das, was sich gerade als Deutungshoheit anbietet. Und Politiker*innen nutzen das aus. Guck mal: Der Sprecher der israelischen Armee sagte neulich, dass Hamas eine Idee ist, die man mit militärischer Kraft nicht zerstören kann.[1] Wie viele von uns haben das schon am Anfang gesagt? Wie viele politische Analysten, Nahostexperten, Publizisten, die sich mit dem Thema seit Ewigkeiten beschäftigen? Ich habe es gesagt, Carlos. Ich habe es gesagt, weil es so was von klar ist. Es ist so was von klar, dass Krieg keinen Frieden bringt, sondern nur mehr Krieg. Ich habe für diese Aussage Freunde in Deutschland verloren. Ich wurde von Veranstaltungen ausgeladen, mir wurde gesagt, ich habe Hamas nicht genug verurteilt. Was für ein Quatsch. Aber jetzt sagt Hagari dasselbe, und es ist in Ordnung, weil Hagari, nämlich die israelische Armee, die Deutungshoheit besitzt. Sie sind die Autorität, die überhaupt sprechen darf. Und in dieser Atmosphäre soll man die Demokratie jetzt verteidigen.»

Die Wüstenbüsche sind sporadisch auf dem Hügel verteilt. Sie dürfen wild aufwachsen, weil man sie nicht braucht oder nicht will. Sobald sie uns nützlich wären, hat Carlos mir einst erklärt, würden sie domestiziert, wie alles andere in der Natur. Die Natur darf nur frei wachsen, solange wir es ihr erlauben. Die Büsche sind ein Symbol für die Freiheit des Ungewollten, denke ich kurz.

Carlos schaltete das Spiel wieder ein, leise. Er entschuldigte sich und sagte: «Aber du kannst gerne weitersprechen.»

«Das ist vielleicht das Komischste an der Sache. Die deutsche Wahrnehmung Israels ist in der deutschen Politik verwurzelt, wenn es passt, und völlig losgelöst, wenn es nicht mehr passt. Jetzt glaubt man zum Beispiel ernsthaft, die bedingungslose deutsche Unterstützung der israelischen Regierung habe nichts mit dem schleichenden Verlust der deutschen Demokratie zu tun. Man glaubt, dass die blinde Solidarität mit einem Staat, der selbst jedes demokratische Merkmal von sich abgestreift hat – weil er nicht anders kann, weil er mit der Aufgabe beschäftigt ist, ein anderes Volk zu beherrschen und seit Jahrzehnten militärisch zu besetzen, was mit demokratischen Mitteln einfach nicht geht –, dass diese Haltung nichts mit dem Aufschwung antidemokratischer Parteien in Deutschland zu tun hat.»

«Wo siehst du die Verbindung?», sagte er, und dann: «Scheiße!», als Messi in das chilenische Tor traf, was später als Abseits gewertet wurde (nicht unbedingt zu Recht).

«Man schaut die ganze Zeit auf Israel und Palästina. Man ist davon beeinflusst, was dort passiert, was dort normalisiert wird. Und wie gesagt – etwas wird manchmal bloß dadurch normalisiert, weil Israel es macht. Oder als größte Sünde betrachtet, weil die Palästinenser es machen. Gut und Böse wurden ja da im Vorhinein entschieden. Festnahmen von Kindern zum Beispiel. Wie oft sieht man Bilder von festgenommenen palästinensischen Kindern? Jahre, Jahrzehnte gibt es sie schon. Glaubst du, das spielt keine Rolle für das große Schweigen in Berlin, sobald die Polizei palästinensische Kinder auf der Sonnenallee festnimmt? Natürlich spielt es eine Rolle. Man denkt, tja, dieses Kind hat es wahrscheinlich irgendwie verdient. Oder: Tja, diese Eltern, die ihre Kinder einfach auf Demos gehen lassen. Irgendeine Entschuldigung findet man schon dafür, warum es ganz normal ist, dass ein Kind gewalttätig festgenommen wird. Oder eine Faust ins Gesicht bekommt. Das ist alles dokumentiert, am nächsten

Tag sehen das schon Tausende in den sozialen Medien. Es ist aber egal: Wenn Israel das macht, ist es richtig, und wenn es richtig ist, darf es auch die Berliner Polizei so machen. Und nein, es ist keine Selbstverteidigung, wenn ein Polizist auf dem Hals eines Demonstranten kniet. Dieser Move wurde in der Vergangenheit, in den demokratischeren Jahren, oft kritisiert und für unnötig erklärt. Plötzlich schweigen alle. Natürlich gibt es eine Verbindung.»

«Wie geht es deiner Familie?», fragte Carlos.

Ich schwieg kurz. Meine Mutter leidet an einer Depression. Meine Geschwister haben Kleinkinder und machen sich ständig Sorgen.

«Mein Bruder erklärt mir, dass die Terroristen sich hinter ihren Kindern verstecken. Ich denke mir: Heißt das, sie leben mit ihren Kindern in der gleichen Wohnung? Wie er mit seinen Söhnen? Klar, ein Offizier der israelischen Armee ist anders als ein Hamas Terrorist. Aus unserer Perspektive. Aber aus ihrer? Wie sieht es aus der Perspektive des Palästinensers aus, der seine ganze Familie, mehrere Generationen, in einem IDF-Bombenangriff verloren hat? Der die Leichen seiner Kinder aus den Ruinen herausholen und zum Massengrab tragen musste? Sieht er den Unterschied zwischen einem Hamas-Terroristen und meinem Bruder? Ist es fair, von ihm zu verlangen, in seiner Lage einen solchen Unterschied zu erkennen und zu verstehen? Denkt er also nicht auch, dass mein Bruder ‹sich hinter seinen Söhnen versteckt›? Um zu verstehen, was ich sage, muss man sich einem Funken Universalismus anschließen, aber der Zirkelschluss ist ja das Ende des Universalismus. Weil der eine etwas darf, was der andere nicht darf, es wird alles ad hominem moralisch beurteilt.»

«Darf ich dich hier kurz unterbrechen? Einatmen», sagte

Carlos und lächelte. «Du hast mir mal von der Dämmerung in deiner Tradition erzählt. Das Spektrum und so. Dass die Tage sich eigentlich überlappen. Letztes Mal hier, weißt du noch?»

«Ja, ich erinnere mich», antwortete ich.

«Dieses Mal bringen wir es so zu Ende: Du erzählst mir etwas über die Utopie, die du dir wünschst. Dann erzähle ich dir etwas über den Nachthimmel in unserer Tradition, die der Atacameni.»

Mir gefiel, dass er die Sache in die Hand nahm. Auf einmal verstand ich, wie viel ich eigentlich geredet hatte. Das Feuer brannte herab und flatterte sanft, als würde es versuchen, meinen sich besänftigenden Ärger widerzuspiegeln, den ich auf der anderen Seite der Welt endlich mal zum Ausdruck bringen durfte.

«Früher habe ich immer gedacht, dass Utopie undenkbar ist. Weil jede Utopie der einen Person eine Dystopie der anderen ist. Jetzt denke ich, doch. Es ist denkbar, wir sind nur noch nicht kreativ genug. Wir sind in zwei Systemen gefangen, die unsere Weltanschauung in ein Nullsummenspiel formen. Der Kapitalismus und der Nationalstaat. In beiden Fällen gilt: Wenn etwas meins ist, ist es nicht deins. Ein Stück Land muss entweder Chile gehören oder Argentinien. Verstehst du? Wenn ich dich bezahle, hast du das Geld und ich nicht mehr. Alles wird Nullsummenspiel, alles transaktional. Wenn man sich mit dieser Denkweise eine Utopie ausdenkt, wird sie unvermeidlich zur Dystopie einer anderen Person. Es gibt keinen Platz für Überlappungen, für ein Sowohl-als-auch.»

«Wie bei der jüdischen Dämmerung?», fragte er.

«Ja. Und nicht nur. Ich beneide diese Rabbiner dafür, dass sie in kreativeren Zeiten lebten.»

«Gut. Danke dir. Jetzt bin ich dran.»

4. Carlos' Antwort

Da, wo ihr das Sternbild Skorpion sieht, sehen wir eine Zwille. Hier: Siehst du?

Links von der Zwille ist ein Schäfer, der sie hält. Augen, Beine. Da: Dieses Sternbild, dort, wo es etwa wie eine dunkle Wolke aussieht, heißt Yacana. Das Yacana besteht aus zwei Llamas: Mutter, gefolgt von einem Baby.

Hinter dem Baby-Llama – kannst du dieses Tier erkennen? (Nein, offensichtlich nicht.)

Ein Fuchs! Komm, das ist doch klar.

Auf der rechten Seite liegt eine Lagune.

Im Laufe der Nacht bewegen sich die Sterne in diese Richtung. Sehr langsam erzählen sie eine Geschichte. Der Fuchs nähert sich dem Baby-Llama. Die Llama-Mutter bekommt es nicht mit, sie geht in Richtung Lagune, um dort etwas zu trinken. Der Schäfer aber bemerkt den Fuchs und greift nach seiner Zwille. Siehst du? Na ja, das kann man nicht sehen, man muss warten.

Unter allen von ihnen fließt der heilige Fluss, den ihr die «Milchstraße» nennt, auf dem sie sich bewegen, als wäre er ein fotografischer Film. Wie merkwürdig ist es, Sternbilder zu haben, die statisch sind und nicht interagieren. Als könnte man einen Teil des Himmels tatsächlich separat von den anderen Teilen betrachten. Als verstünde man gar nicht, dass die Nacht selbst auch ein Spektrum ist, nicht nur die Dämmerung.

Warum platzierst du deine Geschichte in Chile und nicht in Israel?

(Weil ich nicht nach ihren Regeln spielen will. Soll der Jude immer über Israel schreiben?)

Jetzt lachte Carlos, und während er lachte, begann er zu verschwinden. Durch ihn hindurch konnte ich die Wüste sehen, konnte sehen, wie diese langsam ebenfalls durchsichtig wurde. «Was ist so lustig, Carlos?», fragte ich, und bevor er nicht mehr da war, als ich kaum noch seine lachenden Lippen und die Zigarette zwischen ihnen sehen konnte, sagte er: «Du denkst, dass eine Verfremdung und eine Meta-Ebene dich vor ihrem Zorn retten werden, wenn sie herausfinden, was du hier alles gesagt hast.» Die letzten Worte waren nur noch bloße Stimme, ohne Sprecher vor mir, und der Rest seines Lachens erklingt weiter in meinem Kopf.

1. https://www.tagesspiegel.de/internationales/wer-glaubt-wir-konnten-hamas-ausschalten-irrt-israels-militarsprecher-hagari-stellt-kriegsziel-infrage--und-erhalt-ruffel-von-netanjahu-11864606.html, abgerufen am 15. 7. 2024.

LEBEN
IN DER REAL
EXISTIERENDEN
DEMOKRATIE

Jan Brandt

Aus dem Familienalbum einer Schnecke

Trumpstarre

«Schläfst du?» – «Trump hat so gut wie gewonnen!» – «In den nächsten Stunden bricht hier die Hölle los.» Stellas Nachrichten erreichten mich im Minutentakt, aber ich hatte mein Telefon irgendwann auf stumm gestellt und nahm jede Meldung nur als schwache Vibration wahr, als Welle in meinen Traum. Erst am nächsten Morgen wurde mir das ganze Ausmaß der Erschütterung bewusst, die der Wahlsieg Donald Trumps für die Welt bedeutete. Als ich mein Telefon in die Hand nahm, sah ich, dass ich drei Dutzend neue Nachrichten hatte, so viele wie nie zuvor. Stella war in Kalifornien, wir konnten, da sie jetzt schlief, erst in einigen Stunden miteinander sprechen, und ich verbrachte den Tag damit, den Ausgang der Wahl im Internet zu verfolgen.

Ich schaute die «Tagesschau» im Live-Stream, sah mir, als hätte es sich dabei um ein Fußballspiel gehandelt, noch einmal die Höhepunkte der Wahlnacht auf YouTube an, aktualisierte alle paar Minuten Spiegel Online und ging, obwohl ich wusste, dass das ein Fehler sein würde, auf Facebook. Jeder, mit dem ich dort verbunden war, kommentierte dieses Ereignis, und ich konnte nicht aufhören, jeden einzelnen Kommentar zu lesen. «Das amerikanische Experiment ist gescheitert. Die Toleranz ist vorbei. Wir sind ein gespaltenes Land, und ich habe nicht vor, irgendjemandem einen Olivenzweig zu reichen.» – «Gerade gelesen: ‹Dieser Moment geht in die Geschichte ein.› Gemeint war vermutlich: ‹In diesem Moment geht die Geschichte ein.›» – «Diese Tage sind jetzt vergeben: 9/11 und 11/9.» – «Familie fest gedrückt. Mit Theo über den Schnee gefreut. Fremde auf der Straße gegrüßt. Vögel gefüttert. #waswirtunkönnen.»

Mittags war ich so erschöpft, dass ich mich wieder ins Bett legte. Am Nachmittag, ich hatte mir gerade einen Kaffee gemacht, klingelte mein Telefon, und Mutter sagte nur ein Wort: «Schlimm.» Kaum hatten wir aufgelegt, ging ich wieder ins Internet. «Notiz an mich selbst: Du hast den Brexit nicht für möglich gehalten. Du hast (vor dem Putsch) geglaubt, in der Türkei würden sich die Dinge beruhigen. Du hast Trump als Präsident nicht für möglich gehalten. Du hast dich dreimal fundamental geirrt. Davon musst du jetzt bei allem ausgehen.» – «Ich bin gerade in diesem verdammten Albtraum aufgewacht. Ich war noch nie so verzweifelt über ein plötzliches Nachrichtenereignis. Ich weiß nicht, was ich sagen soll, außer: Unsere Türen stehen offen!» – «Wo gibt's eigentlich die Anträge, um von der Erde zu emigrieren?»

Je weiter der Tag voranschritt, desto abgeklärter, aber auch zynischer wurden die Posts. «Ein Präsident Trump ist die ultimative Verwirklichung des amerikanischen Traums.» – «Jetzt muss man links wählen. CDU reicht schon.» – «Positiv ist, dass 240 Jahre eine wirklich lange Zeit für eine Republik sind.» Als ich Stella am Abend endlich erreichte, sagte sie: «Ich bin in Schockstarre. Vollkommen betäubt. Wie der schlimmste Liebeskummer. Ich fühle mich voll verraten. Als Frau. Als linke Schriftstellerin. Denn das bin ich, und das werde ich jetzt noch mehr sein als je zuvor.» Kurz vorm Einschlafen checkte ich ein letztes Mal meinen Feed. «Ich glaub, ich stell das Internet bis 2021 aus», schrieb jemand, «und hoffe, dass dann alles wieder gut ist.»

In der Mitte der Menge

«Stay at home», stand im Schaufenster vom Kino Babylon. Aber die Straße davor war voller Menschen, die zum Oranienplatz strebten, zur Revolutionären 1.-Mai-Demo in Kreuzberg. Von allen Häusern hingen Tücher, Transparente, Bettlaken. «Alle Lager evakuieren!» – «Kommunismus statt Algorithmus!» – «Für Muttererde statt Vaterland!» Die Polizei hatte im Internet ausdrücklich auf das Demonstrations- und Versammlungsverbot hingewiesen. Ich hatte einen Freund in der Nähe besucht und wollte auf dem Rückweg sehen, ob sich die Leute daran hielten, ob auf dem Platz wirklich nichts los sein würde. Kaum war ich dort, trat mir eine Frau entgegen, die sich einen Stringtanga übers Gesicht gezogen hatte. «Was glotzt du so?», rief sie. «Das ist meine Maske! Ich erfülle die Auflagen!» Dann ging sie weiter. Jedem, der sie ansah, sagte sie das Gleiche.

Über dem Oranienplatz kreiste ein Hubschrauber. Um die Mittelinsel standen Polizeiwagen, Polizisten in voller Montur. Unter den blühenden Kastanien hockten junge, überwiegend schwarz gekleidete Menschen im Gras, rauchten, tranken, alles sah aus wie immer. Aber als ich näher kam, hörte ich neben mir einen Mann sagen: «Es gab immer denkende Menschen, die das nicht wollten!» Er sprach zu niemandem. «Und jetzt durch Corona ist die Stimmung gekippt. Die Leute können es kaum erwarten. Wenn der Impfstoff endlich da ist, schreien alle: Hurra.» Er hob die Hände und ließ sie wieder sinken. «Bei der Massenzwangsimpfung halten alle freiwillig ihren Arm hin. Das hat natürlich auch mit Propaganda zu tun, mit Meinungsmache, Medienlenkung. Es gibt viele Leute, die uns komisch finden. Die sagen dann: Impfkritiker, das sind Spinner. Oder Nazis. Und ich sage denen: Überprüft eure Quellen! Hört auf die Signale.»

Das einzige Signal, das ich hörte, war eine Polizeisirene, die hinter mir für ein paar Sekunden alle anderen Geräusche überlagerte, bis sie sich in der Ferne verlor. Ich spazierte weiter zum Brunnen hin, weil ich hoffte, dort auf die Mitte der Menge zu stoßen, auf das Herz aller Dinge: die Haltung der Masse. Kaum jemand trug eine Maske, viele standen dicht beieinander. Ich passierte einen Mann, der sich ein Stück Papier mit einem Spruch um den Mund gebunden hatte: «Die Würde des Spargels ist unantastbar.»

Je weiter ich ging, je enger die Leute sich um mich drängten, desto unwohler fühlte ich mich. Während ich den Rückzug antrat, schallte eine Durchsage über den Platz: «Alle Personen, die sich hier versammelt haben, verstoßen gegen die Eindämmungsmaßnahmenverordnung des Senats von Berlin. Heute wird hier keine Versammlung, Veranstaltung, Demonstration oder Ähnliches stattfinden. Zusammenkünfte von mehr als zwei Personen sind nicht erlaubt. Dies gilt auch für die Pressevertreter und Pressevertreterinnen.» Ich konnte nicht ausmachen, von wem die Ansage kam, von welchem Polizisten. Ich sah nur die Frau mit dem Stringtanga im Gesicht, wie sie sich vor einem der Polizeiwagen aufbaute. «Das ist unser Grundrecht», rief sie. «Dieses ... Demonstrations- ... Freiheit!»

Ein paar Stunden Frieden

«Kann ich bei dir übernachten?», fragte Stella am Telefon. «Ich habe gerade ‹heute›, die ‹Abendschau› und die ‹Tagesschau› hintereinander geguckt, und jetzt bin ich fertig. Lockdown-Verlängerung, Impfprobleme, die Arbeitslosenzahlen. Das zieht mich alles so runter.» Und weil es mir ganz genauso ging, denn ich hatte alle drei Sendungen auch gesehen, sagte ich: «Klar, gern, komm vorbei.» Am nächsten Tag spazierten wir übermüdet, von nächtlichen Albträumen geplagt, mit Pinsel durch den Kiez und beschlossen, unser Leben zu ändern. «Ich halte das nicht mehr aus», sagte Stella. «Diese ganzen Nachrichten machen mich verrückt. Diese ganzen Zahlen. Diese Maßnahmen. Das bringt doch nichts, da blickt doch niemand mehr durch.» Ich stimmte ihr zu und schlug vor, ab heute keine Nachrichten mehr zu konsumieren, sich völlig abzuschließen von allem: kein Fernsehen mehr, kein Internet, kein Radio, keine Zeitungen und Magazine.

Berauscht von dieser Idee, überlegten wir, was wir stattdessen machen könnten. Mit den Serien waren wir ebenso durch wie mit den Nachrichten. Jeden Abend eine neue Folge zu schauen, nur um am Ende aller Staffeln eine weitere Serie zu beginnen, ödete uns nach Monaten des Serienschauens an. «Wir könnten ja», sagte ich vorsichtig, denn es kam mir verwegen vor, «zusammen eine Rom-Com gucken», und Stella sagte: «Auf keinen Fall.» Und weil wir auf dem Weg zu ihr waren, gab ich ihrem Vorschlag nach, «Knock Down the House» zu gucken, eine Dokumentation über vier junge Demokratinnen bei den Wahlen zum US-Kongress.

Hinterher ging ich zu mir, und unterwegs stellte ich mein Telefon an. Aus purer Gewohnheit öffnete ich eine meiner

Nachrichten-Apps. Nach jeder Schlagzeile – «Trump spricht von eigener Begnadigung» – «Unruhe in Washington» – «Sturm aufs Capitol» – «Die Situation ist schnell außer Kontrolle geraten» – beschleunigte ich meine Schritte etwas mehr, und als ich zu Hause ankam und im Fernsehen eine der Sondersendungen verfolgte, war ich so verschwitzt und außer Atem wie nach einem langen Lauf. Immer wieder wechselte ich zwischen den Programmen hin und her und hielt mich parallel dazu im Internet über die jüngsten Entwicklungen auf dem Laufenden. Die ganze Nacht blieb ich wach, ich wollte kein Detail dieses Wahnsinns verpassen.

Morgens rief mich Stella an und erzählte, wie gut sie geschlafen und wie intensiv sie schon gearbeitet habe. «Das war absolut richtig, diesen ganzen Quatsch endlich einmal auszublenden und sich auf was anderes zu konzentrieren. Ich habe voll viel geschafft. Aber ich setz mich gleich noch mal ran und mach bis Mittag, und dann geh ich mit Pinsel raus.» – «Mach das», sagte ich, ein Gähnen unterdrückend. «Ich schreib vielleicht auch noch ein bisschen.» Mittags rief sie wieder an und sagte: «Mein Gott, warum hast du denn vorhin nichts gesagt? In Amerika ist ja die Hölle los.» – «Ich wollte dir noch ein paar Stunden Frieden gönnen.»

Schisssteller

Es war Pfingstmontag. Stella und ich saßen auf einem Mauervorsprung im Cheruskerpark. Seit drei Tagen hatten die Cafés wieder geöffnet, aber man brauchte einen Impfnachweis oder einen aktuellen Coronatest, um selbst draußen sitzen zu dürfen, und weil die einen noch nicht geimpft waren und die anderen sich nicht die Mühe machen wollten, sich für Kaffee und Kuchen impfen zu lassen, war der Park so voll wie eh und je. Der Basketballplatz war besetzt, an den Tischtennisplatten spielten zwei Gruppen Rundlauf, von überallher flogen Frisbees und Bälle und Haschschwaden durch die Luft, Hunde hetzten von einer Seite zur anderen, nur Pinsel lag erschöpft vom Spaziergang zu unseren Füßen und wälzte sich im Gras.

Ich versuchte gerade, mich auf ein Buch zu konzentrieren, als ich sah, wie ein paar Jungs über die Wiese kamen und einer dem anderen im Gehen einen Tritt verpasste. Zunächst hielt ich es für ein Spiel, weil der eine Junge, klein und dick mit Daunenweste, seinen Tritt nicht voll durchgezogen hatte und der andere, klein und dünn mit Daunenweste, nicht zurückgewichen war und keine Anzeichen von Schmerzen zeigte. Als aber ein weiterer Junge, so klein und dick und daunig wie der erste, zum Faustschlag ausholte, machte ich Stella auf die Szene aufmerksam. Sie sprang sofort auf. «Komm, da gehen wir hin.»

Ich aber blieb sitzen, sah Stella über die Wiese laufen, sah, wie sie den Jungen, der zugeschlagen hatte, packte, wie sie seine Arme hin und her warf und auf ihn einredete. Die Worte «Spinnst du?» – «Was fällt dir ein?» – «Verpiss dich, du Missgeburt» wehten zu mir herüber. Stella ließ den Jungen los, und kaum war er frei, lief er davon. Eine Frau im Kleid hatte sich inzwischen um den kleinen Dünnen gekümmert, der sich an die Nase fasste und mit seinem T-Shirt das Blut aus dem Gesicht wischte.

«Warum bist du nicht mitgekommen?», fragte Stella, als sie wieder vor mir stand. «Ich wollte das aus der Distanz beobachten.» – «Hattest du etwa Schiss vor denen? Die waren höchstens zehn.» Ich schüttelte den Kopf. «Du kannst doch nicht alles aus der Distanz beobachten. Was ist denn das für eine Haltung?» – «Die eines Schriftstellers.» – «Nein», sagte Stella entschieden, «das ist die eines Schissstellers.»

Ewige Studenten

«Wie läuft das Studium?», fragte ich meinen Niffen Ash. Dey war gerade zu Besuch aus Hamburg, und wir saßen mit deren Eltern und deren Bruder in der Küche. Ash saß an einem Ende des Tisches, ich am anderen, mein Bruder, meine Schwägerin und mein Neffe Hannes zwischen uns. «Informatik-Bachelor habe ich abgeschlossen», erklärte Ash. «Und nächstes Semester fange ich mit Soziologie und Geografie an.» – «Warum das denn?», fragte ich. «Willst du nicht erst einmal das eine Studium abschließen, bevor du ein anderes anfängst? Ich dachte, du willst noch 'nen Master machen.» – «Den mache ich auch», sagte Ash, «aber ich möchte erst mal meinen Horizont erweitern.»

«Werd bloß nicht so ein ewiger Student.» Mein Bruder schaute von seinem Telefon auf und wandte sich mir zu. «Davon haben wir schon einen in der Familie.» – «Das muss es in jeder Generation geben», meinte Hannes. «Einen, der studiert, und einen, der arbeitet.» – «Ich arbeite auch!», protestierte ich. «Aber nur drei Stunden pro Tag», sagte mein Bruder und blickte wieder aufs Telefon. «Ich bin eben der beste Beweis dafür, dass man mit wenig Aufwand viel erreichen kann.» – «Ich dachte, du hast Probleme, deine Miete zu zahlen.» – «Ja», gab ich zu, «im Moment läuft es nicht gut.»

Ash räusperte sich und erinnerte daran, dass dey ja auch arbeite. «Ach ja», sagte ich. «Du machst ja was mit Nachhaltigkeit.» Ash nickte und erklärte, dass der Bereich gerade enorm ausgebaut werde, auf dem Campus entstehe seit April ein Sustainability Village aus Tiny Houses. «Das ist ja nur eine Phase», sagte ich, um dey zu provozieren, «dieses ganze Nachhaltigkeitsgedöns.» – «Wenn die Grünen nicht mehr in der Regierung sind», sagte mein Bruder und machte eine Kunstpause, «wird das als Erstes gestrichen.» – «Dafür braucht es keinen Regierungswechsel», sagte Ash. «Gestern war ein Anti-Rassismus-Festival, das wir von der Uni organisiert haben, da kamen längst nicht so viele Menschen wie zu dem Uni-Festival, das als Framing ‹Burger, Beats und Brause› hatte.»

Von draußen schlug der Regen gegen die Scheiben. Für einen Moment schwiegen alle und starrten in den Garten hinaus. «El Hotzo hat dazu etwas auf Insta geschrieben», sagte ich und tippte auf mein Telefon. «Nein, Schatz, ich kann jetzt nicht auf die Kinder aufpassen, ich muss Artikel über den Klimawandel im Internet suchen und unter jeden einzelnen ‹also bei mir hat's 17 Grad und Regen. Könnte langsam mal kommen der Klimawandel› kommentieren.» – «Wir erleben ja jetzt nur die Folgen von den Emissionsausstößen, die wir vor zwanzig Jahren getätigt haben», erklärte Ash. «Das, was jetzt passiert, merken wir erst Mitte des Jahrhunderts.» – Mein Bruder blickte von seinem Telefon auf und klopfte sich mit einer Hand gegen den Bauch. «Das ist wie bei mir, meine Pfunde resultieren auch aus den Sünden, die ich vor zwanzig Jahren begangen habe.» – «Kannst du nicht noch einen Tag länger bleiben, Ash?», fragte meine Schwägerin. Ash schüttelte den Kopf. «Ich muss wieder nach Hamburg. Ich treffe mich da montags immer mit meinen Klimaaktivist*innen. Wenn ich da morgen nicht auftauche, geht die Welt unter.»

Demonstrationsfreiheit

«In mehr als zweihundert Städten in Deutschland sind heute Menschen auf die Straße gegangen, um für besseren Klimaschutz zu demonstrieren», sagte die «Tagesschau»-Sprecherin Susanne Daubner. «Aufgerufen zu ihrem dreizehnten globalen Klimastreik hatte die Organisation Fridays for Future.» Ich drehte mich zu Vater um, der hinter mir im ausgeklappten Fernsehsessel saß. «Da war Ash – äh, Hendrik heute sicher auch mit dabei.» Es folgten Beiträge über die Versammlungen in Hamburg und Berlin. Vater richtete sich ein wenig auf, ich dachte, in der Hoffnung, seinen Enkel irgendwo in der Menschenmenge zu entdecken. «Bist du schon mal bei so etwas dabei gewesen?»

«Du meinst, bei einer Demonstration?» – «Ja», sagte Vater. «Nee, ne?» – «Doch, klar», sagte ich, «sehr oft sogar. In Berlin finden jeden Tag welche statt, alle möglichen, da ist ständig was los.» – «Aber wer macht so etwas?», fragte Vater abfällig, den Blick auf den Bildschirm gerichtet. «Haben die keine Arbeit?» Erst fürchtete ich, Vater wolle mir damit unterstellen, keine Arbeit zu haben, doch dann fiel mir ein, dass es bei uns im Dorf bis auf ganz wenige Ausnahmen noch nie Proteste gegeben hatte. Ich erinnerte mich nur an eine Kundgebung, die mein Bruder mit organsiert hatte, Ende der Siebzigerjahre musste das gewesen sein, als an Hauswänden, Straßenunterführungen und auf Bürgersteigen Graffiti aufgetaucht waren: Hakenkreuze und Sprüche, «Für ein einiges Land!» – «Die Alternative: NPD!». Auf dem Foto im Familienalbum stand mein Bruder mit langen Haaren in Schlaghosen vorm Rathaus und hielt ein Schild in die Höhe: «Wehret den Anfängen!» Er war damals in der Jugendzentrumsbewegung aktiv, feierte

Partys mit der vom Verfassungsschutz beobachteten Ortsgruppe der SDAJ und hatte die Schmierereien in aller Öffentlichkeit mit pinker Farbe übermalt, weil seiner Ansicht nach die Gemeinde von sich aus nicht schnell genug etwas dagegen unternommen hatte.

«Dein Bruder – ja», sagte Vater, «der war ja überall dabei, in Gorleben und in – wie heißt das da oben? – Brokdorf. Aber du? Von dir hätte ich das nicht gedacht.» Er schüttelte den Kopf. «Ich gehe immer noch auf Demos», sagte ich, «im Gegensatz zu meinem Bruder.» Und in dem Moment, als hätte er nur auf seinen Einsatz gewartet, ging die Tür auf, und mein Bruder betrat das Wohnzimmer. «Ah», sagte ich, «da ist er ja, der große Dorfrebell.» – «Was ist hier los?», fragte mein Bruder und ließ sich hinter Vater und mir in den Sessel fallen. «Wir haben's gerade mit dir», erklärte Vater. «Wieso?», fragte mein Bruder. «Weil deine politischen Zeiten vorbei sind», sagte ich, und er sagte: «Man ist immer politisch.»

Inzwischen war die «Tagesschau» beim Wetter angekommen, und für eine Minute starrten wir schweigend auf den Bildschirm. Erst beim Abspann wandte ich mich wieder meinem Bruder zu. «Wann warst du denn das letzte Mal auf einer Demo?» Er hob den Zeigefinger. «Du Student. Man muss nicht auf Demos gehen, um Haltung zu zeigen!» Vater schaltete um, NDR, eine Küsten-Doku. «Und wie zeigst du Haltung?», fragte ich, ohne mich noch einmal zu ihm umzudrehen. «Ich bin nett zu allen Minderheiten im Dorf – selbst zu dir.»

Ladeschütze Brandt

«Wollen wir noch einen Kaffee trinken?», fragte ich, als wir uns auf dem Parkplatz vorm Arbeitsamt wiedertrafen. Hannes zog sein Sakko straff. «Kaffee nicht, aber Kakao.» Wir spazierten durch die Innenstadt, durch die Fußgängerzone, über den Denkmalplatz ins «Schöne Aussichten», setzten uns ans Fenster, schauten auf den Hafen, gaben unsere Bestellung auf. «Wo hast du die denn her?» Ich deutete auf die Broschüren auf dem Tisch, auf die Titel «Hier findest du dein Talent» – «Schütze, was dir wichtig ist» – «Waffensysteme und Großgeräte der Bundeswehr». Hannes schob sie übereinander und legte sie so weit wie möglich von mir weg. «Von eben.» – «Und was bieten die dir?» – «Freiwilligen Wehrdienst.» Ich wedelte mit der Hand, imitierte eine Drehbewegung, in der Hoffnung, dadurch etwas in ihm in Gang zu setzen, aber er verstand meine Geste nicht, deshalb fragte ich: «Wann? Wo? Wie lange? Welcher Art?» Hannes sah mich an. «Ab Herbst. Zwanzig Monate. Richt- und Ladeschütze Leopard 2.»

«So.» Die Bedienung kam mit einem Tablett, auf dem ein Becher und eine Tasse standen. «Für wen war der Kakao?» Hannes meldete sich, und sie stellte den Becher vor ihm ab und die Tasse vor mir. «Ladeschütze Leopard 2?», wiederholte ich flüsternd, mich nach allen Seiten umschauend, als fürchtete ich, allein diese Worte könnten hier für Aufruhr sorgen. «Ich kann auch zur Marine oder zu den Fallschirmjägern.» Ich warf einen Blick auf die oberste Broschüre, auf die dort abgebildeten Männer und Frauen in Uniform, manche in Dienstgrau, manche in Flecktarn, und musste daran denken, dass sich Hannes als Kind oft als Soldat verkleidet hatte, selbst an Weihnachten und Ostern, bis er sich auf Anzüge verlegt hatte.

«Vielleicht ist das genau das Richtige für dich. Jedenfalls passt das zu dir.»

Sein Bekenntnis hatte mich zwar überrascht, aber ich wollte es ihm nicht ausreden, die Bedingungen heutzutage waren vollkommen andere als bei meiner Musterung. Trotzdem erzählte ich ihm von meiner Verweigerung, meiner Gewissensprüfung, meinem Zivildienst, ambulante Altenpflege, wie wichtig das für mich gewesen sei, obwohl ich es erst abgelehnt hatte, weil es mich daran gehindert hatte, gleich nach dem Abitur wegzuziehen und zu studieren. «Das war eine gute Erfahrung damals.» Hannes wischte sich Milchschaum von der Oberlippe. «Das gibt es ja alles nicht mehr.» – «Aber hast du dir überlegt, was passiert, wenn es zum Krieg kommt?» – «Dann wird sowieso jeder von uns Jungen eingezogen. Außerdem ist es ja nicht schlecht, für die Ideen unserer Demokratie zu kämpfen.» Ich nickte und trank meinen Kaffee.

Als ich in der Woche darauf nach Berlin zurückfuhr, überflog ich in meinen Nachrichten-Apps die Meldungen des Tages: «Putin trifft Kim Jong-un.» – «Kinderklinik in Kiew von russischer Rakete getroffen.» – «Die USA wollen Marschflugkörper in Deutschland stationieren.» – «Moskau sieht Berlin als Kriegspartei.»

Ulrike Sterblich

Das größte Nichtstun. Zehn Jahre Zuhören in Deutschland

Tolstoi hat einmal gesagt, das Hauptübel der Stadt bestehe für ihn und alle Menschen des Gedankens darin, daß man immer entweder diskutieren müsse oder falsche Urteile widerlegen, oder diese ohne Widerspruch hinnehmen, was noch schlimmer sei. Das Diskutieren aber und das Widerlegen von Unsinn und Lüge sei die müßigste Beschäftigung, und sie habe kein Ende, weil es eine unzählbare Menge von falschen Meinungen geben könne und auch gäbe. «Man beschäftigt», sagt er, «sich aber doch damit und fängt an, sich einzubilden, daß das eine Arbeit ist; das ist aber das größte Nichtstun.»

THOMAS MANN, «GOETHE UND TOLSTOI», ESSAYS II, 1914-1926

Sonntag, früher Morgen in Berlin, wo die Überreste des Nachtlebens auf die Straße raus- und in die öffentlichen Verkehrsmittel reingespült werden. Augen hinter Sonnenbrillen, verlangsamte Reaktionen, staksige Schritte. Hoffentlich schießt nichts aus dem Magen und in mein Blickfeld. Damit würde der Tag ganz schlecht anfangen, mein erster Tag als freiberufliche Honorarkraft in der mobilen Öffentlichkeitsarbeit des Deutschen Bundestages. Keine Ahnung, was mich erwartet, als ich mit dem Interregio nach Eberswalde fahre, um dort die parlamentarische Wanderausstellung zu betreuen. Der Auftrag lautet: *Wissensvermittlung zu Aufgaben, Arbeitsweise und Geschichte des Bundestags.* Zum Glück ist ein erfahrener Kollege vor Ort, einer von sechzig freiberuflichen Honorarkräften.

Die Wanderausstellung besteht aus Info-Tafeln und einem Computerscreen, Broschüren zum Mitnehmen und verschiedenen Giveaways. Bundestags-Kugelschreiber, Bundestags-Notizblöcke, Bundestags-Bonbons, Bundestags-Luftballons. Aufgebaut ist sie im Durchgangsbereich eines Kultur- und Verwaltungszentrums. Wir befinden uns im Wahlkreis 57 Uckermark-Barnim I.

Am Nachmittag findet eine kleine Eröffnungsveranstaltung mit dem örtlichen Abgeordneten statt. Es gibt Anmeldungen von Schulklassen. Ansonsten schauen halt Menschen vorbei, manche gezielt, die meisten zufällig. Nach der Schule kommen viele Schüler einfach nur so zum Abhängen. Sie interessieren sich für die Bonbons, Schlüsselanhänger und Kugelschreiber, wollen aber auch bisschen quatschen. Eine überrascht mich mit der Frage, ob der Bundestag denn jetzt gerade sei. Ich verstehe die Frage zuerst nicht. «Ist der jetzt, der Bundestag?» Zurzeit sei parlamentarische Sommerpause, antworte ich vage, im September gehe es dann weiter. Erst auf der Rückreise im Interregio geht mir ein Licht auf. Bundes*tag*. Natürlich. Bundestag, dachte die Schülerin, sei so etwas wie Geburtstag oder Ostermontag. Eben ein besonderer Tag.

Ein streng riechender, aber ausnehmend freundlicher Mann kommt täglich vorbei und informiert mich über seine Pläne. Mal besucht er einen alten Schulfreund, mal geht er *Kaffe trinken*, mal plant er eine Radtour. Ein anderer Besucher fragt, was hier geboten werde, und als ich ihm erkläre, es handele sich um eine Ausstellung zum Deutschen Bundestag, erzählt er, er habe auch schon mal eine Ausstellung gehabt, «aber mit richtje jemalte Bilder». Zwei Bilder habe er schon gemalt, «eine Kuh und eine Muhme». Ich frage nach, was denn eine Muhme sei. «Na», sagt er und formt etwas mit den Händen in der Luft, «ein Mensch.»

Oktober 2014, Köln-Porz

Nach Köln fahre ich erster Klasse, weil das Ticket im Angebot war. Die Mitreisenden sind lauter Männer in schlecht sitzenden Anzügen. Sie wirken eigenartig hilflos. Mir schräg gegenüber sitzt genau so einer, und er hat noch ein paar weitere Besonderheiten. Die erste ist, dass ihm alles runterfällt. Er stellt eine Flasche Sprudelwasser neben sich auf den Boden. Als der Zug anfährt, kippt die Flasche um und rollt den Gang entlang. Alle sehen es, nur er nicht, er nuckelt gedankenverloren an einer Capri-Sonne. Die Flasche rollt einem anderen Fahrgast zwischen die Füße, der hebt sie auf und hält sie fragend in die Runde. «Die gehört dem Herrn hinter Ihnen», sage ich. Der nimmt die Flasche und stellt sie wieder neben sich. Sofort danach fällt die Flasche wieder um. Ich gestikuliere, bis er mich bemerkt und umständlich nach einem neuen Flaschenaufbewahrungsort fahndet. Dabei schiebt er mit dem Ellenbogen eine Packung Taschentücher vom Tisch, was er nicht bemerkt. Dann steht er auf und holt eine neue Packung Capri-Sonne aus seiner Tasche, dabei fallen ihm einige Münzen aus dem Jackett. Capri-Sonne trinken ist seine zweite Besonderheit. Bevor ich in Köln aussteige, werden dem Mann noch eine leere Capri-Sonne-Packung und weitere Geldstücke herunterfallen, und er wird noch sagenhafte zehn Capri-Sonnen leer nuckeln.

Die Bundestagsausstellung ist in der Aula eines Gymnasiums aufgebaut, welches sich auf der Seite des Rheins befindet, die meine Kölner Freunde als die falsche bezeichnen. Die Aula ist ein separater, schöner, heller Bau. Anders als in Eberswalde gibt es hier natürlich kein Laufpublikum, es kommen nur Schulklassen. Wenn mal keine Klasse da ist, unterhalte ich mich mit den Kollegen. Der eine ist älter und war früher mal Lehrer, der andere ist jünger und Osteuropa-Experte.

Großen Spaß machen die Kleinen, die Fünft- und Sechstklässler, obwohl sie gar nicht zur definierten Zielgruppe gehören. Natürlich muss man sich ein bisschen auf sie einstellen, auf Begriffe wie «Verhältniswahl» oder «konstruktives Misstrauensvotum» verzichten und dafür Fragen danach beantworten, was passiert, wenn jemand eine Pistole in den Sitzungssaal bringt und ob man da essen darf.

Nach sechs Tagen Einsatz in einem Köpenicker Shopping-center bin ich ungewöhnlich erledigt. Die Griechenlandkrise eskaliert gerade, die Flüchtlingskrise baut sich auf, und beides nimmt eine Menge Raum ein in den Köpfen der Leute in diesem Bezirk am östlichen Rand Berlins. Es sind heiße Juli-tage, der Kollege und ich schwitzen unter der Glaskuppel des Shoppingcenters. Männer mit beunruhigenden Tätowierun-gen eilen vorbei, und wenn ihre Kinder fragen, was hier ausge-stellt sei, schreien sie: «Dit sind die Verbrecha!» Dann gucken die Kinder und sehen mich in meiner Bluse und meinem Rock und denken: So sehen sie also aus, die Verbrecha.

Angesprochen werde ich vornehmlich von männlichen Rent-nern, aber die haben keine Fragen an mich, die haben nur sel-ber Text, und das nicht zu knapp. Viele Lebensgeschichten, manchmal interessant. Viele Theorien auch, die oft davon handeln, dass Deutschland von den Amerikanern fremdbe-stimmt werde. Aktuell ist zudem jeder ein Griechenland- und Finanzexperte.

Ab dem vierten Tag spüre ich, wie ich erlahme. Einige Leute lasse ich halt reden und schalte auf Durchzug. Die beiden letz-ten Tage sind dann ganz schwierig. Manche Typen kann ich nicht mehr sehen. Ich kann mich nicht mehr gut gegen sie abgrenzen, wenn sie da vor mir stehen in ihren Schuhen und Hosen und Hemden und Jacken und Westen, mit ihren ges-tikulierenden Händen und ihren Augen, immer diese Augen, diese vielen Augenpaare, die sich übergriffig in mich reinboh-ren, während aus den Mündern der Irrsinn schwallt. Meine Spiegelneuronen drehen durch, die Wütenden machen mich jetzt auch wütend, all die Tics erscheinen mir grotesk vergrößert und drohen auf mich überzuspringen. Vielleicht sollte man besser Psychologen schicken als Politologinnen, Historiker und Wirtschaftswissenschaftlerinnen, denke ich; oder habe ich nur zu lange allein vor mich hin gearbeitet in meinem Schreibzimmer und bin menschenentwöhnt? Warum können die Leute das hier nicht einordnen? So ein ganz bisschen nur, ganz minimal? Worum es hier geht, warum ich hier stehe und was ich für sie tun kann und was nicht? Meinen die wirklich, dass ich den ganzen Tag hören will, wer welche Bücher und Artikel und Websites zum Thema X gelesen hat und deshalb nun zu welcher Meinung gelangt ist, immer begleitet vom Satzanfang: *Die Sache is eigentlich ganz einfach*?

Steht im Internet! Könnense nachsehen!

Wenn ich hier bestehen will, brauche ich ein paar neue *Skills*.

Juli 2015, Büsum

Das Infomobil des Bundestags, ein eindrucksvoller Truck zum Ausklappen, ist auf Sommerferientour an Nord- und Ostsee. Ich bin eingeteilt für Büsum. Ich komme spät an und brauche Bargeld, aber am Bahnhof gibt es keinen Automaten. Es gibt, das werde ich in den kommenden Jahren noch merken, überhaupt wenig an kleineren deutschen Bahnhöfen. Zum Beispiel auch keine Getränke, kein Internet und keine Taxis. Der Weg zur Pension ist weit, die Tasche schwer. Es regnet.

Der Regen hört nicht auf, die ganze Woche über nicht. Familien in Regenkleidung ziehen geduckt vorbei, manche kommen rein zu uns, alle sehr freundlich. Die Kinder machen das Kinderquiz und erhalten danach eine Schirmmütze, die Erwachsenen machen das große Quiz und bekommen dann eine größere Schirmmütze oder eine DVD über die Geschichte des Reichstagsgebäudes. Von der Veranstaltung magisch angezogen fühlen sich aber auch wieder die merkwürdigsten Gestalten. Ein Kollege beherrscht die Kunst, diesen Kunden mit solch feiner Ironie zu begegnen, dass sie es nicht merken, während er selbst dadurch aber gelassen und bei guter Laune bleiben kann. Leider ist er gerade nicht da, als der Typ im Wagen steht, der jeden Satz mit *odä näch?* beendet.

«Und die Roth. Die hat ja wohl 'n Knall, odä näch? Und dann der Gysi! Der is ja nich ganz dicht, odä näch? Ja, und was is mit diesem Hofreiter? Der hat doch nich alle beisammen, odä näch?»

So geht das immer weiter, und irgendwann äußere ich einfach das Offensichtliche: «Sie sagen gern ‹odä näch›.»

Da lacht er und schubst seinen Kumpel an, der noch nicht viel von sich gegeben hat.

«Jo, das stimmt. Das haben Sie gut beobachtet. Näch? Udo, das hat sie gut beobachtet, dass ich immer so ‹odä näch› sach, ne?»

«Ja, sachste immer.»

«Nich schlecht.»

«Und auch dass alle immer 'n Knall haben, das sachste auch immer.»

«Hähä, is ja auch so.»

Zu den Skills, die man braucht, gehören wohl auch die einer Wirtin hinter der Bar.

In Bremen sinniere ich über den Begriff des Bürgers, während ich durch die schönen innerstädtischen Wallanlagen spaziere, wo man mitten in der Stadt kilometerweit am Wasser entlang durchs Grüne gehen kann, ich bin ganz gerührt, dass es offenbar immer Menschen gab, die sich um Derartiges gekümmert haben. Um eine Gestaltung von öffentlichem Raum, von dem alle profitieren können. Bürgersinn.

Es ist mein erster Messeeinsatz. Unser Stand ist groß und aufwendig, mit Fotobooth, vielen Bildschirmen, viel Material, komplizierterer Technik, Gewinnspiel. Den Rahmen bildet die Verbrauchermesse *Hanselife*. Das Flüchtlingsthema dominiert jetzt alles, die Griechen sind vergessen.

Es gibt ein paar Klassiker in diesem Job, die ich erst einzuordnen lernen musste. *Wir haben gar keine Verfassung* ist so ein beliebter Gesprächsauftakt, meist mit Fingerzeig auf den Stapel Grundgesetze, unser beliebtestes Druckerzeugnis. Oder: *Wir leben unter amerikanischer Diktatur.* Beides will darauf hinaus, dass Deutschland kein souveräner Staat sei, und ist spätestens vier Sätze weiter verschwörungstheoretisch unterspült. Hier auf der Bremer Hanselife kommt ein neuer Spruch hinzu, und der lautet: *Meine Grundrechte sind bereits abgeschafft.* Er kommt so oft, er muss irgendwo ausgegeben worden sein. Es dauert eine Weile, bevor ich verstehe, was überhaupt damit gemeint ist. Nämlich die Zuwanderung. Da sie keine Zuwanderung wünschten, erklären die Leute mir, diese aber trotzdem stattfindet, seien ihre Grundrechte also abgeschafft.

Meine Ratlosigkeit über diese Denkfigur ist so umfassend, dass ich sie selbst kaum greifen, geschweige denn elegant kontern kann. Am ersten Tag gucke ich deshalb bei diesen

Gesprächen leider nur dumm aus der Wäsche. Irgendwann habe ich dann endlich nachgefragt. Welche Grundrechte konkret denn verletzt seien. Mal ein Beispiel. Aber die Forderung nach Konkretem bewirkt leider nicht, dass ich auch Konkretes bekomme. Was als Geschwall und Geschwurbel anfängt, geht auch auf Nachfragen so weiter. Notfalls wendet man sich brüskiert ab, bestätigt im Ressentiment gegen *die da aus der Politik*.

Ich bin verabredet mit Bekannten, die im Bremer Umland leben. Ältere Leute, Pensionäre. Die beiden sind gerade mehr als ausgelastet. Während andere ihre Grundrechte abgeschafft sehen, koordinieren sie Möbelspenden und kümmern sich intensiv um eine geflüchtete Familie. Was ich ihnen von meinen Erfahrungen bei der Messe erzähle, können sie kaum glauben. So sind die Bremer doch nicht, sagen sie.

Am nächsten Tag erzähle ich den besorgten Bürgerinnen mit den abgeschafften Grundrechten wiederum von genau diesem Abendessen, das ich wenige Stunden vorher mit zweien ihrer Mitbürger hatte. Einen Moment lang stiftet das Verwirrung. Dann tun sie es als Falle ab, als rhetorischen Kniff, blanke Lüge. «Wie kommt es, dass Sie solche Leute hier kennen wollen, und ich als Bremer sehe die nirgends?»

«Das Lustige ist, die sagen dasselbe von Leuten wie Ihnen», antworte ich. «Dass sie keinen kennen, der so feindlich gegen Zuwanderung gesinnt ist, dass das doch gar nicht sein könnte.»

Kopfschütteln. Es ist ein bisschen zum Irrsinnigwerden, wenn man so unverhofft der Lüge bezichtigt wird. Man steht da und hat gar keine Mittel mehr. Nichts hat man dann mehr. Unter dieser Voraussetzung ist jede Kommunikation am Ende, bevor sie begonnen hat.

In Marzahn-Hellersdorf nähert sich eine Familie dem Bundestagsmobil, der Mann mit strengem Seitenscheitel, die Frau und beide Töchter mit geflochtenen Zöpfen, er schaut kurz rein und ruft: «Ich bin euch überlegen. Argumentativ und geistig!» Petra Pau kommt mit Personenschutz. In Stuttgart mag ich nach anfänglichem Fremdeln am Ende die Schwaben mit ihrer bedächtigen Redlichkeit. In Luckenwalde geht die Grippe um; in der Schule, in der die Wanderausstellung gastiert, fehlt die Hälfte aller Schülerinnen und Lehrer. Eine Menge wirklich guter, engagierter Lehrerinnen arbeitet hier. Werl ist ein katholischer Wallfahrtsort, und viele Menschen, die in den Infobus kommen, fragen uns nach Gott. Gott ist nicht unsere Kernkompetenz. Ein freundlicher älterer Mann versichert mir, er werde für mich beten. Bei der Main Spessart Expo in Lohr am Main haben wir als Standnachbarn die Allianz Versicherung, Vorwerk, einen Stand mit Bergbauernkäse und einen mit Dampfreinigern. Wie üblich tauscht man untereinander Werbegeschenke und freundliche Worte aus, nur die Männer vom Vorwerk-Stand machen an Tag eins gleich mal klar: Mit euch vom Bundestag wollen wir nichts zu tun haben, und eure Kulis verschmähen wir. In Leverkusen kreuzen zwei Reichsbürger auf und kündigen vollmundig an, am nächsten Tag «hier mit fünfzig Mann» zu stehen. Passiert aber nicht. In Bruchsal läuft gleich nach der Öffnung ein Mann von Mitte vierzig am Infomobil vorbei, ruft: «Vaterlandsverräter», und stürmt davon. Es ist ein würdiger Auftakt für den Schwall an Ressentiments und explizitem Rassismus, der uns hier begegnet. Zum ersten Mal fordere ich einen Besucher aufgrund seines Geredes dazu auf, bitte den Raum zu verlassen. Und

dann noch einen. Zweite Wochenhälfte Umzug nach Schwä-
bisch Hall. Hier wieder komplettes Gegenteil, Interesse und
Freundlichkeit. Während des Einsatzes in Straubing ereignet
sich der Terroranschlag im Olympia-Einkaufszentrum in München. Erstaunlich viele Leute reagieren so, als wäre der Atten-
täter schon hier auf dem Marktplatz, und sind fast ein bisschen enttäuscht, als die Alarmstimmung schnell wieder vorbei
ist. Ein Jahr später wieder bei der Hanselife in Bremen ist die
Atmosphäre deutlich entspannter. Ein schimpfender Mann,
der schließlich auch noch Putin preist, wird von einer anderen
Besucherin zur Schnecke gemacht. Den Kirchentag in Berlin
nennen mein Kollege und ich anfangs noch in despektierlicher
Albernheit die «Ned-Flanders-Convention», aber nach drei
Tagen Kirchentag wollen wir nie wieder irgendeine Diffamie-
rung von «Gutmenschen» hören, denn hier trifft man sie eben,
die wirklich herzensguten Menschen, die sich um Behinderte,
Alte und Geflüchtete kümmern und sich riesig freuen, wenn
man ihnen zu den Infomaterialien in leichter Sprache noch
zwei Kugelschreiber mitgibt, während andernorts die Wutbür-
ger über gierige Politikerinnen meckern und sich anschließend
die Stofftragetasche vom Bundestag mit Giveaways vollstopfen.

In Berlin-Zehlendorf kommt ein Mann mit einem Zettel voller Fragen, die er ungeduldig abliest, eine nach der anderen.
Meine Kollegin beantwortet alles. Bei der ungefähr zwanzigs-
ten Frage («Gibt es bei der Parteienfinanzierung einen Bonus
für Oppositionsparteien?») ist sie sich nicht sicher und bietet
an nachzusehen. Da wird er pampig. («Wofür stehen Sie denn
hier, wenn Sie nicht Bescheid wissen?») Natürlich hat er nur
darauf hingearbeitet mit seiner Liste, auf die eine Wissenslü-
cke, auf die er sich endlich stürzen kann mit seinem schrecklichen Empörungsüberschuss. Später kommen zwei Jungs in

den Bus, geben allen die Hand like a Boss und machen bisschen auf wichtig, aber ganz süß. Erklären uns, sie seien YouTube-Stars, und lassen uns großzügig Autogramme da. Haben wir herzlich gelacht. Am nächsten Tag ist der Bus voll mit Mädchen aus allen Teilen der Stadt, weil die Jungs, die offenbar tatsächlich YouTube-Stars waren, auf Snapchat gepostet haben, dass sie es hier cool fanden.

Königstein im Taunus ist angeblich der reichste Wahlkreis der Republik, aber auch Wohlhabende können unzufrieden sein. Wegen zu vieler Bürokratie und zu vieler Umweltauflagen zum Beispiel. In Hanau ist richtig was los im Bus. Ein Mann fordert regelmäßige Drogentests für alle Politiker, ein anderer wünscht sich ein «Zahlungsunfähigkeitsbeschleunigungsgesetz». Es gibt Beschwerden über die schweren Schultaschen der Kinder, über den Nahverkehr, die internationale Finanzwelt, die Polizei und einzelne gerichtliche Entscheidungen. Eine Busfahrerin erzählt, sie sei seit ein paar Monaten im Betriebsrat. Sie hatte sich gedacht, mittwochs tagt der Betriebsrat, da sitzen die und haben einen netten Kaffeeplausch. Nun ist sie überrascht von der Arbeit und der Verantwortung, die sie da hat, und den Effekt merkt man ihr unmittelbar an: Sie ahnt jetzt die Niederungen demokratischer Praxis und dass es im Bundestag strukturell ganz ähnlich sein könnte, stürzt sich auf unser Infomaterial und bringt mir am nächsten Tag die schönen, leuchtend gelben Kulis und Schlüsselbänder der Hanauer Straßenbahn GmbH. Mehrmals kommt der sympathische Bereitschaftspolizist herein und fragt, ob alles okay sei; draußen wird er von allen Jugendlichen gegrüßt.

In Ingolstadt sagt ein Mann: «Die Menschen sind enttäuscht von der Demokratie, weil sie nicht perfekt ist.» Da bringt er viel auf den Punkt. Minuten später steckt eine Frau kurz den

Kopf durch die Tür und sagt dann: «Der Bundestag? Ja, des bringt's mir ja nix.» Ein Ukrainer steht lange im Bus wie eine traurige Installation. Ein Russe ist gegen die doppelte Staatsbürgerschaft, aus Verärgerung über seine Landsleute, die alle den russischen Nachrichten glauben würden. Eine sehr alte Frau beginnt zu weinen, weil heutzutage alles so schrecklich sei. Besser, sagt sie auf Nachfrage, war es «beim Hitler. Da war es schön.» Am Schluss helfe ich der wackeligen Nazioma noch die Treppe runter, damit wir bloß keinen Unfall mit der hier haben. Am 1. September wache ich um fünf Uhr morgens auf von einem immensen Knall. Eine Raffinerie ist explodiert. Es ist mein Geburtstag.

Annaberg-Buchholz ist schön und strahlt, obwohl klein, eine gewisse Urbanität aus. Vorher in Kulmbach hatte man uns einen schwierigen Stand prophezeit, dort im Erzgebirge. Und das stimmt auch. Der Rechtsaußen-Anteil ist groß. Aber: Keiner wird laut, und komischerweise gibt es nur sehr wenige Monologisierer. Man hört zu, und manchmal komme ich erstaunlich gut durch mit meinen Erklärungen. Auf jeden, der meckert, kommen zwei, die sagen: «Ich KANN das Gemecker nicht mehr hören.» Die sind aber leiser. «Schon an deren Wortwahl höre ich, dass das alte Kader sind», sagt eine Frau über die Schimpfenden. Ost-West und DDR, hier weiterhin ein dominierendes Thema.

In Kaufbeuren steigt ein Mann mit professoralem Habitus in den Bus und befiehlt mir: «Definieren Sie Populismus! Definieren Sie Nationalismus!» Meiner hochkompetenten Antwort (ich hatte gerade ein ganzes Heft «Aus Politik und Zeitgeschichte» zum Thema Populismus durchgearbeitet) hört er natürlich nicht zu.

Wittstock/Dosse fällt gleich positiv auf. Der Marktplatz ist belebt und gut in Schuss, es gibt kaum Leerstand. Leute kommen mit echten, guten Fragen. Es kommt auch ein Dreiergespann, das die lokale SPD-Abgeordnete treffen möchte (die aber schon wieder weg ist), um mit ihr «abzurechnen». Es folgt eine lange, verwirrende Geschichte über einen Betrug der Sparkasse, durch den Handwerksbetriebe in der Region ruiniert worden seien, über gewonnene und verlorene Prozesse, korrupte Staatsanwälte, korrupte Presse, die nicht berichte. Am Abend rufe ich ihre Webseite «SOS Handwerk» auf, werde auch hier nicht ganz schlau aus der Sache, aber eines stimmte schon mal nicht: Die Presse hat berichtet, viel und ausführlich, es gab mehrere Fernsehbeiträge in ARD und ZDF. Das Ganze bildet eine verschlungene Gemengelage aus tatsächlich erlittenem Unrecht und daraus resultierendem Komplettverlust an Vertrauen in jegliche Institution, unterlegt von einem Schuss Wahn und Besessenheit.

Nach diesem Muster verlaufen nicht wenige Radikalisierungen braver Bürger. Diese hier haben schon die Sparkasse besetzt, einen Hungerstreik vor dem Brandenburger Tor inszeniert und drohen immer wieder mit öffentlichem Suizid. Am nächsten Tag erkundigt sich ein Mann nach dem Diskontinuitätsprinzip, dem zufolge nicht abgeschlossene Gesetzgebungsverfahren von einem neuen Parlament nicht einfach aufgegriffen werden dürfen, sondern neu eingebracht werden müssen. Der Mann hatte mit viel Mühe eine Gesetzesdebatte angestoßen, bei der es um Heizkosten ging und die nun im neuen Parlament wieder ganz neu gestartet werden muss, obwohl sie anscheinend auf großen Zuspruch gestoßen war. Er ist Wohnungsverwalter und würde seine Mieter gern von hohen Heizkosten entlasten. Später steht jemand aus der Stadtverwaltung im Bus, zeigt auf einen draußen Vorübereilenden und ruft: «Den müssen Sie mal kennenlernen!» Es ist der Mann mit der Gesetzesinitiative, Geschäftsführer der kommunalen Wohnungsverwaltung. Nach Feierabend holt er uns zu einer kleinen Tour durch den Ort ab, zeigt uns die Wohnprojekte mit Nachbarschaftsräumen, innovativen Heiztechniken, begrünten Höfen, Teichen und Landschaftsarchitektur und wie alte Gebäude, frühere Tuchfabriken, zu Bibliotheken, Verwaltungsgebäuden und Kindergärten umgebaut wurden. «So vermeiden wir hier Leerstand und haben eine belebte Innenstadt. Kostet mehr als ein Neubau draußen auf der grünen Wiese, aber lohnt sich.» In der Tat. So was geht, wenn ein paar kompetente und engagierte Leute da sind und auf offene Ohren in der Kommunalpolitik stoßen. Es wird den Ort auf Jahrzehnte prägen.

In Ratzeburg kommt ein Mann im Dreitausend-Euro-Mantel mit Kaschmirschal, er macht Geschäfte mit China und echauffiert sich darüber, wie sehr unsere «müden Demokratien» dem chinesischen System unterlegen seien, weil da alles viel schneller geht. Beim Hessentag in Bad Hersfeld empören sich die Leute in Scharen über die nebenan aufgebaute Replik einer echten Gefängniszelle am Stand der hessischen Polizei. Der Raum sei zwar «schon klein», aber «total normal», und wie das denn sein könne. Man hätte gern mehr so was wie ein Verlies. In Augsburg will ein pensionierter General der Bundeswehr wissen, was passiere, wenn er von der Besuchertribüne aus während einer Plenardebatte dazwischenrufe. Meine Antwort (in der Geschäftsordnung des Bundestags steht, dass für Besucher keine Miss- oder Beifallsbekundungen zulässig sind) unterbricht er: «Weiß ich doch alles! Sie müssen hier nicht mit mir reden, als wüsste ich das nicht! Sie sollen mir sagen, was passiert, wenn ich trotzdem reinrufe!» In Apolda eröffnet ein älterer Herr, Architekt im Ruhestand, die Konversation mit: «Die SPD muss nur eins machen: die Rente reformieren. Dann würden die auch gewählt werden.» Danach kommt er irgendwie auf Bürokratie und welche Verträge in seiner Firma gemacht werden mussten und warum, ganz detailliert erklärt er diese Verträge, mit Zahlen und Paragrafen. Er ist noch nicht ganz fertig damit, da unterbricht er sich selbst mit dem Satz: «Und auch noch ein Problem sind die Wölfe.» Die Wölfe und deren Verhalten, aber auch Schafe und Kühe und deren Verhalten. Irgendwann ist er wieder bei der SPD, aber nur kurz, bevor ihm der Regenwald einfällt, der in Brasilien gerade brennt. An dieser Stelle werfe ich meinen ersten zusammenhängenden Satz ein, da guckt er auf die Uhr und sagt: «So, jetzt muss ich aber mal.» Auf dem Chemnitzer Marktplatz kommt es im September '22 zu tumultartigen Szenen vor dem Infomobil. Bürgerinnen schreien uns und sich gegenseitig an, manche sorgen sich um unser Wohlergehen, vielen ist es peinlich, was hier geboten wird. Einmal weint irgendwo ein Kind und hört nicht auf. Als ich draußen nachsehe, finde ich einen sehr kleinen Jungen, der völlig außer sich ist. Leute gehen vorbei, keiner fühlt sich zuständig. Ob die dunkle Hautfarbe des Kindes etwas damit zu tun hat, weiß ich nicht. Er zeigt schließlich auf das Einkaufszentrum, wo wir dann seine ebenfalls sehr aufgelöste Mama wiederfinden.

«Kann es passieren, dass deutsche Soldaten bei Auslandseinsätzen entführt werden?» – «Warum liegt unter Rollrasen so Plastikfolie?» – «Wann kommt der nächste Bus?» – «Warum wird Zucker nicht verboten?» – «Ich möchte mich über die DIN-Normen bei der Ausschreibung XY beschweren!» – «Ich finde keine Wohnung.» – «Merkel soll weg!» – «Ich bin Koch und fühle mich diskriminiert, wenn ich nur wegen Muslimen ohne Schwein kochen soll.» – «Warum soll ich nicht mehr ‹Zigeunerschnitzel› sagen dürfen?» – «Kriege ich hier auch was zu trinken?» – «Warum dürfen überall so viele englische Wörter sein?» – «Warum spielen die im Radio so furchtbare Musik?» – «Was kann man hier umsonst kriegen?» – «Woher kommen Sie?» – «Kann ich hier mit Frau Merkel sprechen?» – «Ich möchte eine Rede im Bundestag halten, wo muss ich mich da anmelden?»

Wir leben gar nicht in einer Demokratie. DDR 2.0. Das Grundgesetz ist keine Verfassung. Deutschland ist kein souveräner Staat. Die Parteien sind alle gleichgeschaltet. Die Medien sind alle gleichgeschaltet. Lügenpresse. Mainstream-Medien. Altparteien. Die da oben wollen sich nur die Taschen vollstopfen. Den Asylanten wird alles in den Arsch geschoben. Früher war alles besser. Die Merkel hat uns verraten. Merkeldiktatur. Die Minister verstehen alle nichts von ihrer Materie. Wie kann eine erst dieses Ministerium leiten und dann jenes und dann auch noch als Frau? Die Baerbock hat keine Ausbildung. Die Rentner im Osten werden gegenüber den West-Rentnern privilegiert. Die Rentner im Westen werden gegenüber den Ost-Rentnern privilegiert. Alle außer mir werden privilegiert. Alle sind korrupt. Weiß doch jeder, erzählen Sie mir doch nichts anderes. Richter sind korrupt. Beamte sind korrupt. Ärzte sind korrupt. Sieht man doch an dem Gutachten, das die mir geschrieben haben, alle korrupt! Und Sie, Sie sind rhetorisch geschult. Die AfD wird diskriminiert. Wir Deutschen werden diskriminiert. Aber das darf man ja nicht sagen. Ja, da gucken Sie. Klimalüge. Und die ganzen Anglizismen. Alle denken so wie ich.

Da staunen Sie, was, dass Ihnen hier mal jemand so richtig Bescheid sagt!

In Halberstadt besuchen viele ältere Herren die Wanderausstellung, die in der Sparkasse aufgebaut ist, und erklären *mir* den Bundestag und die politische Lage der Nation, aber auch die Automobilindustrie, das Gesundheitssystem, die Bedeutung des PSA-Wertes bei der Prostatauntersuchung, die Medienlandschaft, die Verkehrssituation am Leverkusener Kreuz, die Napoleonischen Kriege; und wenn ich sage, dass ich aus Berlin komme, dann erklären sie mir auch Berlin. Vor Abreise besuche ich noch das John-Cage-Orgelprojekt im Burchardikloster. Um in das Gemäuer eingelassen zu werden, muss man nebenan im Herrenhaus klingeln. Es erscheint ein freundlicher Herr und schließt die Kirche auf. Dort ist dann der Ton. Er kommt aus Orgelpfeifen, die mit einem Kompressor betrieben werden. Der freundliche Herr erzählt noch bisschen was, gar nicht viel, und sagt: «Dann lasse ich Sie jetzt mal allein mit dem Ton.»

So gehe ich im Gewölbe umher und durch die Laubengänge, immer begleitet von dem Ton, und überall klingt der Ton etwas anders. Nahe den Orgelpfeifen wird er lauter, und ganz leise höre ich dort auch den Kompressor arbeiten. Aktuell handelt es sich um ein einfaches d'. Der nächste Wechsel kommt im August 2026 zu einem a'.

Das Kloster wurde im Jahr 1050 erbaut, die Orgel 1361 im Halberstädter Dom in Betrieb genommen. Das von John Cage komponierte Werk dauert insgesamt 639 Jahre, bis zum Jahr 2640, und gern würde ich mich hier in eine Ecke setzen und bis dahin zuhören.

Antje Rávik Strubel

Ausleben. Aushalten.

> Die Idee der demokratischen Freiheit ist hier
> im Absterben, hier wie anderswo. Sie wird
> nicht abgelehnt, sie interessiert nicht mehr.
> Tipp an, sie fällt.

KURT TUCHOLSKY, 1936

Manche Ereignisse geschehen im Nachhinein. Erst ihre Wirkung bringt sie hervor. Denn Folgendes ist denkbar: Als ich nach Berlin ging, war ich sehr jung, und als meine Zeit dort zu Ende war, als ich alles Wichtige und Unwichtige über mich in Erfahrung gebracht hatte, als ich die Entdeckungen gemacht und Lektionen gelernt hatte, die mir damals, nach dem Fall der Mauer, lebensnotwendig erschienen, und auch die Irrtümer und fruchtlosen Experimente hinter mir lagen, war ich immer noch jung. Es war nicht absehbar, dass ich nicht die Person bleiben würde, die ich geworden war. Ich konnte diese Person nicht einmal klar erkennen. Ich steckte so tief im Erleben, dass ich einfach weitermachte.

Erst jetzt, zwanzig Jahre später, beginne ich, die Wirkung zu verstehen, die die Jahre in Berlin auf mich und mein Leben hatten. Ich kann mich selbst mit deutlicher Schärfe sehen, denn vor dem sich verengenden Horizont sehe ich auch die Gefahr, nicht länger die sein zu können, die ich bin.

Es waren die Neunzigerjahre, ich hatte mein Abitur gemacht, und in der brandenburgischen Kleinstadt, in der ich aufgewachsen war, war der Hut, den ich mir mit sechzehn gekauft hatte, ein arrogantes Statement gewesen. In Berlin war er nicht mehr ganz so arrogant, und das Statement war das falsche. Da ich aus dem Osten kam, ging ich in den Westteil der Stadt. Doch davon erzählte ich niemandem. Ich wollte nicht zu den Ahnungslosen gehören, die in Jeanskluft und mit Handgelenktasche durch die Billigmärkte zogen, sich die Sonderangebote nutzloser Küchenutensilien aus billigen Werbeflyern bestellten, Butterfahrten für die Einlösung himmlischer Versprechen hielten und Qigong für eine Süßigkeit. Natürlich gehörte ich zu ihnen, und davon auszugehen, es wäre mir nicht anzumerken, zeigt, wie ahnungslos ich tatsächlich war. Ich konnte nicht einmal die Zeitung lesen. Ich saß in der U-Bahn in Richtung Warschauer Straße, die oberirdisch durch Schöneberg und Kreuzberg fährt, und versuchte, den «Spiegel» zu verstehen. Dort, wo ich herkam, hatte ich schon die Zeitung gelesen, war ich einige Monate lang sogar Redakteurin der politischen Wandzeitung im Klassenzimmer gewesen, und doch verstand ich nichts, keine einzige Zeile, obwohl ich des Deutschen mächtig war.

In jenem ersten Herbst zog ich in die Wohnung eines Freundes, der in die USA gegangen war. Die meisten derer, die ich später kennenlernte, lebten so, in WGs riesiger Gründerzeitwohnungen mit dunklen Berliner Zimmern, in Hinterhofzimmern bei Freunden, inoffiziell zur Untermiete von Leuten, die gerade irgendwo in Sydney oder Reykjavík oder Buenos Aires waren. Man war unterwegs, man traf Entscheidungen, ohne sich festzulegen. Es gab keine Notwendigkeit, sich auf Dauer einzurichten, wo so vieles möglich war. Im Ostteil Berlins hatte man noch nicht damit begonnen, die Kachelöfen abzureißen. Mein Wohnblock in Steglitz hingegen muss der letzte mit Kohleheizung gewesen sein. Im Winter wachte ich oft unter einer überfrorenen Bettdecke auf. Die alten Holzfenster waren undicht, und ich lernte nie, den Ofen zu heizen. Das passte zu meiner inneren Verfasstheit. Ich wollte es nicht warm und gemütlich. Die Welt war rau, und sie war aufregend, und an jeder Ecke brandete Unbekanntes heran. Wenn ich mit dem Rad durch die nächtlichen Straßen fuhr, die gelben U-Bahnen oberirdisch in den Gleisen quietschten, wenn aus Clubs und Bars Musik und Gelächter drangen, wenn Schlangen vor den Dönerbuden standen und der Himmel weich im Widerschein der Stadt über den Platanen lag, erschien mir alles vielversprechend, sorglos und frei. Die einzige Sorge, die ich hatte, war, dass die Zeit nicht reichen würde für die Einlösung der Versprechen und um all die Menschen kennenzulernen, die überall auf mich warteten, und wie ich überhaupt entscheiden sollte, welche Menschen vielversprechend waren und welche nicht.

Was ich meine: Die Goldelse glänzte für mich schon verheißungsvoll, bevor ich wusste, dass die Siegessäule, die sie trug, die Namensgeberin eines queeren Stadtmagazins war.

In der Berufsschule sagte ich anfangs kein Wort. Die ersten Schulstunden meiner Ausbildung zur Buchhändlerin verbrachte ich schweigend. Ich war daran gewöhnt, mich zu melden, wenn ich etwas sagen wollte. In Kreuzberg 36 meldete sich niemand. Meine Mitschülerinnen ergriffen einfach das Wort. Ich erinnere mich an die Angst, die mich überfiel, wenn sie den Lehrerinnen widersprachen oder sie angriffen, weil sie klüger waren und weltgewandter, denn einige hatten bereits andere Berufe gelernt oder studierten seit Jahren Germanistik oder waren als Selbstständige gescheitert. Ich hatte schon Schwierigkeiten, mich unaufgefordert zu äußern. Die Angst, etwas Falsches zu sagen, saß tief. Das eigene Denken war mir bisher nur im Stillen möglich gewesen, im geschützten Zuhause, im Schreiben. An die wüsten Diskussionen, die sie in aller Öffentlichkeit führten, gewöhnte ich mich nur langsam. Es dauerte, ehe ich begriff, dass nicht die Art der Äußerung, sondern die Tatsache, sich nicht zu äußern, Misstrauen weckte. An einem windigen Tag auf dem Pausenhof erzählte ich schließlich einer Mitschülerin, die sich über das schlechte Niveau der Lehrer beschwerte, woher ich kam. Die niveaulosen Lehrer, sagte ich, waren damals die mit dem Parteibuch, staatstreue Büttel eines undemokratischen Systems, über die sich niemand beschwert hatte, weil das gefährlich war. Sie lachte und sah mich halb interessiert, halb abschätzend an. Dann sagte sie: «Gab's bei euch überhaupt Brot?» Ich erinnere mich nicht, danach je wieder davon erzählt zu haben, oder wenn, dann nur spätnachts, wenn die Wachsamkeit nachlässt und jede Kindheit und Jugend im Nebel aus Müdigkeit und Alkohol verzerrt erscheint. Damals kam es mir so vor, als herrschte hier eine andere Form der Zensur als dort, wo ich aufgewachsen war. Sie war subtiler. Sie hatte kein Gefängnis und kein Berufsverbot zur Folge, machte die, die sie traf, allerdings nicht weniger unsichtbar.

Doch zum Alter von neunzehn, zwanzig, einundzwanzig gehört die Überzeugung, dass sich alles ändern wird. Dass sich das Alte überlebt hat und man die Stärke und die Geistesgegenwart besitzt, sich zu behaupten. Nichts kann einem etwas anhaben. Und mir konnte tatsächlich nichts etwas anhaben.

Ich erinnere mich an eine junge Dichterin aus dem Rheinland, die wie ich nur vorübergehend in Berlin war, nur so

lange, bis sie sich verlieben, das Studium beenden, das ganz
große Jobangebot bekommen oder einen Verlag finden würde.
In einem Hinterhofkino sahen wir uns einen Rosa-von-Praunheim-Film an. Es gab damals überall Hinterhöfe mit Kinos
oder mit ausrangierten Sitzen von Kinos, aus denen Bars
oder amateurhafte Gartencafés geworden waren, und überall
gab es Beck's aus der Flasche. Der Film flimmerte über die
Brandmauer des Hauses, und sie erzählte mir von den Aben-
teuern, die sie mit beiden Geschlechtern erlebte. Sich in eine
Frau zu verlieben, sagte sie, sei leicht in Berlin. Und das war
es auch. Man konnte sich in die Schönheit weiblicher Schlüs-
selbeine verlieben oder in die muskulösen Arme einer Butch.
Man konnte die Auftritte der Drag Kings auf Hinterhofbühnen
bewundern, sich in einem Workshop selbst zum Drag schmin-
ken lassen, man konnte im ältesten Lesbenclub Berlins eine
Polizistin kennenlernen, mit ihr nach Hause gehen und am
nächsten Morgen feststellen, dass es weder Zettel noch Stift
in der Wohnung gab, um eine Nachricht zu hinterlassen. Man
konnte im dunklen Gang zu den Toiletten des SO36 bei wum-
mernden Bässen von zwei Frauen geküsst werden, im Stro-
boskoplicht nackte Haut aufzucken sehen und sich in den
riesigen weiß geschminkten Kulleraugen von Charla Drops
verlieren. Man konnte sich für eine Femme in High Heels
und mit dunkelrotem Lippenstift starkmachen und durchset-
zen, dass sie trotz Verbot zu den lesbischen Traditionsknei-
pen Zutritt hatte. Und ich, die aus dem Osten kam, setzte es
immer durch, weil ich ein Verbot, das weibliche Attribute als
unfeministisch und patriarchal brandmarkte, altmodisch und
verachtenswert fand und Femmes wunderschön.

Ich setzte es durch, weil ich diese Nächte liebte. Ich hatte
gerade erst entdeckt, wie es ist, nach einer Nacht ohne Schlaf

an der Seite einer Frau die Augen zu öffnen. Ich hatte es entdeckt, wie man ein Tor öffnet, das man bisher für eine unüber-
windbare Mauer gehalten hatte, und ins Freie tritt. Ich erlebte
die blaue Dämmerung frühmorgens über noch leeren Straßen,
nach der Dunkelheit und der Ekstase eines Clubs, und genoss
es, mit diesem weichen Schimmer in den Adern nach Hause
zu radeln. Oder ins Roses zu gehen, eine kleine Bar, die so eng
war und so voller Plüsch, Samt und kitschigen kunstrosen-
umrankten Kronleuchtern, dass sich Atem und Schweiß des
schwulen und lesbischen und türkischen Publikums von ganz
allein in goldenes Konfetti verwandelten, und von den stattli-
chen Tunten hinter der Bar angeflirtet zu werden (damals hießen sie noch so, und sie flirteten immer). Und jedes Mal, wenn
ich auf der Hollywoodschaukel im hinteren Teil Platz fand,
die Angebetete des Abends neben mir, die manchmal die des
Vorabends war, fing ich an, in Gedanken ein paar Zeilen zu formulieren, die schon am nächsten Morgen nichts mehr taug
ten, während sie einen Joint rauchte, auch das konnte man
damals noch drinnen.

Einmal verlor ich ein Portemonnaie im Klo, weil ich betrunken war, ein andermal stürzte ich an einer roten Ampel, Kopf
voran, vom Rad. Aber das spielte alles keine Rolle. Die Stadt
gab mir das Gefühl, nicht nur ein Leben zu leben. Es gab
unendlich viele, und zwischen ihnen ließ sich problemlos hin
und her wechseln. Wenn eines nicht klappte, konnte ich mir
jederzeit ein anderes suchen. Und nichts kostete viel.

In meinen zehn Jahren in Berlin bin ich viermal umgezogen.
Von Steglitz, wo sich mir im Erdgeschoss oft ein alter Neonazi
im weißen Rippenunterhemd in den Weg gestellt und mich
angebrüllt hatte, ich solle die Haustür leise zumachen, zog
ich nach Schöneberg, in die WG eines erfolglosen Schauspie-

lers aus reicher Familie. Von dort zog ich weiter nach Charlottenburg, in eine Gründerzeitwohnung, die so groß war, dass ich den deprimierten Langzeitstudenten, der im hinteren Teil hauste, höchstens einmal wöchentlich in der Küche traf, und dem bärtigen bleichen Mann, der das zweite große Zimmer bewohnte, das wie meines zur Straße zeigte, überhaupt nur beim Einzug und noch einmal beim Auszug begegnet bin. Dann wohnte ich in einer Zweier-WG in Neukölln, zusammen mit einem Freund, der wie ich Schriftsteller werden wollte und wie ich zu dieser Zeit studierte. Wir hatten ein gemeinsames Projekt. Zwei Wochen lang schrieb jeder von uns jeden Tag eine Erzählung, und abends lasen wir sie uns, auf dem kleinen Balkon sitzend, vor. So ist mein zweites Buch entstanden. (Damals hatte ich kein Problem, jeden Tag eine Erzählung zu schreiben, ich hätte auch täglich einen Roman schreiben können, das wäre mir nicht schwieriger erschienen.) Schließlich fand ich in Schöneberg eine Wohnung zur Untermiete für mich allein und begann, da ich mittlerweile auch hier die Zeitung lesen konnte, für Zeitungen zu arbeiten. Ich schrieb für «Emma», ich schrieb für «Die Welt» und für «Die Zeit», und obwohl sie alle unterschiedliche Interessen hatten und von unterschiedlichen Leuten gelesen wurden, schien das kein Widerspruch zu sein. Hier wie da wollte man hören, was ich zu sagen hatte, und das war in meinen Augen folgerichtig, weil ich von woanders kam. Weil die Welt, wie sie sich mir zeigte, auch von Leuten gesehen und erlebt werden sollte, die neu oder anders darin waren. Und überall gab es Partys. Wir feierten Partys in improvisierten Zimmern, auf improvisierten Möbeln mit improvisierten Leuten, von denen ich nur wenige je wiedersah. Die Berliner Zimmer mit einem einzigen Fenster, durch das nicht genug Tageslicht auf die fünfunddreißig oder vierzig Quadratmeter hereinfiel, deren Funktion einmal nur darin bestanden hatte, die repräsentativen Wohnräume vorn mit dem Bedienstetentrakt hinten zu verbinden, eigneten sich gut zum Tanzen. Zum Diskutieren. Zum Pläneschmieden. Pläne, die sofort verworfen wurden, um neuen Plänen Platz zu machen.

Es fällt mir schwer, mir vorzustellen, was ohne die Jahre in Berlin aus mir geworden wäre. Wer ich gewesen wäre, hätte es den Mauerfall nicht gegeben, hätte ich den Rosa-von-Praunheim-Film nicht gesehen und wäre ich der jungen Dichterin nie begegnet. Vielleicht wäre ich in einer jener Kachelofenwohnungen im Prenzlauer Berg gelandet, die sich äußerlich nur durch die Zugigkeit und die Einschusslöcher in der Fassade von denen in Charlottenburg oder Schöneberg unterschieden. Die Situation jedoch wäre eine völlig andere gewesen. Die Pläne, die hier geschmiedet worden wären, hätten nicht meine persönliche Entwicklung vorangebracht, sondern sich gegen die Beengtheit und Grausamkeit der Diktatur des Proletariats gerichtet, gegen die Zurichtungen einer Ideologie, die – wie alle Ideologien immer – das Leben vergiftete. Sie hätten mich in Gefahr gebracht. Und vermutlich hätte das im Frauentrakt eines Gefängnisses geendet, noch bevor ich die Möglichkeit gehabt hätte, überhaupt herauszufinden, dass der Trakt für Frauen nicht dem entsprach, was der Gestalt und dem Ausdruck meines Körpers angemessen gewesen wäre. Oder herauszufinden, dass die Bezeichnung «Frau» zumindest eine grobe Vereinfachung war. «Sie sehen aus wie eine Frau. Aber Sie sind ein Junge», sagt Siri in «Kältere Schichten der Luft» zu Anja, der Hauptfigur, die, ohne autobiografisches Abbild zu sein, nur entstehen konnte, weil jemand in den Berliner Jahren diesen Satz tatsächlich zu mir gesagt hatte. Eine der Femmes, für die der Zutritt in die alten Lesbenbars nicht selbstverständlich war.

Die letzten zwanzig Jahre, das weiß ich heute, standen unter diesem Berlin-Gefühl. Unter einer atemberaubenden Ereignishaftigkeit, die nicht mehr und nicht weniger ist als das Leben. Ich habe mein Selbstverständnis, meine Liebesfähigkeit, meine Weltanschauung daraus geschöpft. Ich habe auch gelernt, mit den kleinen gesellschaftlichen Zensuren umzugehen, die mich hier oder da an den Rand drängen oder unsichtbar machen wollen, und mittlerweile kann ich das meiste von dem sagen, was ich sagen möchte, wenn auch vielleicht nicht alles, einfach deshalb nicht, weil das Interesse einer Mehrheitsgesellschaft an den Ansichten und Äußerungen von Minderheiten letztendlich seine Grenzen hat. Angst war jedoch nie im Spiel. Ich musste nicht um Laufbahn, Leib und Leben fürchten, mich nicht fürchten vor einer allgegenwärtigen und willkürlich ausgeübten staatlichen Gewalt; eine Furcht, wie ich sie kenne aus den Jahren, in denen ich aufgewachsen bin, als Hintergrundrauschen vor einem fest verzurrten Horizont.

Nun kommt mir manchmal der Gedanke, dass ein offener Horizont für viele gar nicht das Ersehnte ist. Oder wenn, dann nicht für lange. Nicht auf Dauer. Nicht im Ernst. Vielleicht sind dreißig Jahre schon zu viel. Sie halten es nicht länger aus. Die Offenheit. Das Uneindeutige, Unbekannte, Ungewisse, das in grober Vereinfachung als Unsicherheit bezeichnet wird. Ich versuche nicht zu denken: Leute wie mich halten sie nicht aus.

Eine Frage bleibt mir im Kopf: Ist in unserem ohnehin begrenzten Dasein die Sehnsucht denn tatsächlich von so geringem Wert, dass sie sich bloß auf das richtet, was wir auszuhalten glauben?

Jochen Schmidt

Klassentreffen in Thüringen

Einmal im Jahr trifft sich die Schulklasse meiner Mutter, inzwischen sind alle über achtzig Jahre alt, in ihrer Heimatstadt in Thüringen. Bei der Begrüßung im Gasthof «Deutsches Haus» wird als Erstes der Toten des letzten Jahres gedacht. Dann werden Fotos aus der Schulzeit rumgereicht, und alle raten, wer darauf zu sehen ist.

«Sieht man gar nicht, was die für ein Feger war ...»

Im Alter verschwinden die äußerlichen Unterschiede, man kleidet sich ähnlich und hat ganz ähnliche Frisuren, die Männer meistens wenig Haare, die Frauen Dauerwelle. Fast alle Männer haben ein Hörgerät, deshalb muss der Kellner immer mehrmals nachfragen, wenn er das Essen bringt.

Ein paar Frauen fehlen, die sind beim Klassentreffen der «Großen», das gleichzeitig stattfindet. So nennen sie immer noch die Klasse, die damals über ihnen war und in die ihre Tanzstundenpartner gingen. Meine Mutter hat sich damals für die Tanzstunde ihre Zöpfe abgeschnitten, weil sie den Jungen ins Gesicht fielen.

«Und du machst Stabhochsprung?», sagt Horst, der Spaßvogel der Klasse, zu einer Frau mit Krücke.

Mein Onkel aus Rendsburg ist auch gekommen, er war mit meiner Mutter in einer Klasse. Einmal sollte er ihr einen Liebesbrief übermitteln und sagte: «Ich hab den Brief nicht mehr, aber ich kann dir sagen, was drinsteht.» Er möchte unbedingt, dass ich mit ihm durch die Alpen wandere. Vorher fährt er aber noch nach Armenien, weil das «der älteste christliche Staat» sei. Er guckt nie ARD oder ZDF, weil er beide für «linke Sender» hält. Er schenkt mir gern Lebensbeschreibungen von Wehrmachtsgenerälen, die angeblich an allem keine Schuld hatten. Im Zug hat er jemanden die «Junge Freiheit» lesen gesehen, da sei er hingegangen, um ihm zu sagen, dass er die auch lese. Deutschland schaffe sich ab, unsere Enkelinnen würden Kopftücher tragen, sagt er zu mir: «Du kennst meine Meinung.» Und zu den anderen sagt er: «Pass auf, was du sagst, sonst wird er dich literarisch verarbeiten.»

«Keine Angst, so interessant seid ihr nicht ...»

Er zeigt mir ein Klassenfoto: «Was fällt dir bei den Mädchen auf? Alle mit Röcken. Die sahen noch wie Mädchen aus.»

Ich gerate immer wieder in Krankenberichte. Hier ist es die Bauchspeicheldrüse, dort die Hüfte. Ilse hat von der Wende profitiert, sie hat in Bonn ihre Augen operieren lassen und das Wunder erlebt, sofort wieder sehen zu können. Jutta kann nicht kommen, sie muss ihren Mann pflegen, der drei Zentner wiegt, und weil sie ihn immer heben muss, hat sie sich den Rücken verdorben.

Drei Viertel der Schüler waren damals Flüchtlinge aus den deutschen Ostgebieten, sie hatten fast nichts, meine Mutter trug im Winter die Hausschuhe, die sie auf der Flucht aus Ostpreußen angehabt hatte, während es den Einheimischen besser ging, besonders wenn die Eltern Fleischer oder Bäcker waren. Meine Mutter ist auf der Flucht in dieser Stadt gelandet, weil ihr Onkel Ewald dort bei Siemens Friseur war. Sie kamen mit dem Zug, in Berlin ist sie beim Umsteigen zum ersten Mal mit einer Rolltreppe gefahren. Morgens um acht meldeten sie sich am Werkstor. Der Onkel wurde geholt und fragte erstaunt: «Was macht ihr denn hier?» – «Die Russen kommen», sagte meine Großmutter. «Mensch, sei bloß still!» In ihrer neuen Heimatstadt war es lebensgefährlich, nicht mehr an den Endsieg zu glauben.

Ein Mitschüler kam sogar aus derselben ostpreußischen Stadt wie meine Mutter, aber dort waren sie sich nie begegnet. Kurtchen wurde bei Bombenangriffen im Keller in einen Trog gelegt, in dem sonst Schweine entborstet wurden. Nach einem Angriff wachte er morgens alleine auf, mit den Fledermäusen, die Erwachsenen waren schon oben. Über so etwas schrieb er dann später die schönsten Schulaufsätze. Wir sollen ihn am Sonntag im Nachbarort besuchen, dort gibt es ein Bratwurstmuseum mit der größten begehbaren Bratwurst der Welt. Seine Frau hat Tinnitus und ist sofort beleidigt, wenn er etwas ein zweites Mal sagt, für den Fall, dass sie es nicht gehört haben sollte. «Da kann ich nicht drüber lachen», das sage sie immer.

«Eine Rindsroulade!», ruft der Kellner, und ich beobachte ihn, wie er erfolglos die Runde macht.

Meine Mutter sollte nach dem Studium Kulturhausleiterin in einem Dorf bei Apolda werden und einen Chor leiten, obwohl sie unmusikalisch war. Sie kam dann als Übersetzerin zu VEB Sternradio in Sonneberg. Sie mussten auf der Leipziger Messe vorführen, dass man das neu entwickelte Transistorradio «Sternchen» aus einem Meter Höhe fallen lassen konnte, ohne dass es kaputtging. Dabei hatte sie noch Glück, dass sie nicht in der Sonneberger Puppenfabrik die Lachsäcke in die Puppen einbauen und dazu die Schallplatten überprüfen musste. Wer das tat, hatte abends Kopfschmerzen vom Dauerlachen.

Mein Onkel sagt: «Soll ich euch wieder Bücher schicken? Aber alles ‹gegen den Strich›, kein ‹Zeitgeist› ...» Er ist der Meinung, die Polen hätten den Zweiten Weltkrieg begonnen, darüber hat er sich mit sämtlichen Nachbarn verstritten. Dabei bestehe er nur auf den Fakten. In seinen Augen ist er, der sein Leben lang unter dem überall im Land vorherrschenden linksliberalen Milieu gelitten hat, ein genauso aufrechter Mann wie sein Vater, der als SPD-Mitglied von den Nazis eingesperrt und später von SED-Funktionären aus der Partei geworfen worden ist. Meine Oma und er gingen in den Westen, wo er dann wieder von den Alt-Nazis aus Ostpreußen angefeindet wurde.

Morgens krabbelt mir im Bett eine Wanze über den Hals. Sofort juckt es mich überall. Eigentlich finde ich den Gasthof herrlich, weil man zwar vorsichtig renoviert hat, aber die braune Sprelacart-Verkleidung der Wände im Flur nicht angerührt wurde. Auf den Zimmern stehen Robotron-Radios «Strelasund», im Schrank liegt eine DDR-Seifendose mit Nähzeug. Als Rechnungsblock dient immer noch ein Restbestand aus der DDR mit alter Telefonnummer. Das WLAN-Passwort ist 1685, das Geburtsjahr von Bach, der als junger Mann in dieser Stadt gewirkt und sich auf dem Marktplatz mit dem Chorschüler Geyersbach geprügelt hat.

Die anderen sitzen schon beim Frühstück: «Bis neun in den Federn, das ist die junge Generation, den Krieg nicht mitgemacht, keine Härte entwickelt», begrüßt mich mein Onkel (soll ich ihm etwas von transgenerationeller Traumaübertragung erzählen?). *Er* brauche nur ein Stück trocken Brot und einen Krug Wasser. Warum ich nicht mit in die Alpen wandern käme? Ich rede mich mit meinen Knieschmerzen raus.

Er geht zweimal die Woche zehn Kilometer joggen und zieht mich manchmal am Arm zur Seite, um sich über diese «Greisenveranstaltung» aufzuregen, die stünden ja schon alle mit einem Bein im Grab. Die meisten habe er gar nicht erkannt. Das Frühstücksporzellan ist aus Kahla und heißt «Five senses»: «Deutsch können die auch nicht mehr ...»

Wir fahren mit dem Bus zum Inselsberg. («Warum singen die denn da Englisch im Radio? Das soll wohl Subkultur sein?») Bevor wir unterwegs halten und aus dem Bus aussteigen, verliest immer jemand die Wikipedia-Informationen zum Besichtigungsobjekt. Diesmal informiert Schorsch, der Geologe war, wie der Thüringer Wald entstanden ist: Quarzporphyr, Vulkangestein, Erosion. Wenn das Gebirge in Hunderten Jahren einen Millimeter wachse, sei das für Geologen wahnsinnig viel. Horst dauert es zu lange, er steht schon auf. Er wurde in der Klasse «Möse» genannt, weil er aus dem Rheinland stammte und die Mohrrüben so nannte, die andere Bedeutung dieses Worts kannten sie damals noch nicht. Schorsch dagegen war der einzige Schlesier in der Klasse. «Ich bin der beste Schieler», soll er gesagt haben. Wir gehen ein Stück auf dem Rennsteigwanderweg bis zum Gedenkstein für Herrn von Stoy, der mit seinen Jenaer Studenten im Jahr 1850 hierher gewandert ist, womit er den Schulwandertag begründet hat. Aber dann geht es zurück zum Bus. «In unserm Alter muss man Abstriche machen.»

«Ja, man weiß nicht, wie viel Sand man schon in der Tasche hat.»

«Ins Heim geh ich nicht. Da bring ich mich lieber um.»

Ich höre unterwegs die Gespräche der Umsitzenden, es wird viel geschimpft. Ein Künstler habe seine eigene Scheiße in Büchsen ausgestellt. Die Chinesen kauften das ganze bayrische Holz auf und machten Stäbchen draus. Die chinesischen Bettbezüge, die man jetzt überall bekomme, passten nicht zu unseren Decken, weil die Chinesen kleiner seien. Die R-Schilder vom Rennsteig würden als Souvenir abgeschraubt, man sehe sie in vielen Gärten.

«Ich hab in Berlin Medizin studiert und bei einer Wirtin gewohnt, die sehr ängstlich war. Für den Türknauf brauchte man eine Stahlstange, die hatte ich dann immer in der Tasche dabei, wie ein Mörder. Um sich bei Prüfungen nicht zu langweilen, fragte man: ‹Was machen Sie, wenn es da und da blutet?›»

Einer erzählt, dass er sich mit einer aus Bambus selbst gebastelten Stabhochsprungstange in Leipzig an der Deutschen Hochschule für Körperkultur beworben hatte. Sonst sagt er leider kein Wort und läuft immer nur mit. Die meisten wissen gar nicht, zu welcher Klasse er gehört haben soll.

«Meine Söhne waren drei Jahre bei der NVA. Einer war ein Jahr vom Sport befreit, weil seine Füße zu klein waren, man hatte keine Turnschuhe für ihn. Zu den Treffen mit den Russen durften sie nicht, weil sie zu gut Russisch konnten.»

Vor dem Aussteigen sagt Horst: «Geld, Fotoapparat, Tabletten bitte mitnehmen!»

Auf der Wartburg sagt mein Onkel, dass er hier '48 jede Minute ein Flugzeug fliegen gesehen habe. «Und was waren das für Flugzeuge?», fragt er mich. Er führt seine Gespräche mit mir immer in Form von Prüfungsfragen. Man hat ständig Angst, die falsche Antwort zu geben. «Russische Jagdflieger?» – «Nein, Rosinenbomber für Berlin.» In Eger hat er kürzlich im Sterbezimmer von Wallenstein gestanden. «Wann ist Wallenstein gestorben?» – «Weiß ich nicht.» – «Bildungslücke!» Oder er packt mich am Arm, zieht mich zur Seite und sagt: «Ich werde dir mal Unterricht geben über die Bösartigkeit der Menschen.» Und dann kommt was über bestialisches Verhalten russischer Soldaten in Ostpreußen. «Hast du Kopelew gelesen? Nein? Bildungslücke!» Er hat sein Leben lang die Russen gefürchtet und verachtet, aber als treuer AfD-Wähler muss er jetzt Putin verteidigen.

Horst sagt, als die Amis in die Stadt kamen, wurde er aus dem Haus geholt, mit Bettlaken Verwundete zu verbinden. Einem musste er eine Camel anrauchen und in den Mund stecken, das war seine erste Zigarette. Ein abgeschossener amerikanischer Pilot wurde mit seinem Fallschirm hinter sich im Laufschritt durch die Innenstadt gejagt, Zuschauer bespuckten ihn.

«Papa und ich saßen im Heizungskeller», sagt meine Mutter. Wie seltsam das klingt, ich habe sie ihren Vater noch nie «Papa» nennen hören! «Bei einem Angriff ging er mit mir auf den Friedhof, dann wären wir wenigstens schon da, meinte er.»

Bei einem anderen Schüler waren SS-Frauen einquartiert. Seine Mutter hörte BBC: «Wenn wir den Endsieg haben, werden Sie vergast», teilten sie ihr mit.

Nach Kriegsende warfen marodierende Polen einer Nachbarin, die zufällig aus dem Fenster sah, eine Kneifzange ans Kinn, der Kiefer war gebrochen. Meine Mutter ging in der Nachkriegszeit immer in die Suppenküche und holte mit einem Mostrichfass Suppe für sich und ihre Eltern. Horsts Mutter musste als Offiziersfrau in der Kommandantur putzen und «für die Russenweiber» nähen. Dafür gaben sie ihr Speckseiten, in die «Prawda» eingewickelt, da konnte man auf dem Speck noch die spiegelverkehrte Schrift lesen.

Die Kellnerin im Wappensaal der Wartburg bringt das Essen. «Tote Oma? Meinen Sie mich?», sagt Lilo, und Horst: «Lilo, du lachst noch wie vor sechzig Jahren.»

Beim Sängerkrieg auf der Wartburg sollte der Verlierer geköpft werden, was bei Poetry-Slams leider nicht mehr der Fall ist. Die junge Führerin ist außer Atem von der Treppe und schnappt nach Luft. Die Alten sind dagegen erstaunlich zäh. Immerhin haben wir schon die Oberweißbacher Bergbahn («Wenn die Notbremse versagt und das Seil reißt und wir runterrasen, muss ich von Ihnen noch ICE-Zuschlag kassieren») und Schloss Schwarzburg hinter uns (die Nazis machten aus dem Schloss ein «Reichsgästehaus» und wollten das Tal mit Wasser füllen und Mini-U-Boote darin schwimmen lassen). Während ich den Mittagsschlaf vermisse, zeigen die Rentner keine Ermüdungserscheinungen. Horst hält alle mit Witzen wach: «Ich hätte gerne eine Fahrkarte nach Frankfurt.» – «Am Main oder an der Oder?» – «Ist egal, ich werd abgeholt.»

Die Säulensockel seien aus poliertem Kalksinter, sagt die Führerin. Das sind Sätze, die mir jede Führung verhasst machen. Für den Raum mit der Besteckausstellung bleibt zum Glück keine Zeit.

Interessanter finde ich, wie viele alte DDR-Papierkörbe in Thüringen noch stehen, die runden bekieselten. Sogar am Burschenschaftsdenkmal, an dem wir einen Stopp einlegen.

«Habt ihr Sonnenschirm und Regenbrille?», sagt Horst vor dem Aussteigen.

Als der Kellner auf einer Restaurantterrasse die Bestellung aufnehmen will, reißt mein Onkel den Arm hoch: «An diesem Tisch wählen alle AfD!» Ich schaue in die Gesichter und grusle mich, weil ich ihnen das nicht angesehen hätte.

«Auf der Leuchtenburg ist ein Shuttle-Bus bestellt», sagt Kurtchen. «Du kannst auch kein Deutsch mehr», sagt mein Onkel.

Nachts kann ich nicht schlafen, weil ich an die politische

Einstellung dieser freundlichen Rentner denke. Sollte man bei Wahlen ein Höchstalter einführen? Aber viel beunruhigender ist, dass bei einem der Sohn mitgekommen ist, ein Historiker, der noch radikaler denkt als sein Vater. Es wird auf Angela Merkel, die Grünen, die Griechen, Windräder und die EU geschimpft, ein Lichtblick sind nur die im Osten wiederbelebten Burschenschaften.

Am Morgen habe ich weitere Stiche am Körper und bin verstört von meiner Panikattacke. Durch ein verstaubtes Schaufenster sehe ich eine Sammlung von DDR-Objekten. Ein altes Sandmannbrettspiel: «Pittiplatsch ist sehr klug / und schwarz wie ein Mohr / Wer zu ihm kommt, der darf / gleich sieben Felder vor.» Ich unterhalte mich mit dem Betreiber, der mir erzählt, dass sie schon vierzigtausend Objekte gesammelt hätten, und ständig würden ihnen neue gebracht. Er ist bei den Bürgermeisterwahlen gegen einen Kandidaten einer rechten Bürgerinitiative angetreten, ihm wurde eine tote Katze aufs Auto gelegt, und seine Kinder wurden bedroht. Ich kaufe eine Büchse Diabolos aus dem VEB Sprengstoffwerk Schönebeck. Zweihundert Stück 2,40 Mark. Es war für mich immer ein ersehnter Höhepunkt, wenn ich bei Schulfesten damit schießen durfte. Auf einem Zettel in der Dose steht: «Schützt eure Vögel.»

Zur Wende gab es auch in dieser Stadt Demonstrationen. Eine Frau, die bei einer davon als Anführerin verhaftet wurde, gab bei der Polizei zu Protokoll, sie sei eigentlich am Ende der Demo gelaufen, die dann aber plötzlich umdrehte, sodass sie vorne stand. Ein Stasi-Spitzel berichtete von einem Gottesdienst, der Superintendent habe den Abend mit einem Bibeltext eröffnet: «Der ungefähre Inhalt der Worte drehte sich um ein Volk, das von einem König in ein anderes Land geführt wurde.» Moses war also Anstifter zur Republikflucht!

Am Bachdenkmal auf dem Marktplatz, es stammt von 1985 und stellt den Komponisten als jungen Mann dar, der lässig an einem Stein lehnt, erklärt uns die Stadtführerin, dass sie seit zwanzig Jahren negative Äußerungen der Bevölkerung über dieses Denkmal sammele. Viele fänden es nicht repräsentativ genug. Auf den Sockel hat jemand Graffiti gesprüht. «Dem müsste man die Hand abhacken», wird neben mir gemurmelt. «Aber allen kannst du ja nicht die Hand abhacken.» – «Doch, wenn man das bei zwei bis drei macht, hören die anderen schon auf mit dem Geschmiere.»

Mein Onkel war abends noch im Wald wandern, die Markierung sei aber sehr schlecht gewesen: «Minuspunkt!»

Onkel Waldemar arbeitete im Schlachthof, sagt mein Onkel, und brachte ihnen manchmal eine Kasserole mit Blut. «Und das war was, damals! Das kann sich eure Generation nicht mehr vorstellen, ihr habt den Krieg nicht erlebt, keine Härte entwickelt.» Immerhin habe ich dreißig Wanzenstiche am Körper, denke ich, und klage nicht.

«Und dieses Haus?», fragt mein Onkel die Führerin. «Warum ist das nicht renoviert? Hier standen doch wunderschöne Häuser, die haben die Kommunisten alle abgerissen.»

«Nachdem der Kommunismus aufgebaut wurde, müssen wir jetzt die Infinitive ergreifen», sagt Horst.

Im Schaufenster eines Buchladens liegt eine Biografie von Joachim Fuchsberger: «Guter Mann», sagt mein Onkel, «keine linken Eskapaden!» Er will am Sonntag zu seinem Freund Kurtchen in den Nachbarort laufen, zum Bratwurstmuseum. «Ich krieg ein Stück trocken Brot und Wasser, ich bin Kriegsgeneration, das reicht mir zum Mittagessen.»

Wir besichtigen die alte Schule der Klasse, an der damals ein Transparent hing: «WIR LEHREN, LERNEN UND KÄMPFEN FÜR EINHEIT UND FRIEDEN.» Im Sekretariat bekam meine Mutter sechzig Mark Stipendium, ihr Bruder fünfundzwanzig. Der war aber zu stolz, es abzuholen, sie unterschrieb deshalb für beide, und er riss ihr das Geld draußen weg. In den ersten Nachkriegsjahren gab es für jeden täglich ein dunkles Brötchen, zum Geburtstag ihres Klassenlehrers haben alle ihres für ihn aufgehoben. Der Chemielehrer hat in seiner Freizeit das vierbändige Standardwerk «Die Großschmetterlingswelt Mitteldeutschlands» geschrieben, er war promoviert und fachlich unterfordert, aber er bekam sie nicht in den Griff. Sie seien Rabauken gewesen. Einmal habe Kurtchen einer Mitschülerin Schuhbänder geschenkt, gemein! Wieso gemein?, frage ich. Na, das sollte doch ein Bikinioberteil sein, eine Anspielung auf ihre kleine Oberweite. Allgemein waren sie allerdings viel unschuldiger als heute. Die Jungen borgten den Mädchen nicht die Casanova-Bände, die sie heimlich unter dem Pult lasen. Eine Mitschülerin habe Jungen nicht die Hand gegeben, aus Angst, schwanger zu werden. Meine Mutter klärte sie bei einem Spaziergang auf. Ihre Mitschülerin sagte: «Bist du verdorben!» Später schrieb sie ihr vom Medizinstudium, dass sie jetzt Bescheid wisse und sich bei ihr entschuldige.

Vom Dachfenster der Schule aus haben sie den Direktor in seiner Badewanne baden gesehen. Der war kriegsversehrt und schnallte sich vorher sein Holzbein ab. Als es eine Kampagne gegen die Junge Gemeinde gab, half er einem seiner Schüler, der kein Abitur machen durfte und der uns jetzt davon erzählt. Die anderen erinnern sich noch an ihre Abi-Aufgabe: «Die ideologische Vorbereitung der Französischen Revolution».

Nach Stalins Tod zogen die Jungen in einer Polonaise durch die Schule und sangen: «Stalin muss sterben, ist noch so jungjungjung ...» Sie machten sich nicht bewusst, was sie riskierten.

Die Abi-Feier fand am 17. Juni 1953 in einer Dorfgaststätte statt, der Direktor rief an und informierte sie über die Unruhen in den Siemens-Werken. Die Schüler sollten sich zu zweit alle halbe Stunde in die Stadt und dort an den russischen Panzern vorbeischleichen. Den Russischunterricht hätten sie im Übrigen boykottiert. Meine Mutter kann nur noch: «Piffpaff ojojoj, umirajet saitschik moj.»

Mein Onkel packt mich wieder am Arm. Ob ich die berühmteste Schriftstellerin der Stadt kennen würde? Zum Glück weiß ich, dass das die Marlitt ist. «Hast du ‹Das Geheimnis der alten Mamsell› gelesen?» – «Nein.» – Bildungslücke!»

Wir besichtigen die Oberkirche, die gerade renoviert wird. Meine Mutter ist mit einer Schulfreundin über eine Leiter in die Kirche geklettert und von dort in die Gruft mit bemoosten Särgen. In der Bibliothekskammer stehen die Bücher in uralten, mit mechanischen Schließsystemen gesicherten Schränken. Der Fürst hat sein Leben lang Buch geführt, wie oft er die Bibel gelesen hat. «Dieses Jar 5 mal das alte Testament, 3 Mal das Neue Testament.» Am Ende ist er blind geworden. 1703 schreibt er: «Hier habe ich wegen des abgegangenen Gesichts aufhören müssen.» Vielleicht hätte er sich in Bonn operieren lassen sollen.

Im Café bestellt Kurtchen einen «Latte matschato». Mein Onkel, der Schlankste von allen, verzichtet wieder als Einziger auf Kuchen und verkündet: «Ich hab Übergewicht.» Meine Knieprobleme kommen zur Sprache. «Wir sind ja auch Kriegsgeneration, nicht solche Weicheier und Warmduscher wie ihr.

Ihr haltet doch nichts mehr aus.» An Kindergärten glaubt er nicht, die Kinder hätten dort alle Hospitalismus. Die Frauen sollten zu Hause bleiben und den Männern nicht die Arbeitsplätze wegnehmen. Manchmal würde ich meinen Onkel gerne fragen, was er gegen die Islamisten hat, wo er doch in so vielen Punkten mit ihnen einer Meinung ist.

Am Nebentisch regt sich eine Gruppe älterer Männer über Seerecht und Bootsflüchtlinge auf. Für blinde Passagiere müsse eigentlich die Reederei aufkommen. Wer fünfhundert Menschen aufnehme, um sie zu retten, müsse selbst dafür bezahlen. In Afrika würden Videos gehandelt, auf denen man sehe, wie man bei uns zum Sozialamt komme. Die grünen «Bazillen» mit ihren Lichterketten, das müsse aufhören.

Der junge Wirt, der einen Porsche fährt («Er hat schon als Kind immer Matchboxautos gewollt», meint seine Mutter), sagt, die Sachsen und die Thüringer, die hätten es nach der Wende richtig gemacht, gleich «den Schalter umgelegt» und CDU gewählt, das sehe man ja, die anderen Länder hätten nichts erreicht mit der PDS oder der SPD. Er öffnet abends nicht mehr, wegen des Mindestlohns rechne sich das nicht: «Die Wirtschaftlichkeit muss immer vorgehen.» Außerdem wolle keiner mehr in der Gastronomie arbeiten, zu anstrengend.

«Nicht, Kurtchen, am Sonntag wandere ich zu dir, und du gibst mir ein Stück trocken Brot und einen Krug Wasser», sagt mein Onkel.

«Aber nur, wenn du nicht so laut sprichst. Wegen Giselas Tinnitus.»

Und danach wird er nach Rendsburg zurückfahren, um Geld zu sparen, in mehreren Etappen, mit dem Regionalexpress.

DIE KUNST, GRENZEN ZU ÜBERWINDEN

Sasha Marianna Salzmann

Das Entweder-oder verlernen

Ich bin Schriftsteller*in, ich glaube nicht an unbeschriebene Blätter. Niemand kommt neutral in diesen Raum herein, niemand geht, ohne eine Zeile, ein Wort, ein Bild mitgenommen zu haben, wieder hinaus. Wir alle tragen Geschichten in uns, die unser Weltbild prägen. Damit transparent wird, vor welchem Hintergrund ich meine Gedanken und Argumentationen entwickle, stelle ich mich vor.

Ich bin nichtbinär, also weder Mann noch Frau. Ich bin jüdisch, habe aber nichts mit Israel oder dem Nahen Osten zu tun. Ich bin in der Sowjetunion geboren, in Wolgograd, dem früheren Stalingrad, aber meine ganze Verwandtschaft mütterlicherseits stammt aus der Ukraine. Mein fast neunzigjähriger Großvater, der aus Czernowitz kommt und immer nur Russisch mit mir gesprochen hat, spricht jetzt, am Ende seines Lebens, fast nur noch Ukrainisch mit mir. Ich bin in Asylheimen als sogenannter Kontingentflüchtling aufgewachsen und habe an der Universität der Künste in Berlin Szenisches Schreiben studiert. Mein Vater ist Fabrikarbeiter, meine Mutter Ärztin. Wir gehen nicht in die Synagoge, wir sind atheistisch, aber am Rahmen ihrer Wohnungstür hat meine Mutter eine Mesusa anbringen lassen. Sie trägt in jedem Ohrläppchen einen Davidstern und schenkt mir alle paar Jahre einen neuen.

Ich erzähle dies alles in der Ausführlichkeit, weil ich glaube, dass man an meiner Biografie sehen kann, dass gelebtes Leben sich nicht in ein Entweder-oder einteilen lässt.

Unsere Zeiten scheinen mir geprägt von einem Denken in Oppositionen. Wir teilen die Welt in Schwarz und Weiß, in Männer und Frauen, in Religionen, in Völker, schlagen uns dann auf eine Seite und ergreifen für diese Partei, attackieren und bekämpfen einander. Ich würde hier gerne darüber nachdenken, wie Kunst und Kultur der Ort sein könnte, wo wir dieses Entweder-oder-Denken *verlernen*. Denn Leben ist widersprüchlich, voller Ambivalenzen. Und es ist die Kunst, die den Raum dafür bereitstellen kann.

Oder, um es mit den Worten des großen Schriftstellers James Baldwin zu sagen: «Dichter (und damit meine ich alle Kunstschaffenden) sind letztlich die Einzigen, die die Wahrheit über uns wissen. Nicht die Soldaten. Nicht die Staatsmänner. Nicht die Priester. (...) Nur Dichter.» Ich bin der Überzeugung, dass Baldwin recht hat. Nicht, weil Künstler*innen die weiseren, hellsichtigeren Menschen sind. Sie sind genauso fehlbar wie alle anderen auch. Sie unterschreiben abwegige Petitionen, sie posten verstörende Inhalte, nützen die Bühne für fragwürdige Forderungen. Wir sind manchmal beklemmend *un*anders.

Aber das sind außerkünstlerische Kategorien. Reden wir also davon, was unsere Berufsbeschreibung ist: Wir sind Beobachtende. Um beobachten zu können, müssen wir im Abseits stehen. Wir müssen Distanz halten, außerhalb sein. Nur von dieser Position aus lässt sich meines Erachtens der Auftrag adäquat erfüllen, den eine Gesellschaft an ihre Kunst- und Kulturschaffenden stellt: dass sie Zeugenschaft ablegen über ihre (finsteren) Zeiten. Und es ist das sichere Zeichen für eine funktionierende Demokratie, wenn sie sich dieses Organ, ein

Outside Eye, erhält und es fördert. Die *Vielstimmigkeit* dieses Organs trägt und erträgt. Es nicht zu regulieren und zu beschneiden versucht, indem sie rigorose Bedingungen dafür stellt, welche Themen Platz haben und wer sprechen darf.

Wenn ich gefragt werde, woher ich komme, antworte ich: Aus dem Theater. Das ist die Wahrheit. Ich habe die Hälfte meines Lebens dort verbracht. Damals, mit siebzehn (Anfang der Nullerjahre), brach ich das Gymnasium in der niedersächsischen Provinz ab, weil ich mich den antisemitischen und rassistischen Übergriffen nicht mehr aussetzen wollte. Ich ging in die nächste große Stadt und ans Theater und kam mit vierunddreißig Jahren wieder heraus. Alle meine signifikanten Erfahrungen habe ich in Theaterräumen gemacht, daher will ich hier über die Gesellschaft als ein Theater nachdenken. Ich glaube, das ist auch deswegen passend, weil das Theater, so wie jede Gemeinschaft auch, eine Soziale Plastik ist, und das Wesen einer Sozialen Plastik ist es, dass sie stets mehr als zwei Seiten hat.

Stellen wir uns also ganz Deutschland als ein Theater vor. Als eine *durational performance*, die von unzähligen Akteur*innen bespielt und bestritten wird: von jesidischen, deutschen, kurdischen, palästinensischen, russischen, tamilischen, jüdischen, türkischen Menschen. Von Schwarzen Deutschen, israelischen, iranischen ... Sie alle machen mit. Manche auf der Bühne, manche im Technikerraum, manche an der Garderobe. Meine Erfahrung, die ich aus den Jahren am Theater mitgebracht habe, ist: Jede Akteur*in will am Ende dasselbe – wahrgenommen werden als ein vollwertiges Mitglied der Theaterfamilie. Nicht alle wollen im Scheinwerferlicht stehen, nicht alle wollen Sprechrollen, aber alle wollen einen unkündbaren Vertrag.

Nun war es in den letzten Monaten – und seien wir ehrlich, in den letzten Jahren und Jahrzehnten – nicht ganz einfach mit den unkündbaren Verträgen. In regelmäßigen Abständen konnte man aus den politischen Reihen vernehmen, wessen Verträge mit diesem Land hier wacklig sind. Auch wenn man in Deutschland geboren ist oder seit Jahren hier arbeitet oder hier Kinder bekommen hat, manche Verträge bleiben befristet. Das sorgt für Zwist in der Theaterkantine, das vergiftet am Ende noch den ganzen Betrieb. Oft konnten wir in letzter Zeit von hochrangigen Politiker*innen als Reaktion auf den aufflammenden Antisemitismus im Land hören: Wer sich antisemitisch gebärdet, riskiert seinen Aufenthaltsstatus. Ich wünschte, das hätte man den Lehrer*innen an der Schule der niedersächsischen Kleinstadt gesagt, die ich noch vor dem Abitur abbrach. Aber diese Lehrer*innen sind nicht gemeint, oder? Es geht um jene, die ohnehin einen ungesicherten Status haben. Also nicht Deutsche. Aber wohin mit den Deutschen? Ignatz Bubis soll mal gesagt haben: Wenn es in Deutschland wieder losgeht mit dem Faschismus, dann gehen die Franzosen nach Frankreich, die Juden nach Israel, und die Deutschen? Wohin gehen sie?

Das gegenwärtige gesellschaftliche Klima treibt die Akteur*innen unseres Theaters auseinander. Das ist fatal, denn das dient nur den Feinden der Demokratie. Darum glaube ich, dass es unbedingt notwendig ist zusammenzubleiben, und ich glaube, dass Kunst und Kultur der Ort sein könnte, der alle beherbergen *kann* und auch *muss*. Weil Kunst und Kultur ein Ort des *Humanismus* ist.

Und auch wenn die Künstler*innen als Menschen den humanistischen Ansprüchen nicht immer gerecht werden mögen – die Kunst selbst nimmt alle Protagonist*innen gleich wichtig und gleich ernst. Wenn sie es nicht tut, ist sie Propaganda. Aber wenn sie ein Ort der Verhandlung der Widersprüchlichkeiten und Ambivalenzen der Conditio humana ist, dann ist sie auf der Seite der Menschlichkeit. Wir schauen mit ihr in menschliche Abgründe und verstehen darüber mehr von uns und vom anderen; und der (vermeintlich) andere ist uns weniger fremd. Oder im besten Fall: gar weniger Feind. So ist Kunst ein essenzieller Bestandteil der Demokratie. Denn was ist eine Demokratie wert ohne Menschlichkeit?

Mir ist besonders wichtig zu betonen: Kunst ist keine Dekoration, kein Nice-to-have, keine Kulisse, vor der man das *eigentlich Relevante*, das «Systemrelevante», verhandelt. In den Gedichten und Romanen des Friedenspreisträgers Serhij Zhadan kann man eindrucksvoll nachlesen, wie ukrainische Soldat*innen zu Büchern greifen, um bei Verstand zu bleiben. Um sich einer Welt zu versichern, wie sie einmal war. Vergessen wir nicht: Noch in Ruinen zerstörter Städte wurde und wird Theater gespielt. Gedichte können die Gebete der Nichtgläubigen sein. Wir wissen es aus der Überlebenden-Literatur: KZ-Häftlinge murmelten auswendig gelernte Verse vor sich hin, um einen Tag länger durchzuhalten. Um nicht unterzugehen. Gedichte, Romane, Musik sind auch eine Rückversicherung auf eine Welt jenseits der Katastrophe – jenseits eines Krieges, einer Inhaftierung, einer Zerstörung.

In der Kunst bekommt der Mensch sein Gesicht zurück. Die Philosophin Carolin Emcke spricht von einer Re-Humanisierung der Entrechteten. Derer, denen die Würde in gewaltvollen Verhältnissen genommen wurde. Darum ist es so notwendig und unerlässlich, dass niemandem die Möglichkeit zum künstlerischen Ausdruck verwehrt wird. Dass alle in der Kunst sichtbar sein dürfen. Denn erst wenn auch die Geschichten aus den Marginalien der Gesellschaft erzählt werden können, entsteht ein zumindest annähernd vollständiges Narrativ.

Geschichtsbücher und Sachliteratur reichen nicht, um die Welt zu verstehen. Ich komme aus einem diktatorischen System, ich weiß, wie wenig verlässlich Geschichtsbücher sind. Und selbst wenn sie *nicht* rigoroser Zensur unterworfen oder alljährlich umgeschrieben werden, sprechen sie immer von zwei Seiten: von den Siegern und den Verlierern. Das mag historisch korrekt sein, aber es reicht nicht, um die Gegenwart fassen zu können und – um sie auszuhalten. Die Annäherung an die Wahrheit gibt es nur um den Preis der Ambivalenz. Die Wahrheit birgt eben immer auch Widersprüche. Diese haben in der offiziellen Berichterstattung, in den Zeitungen, der «Tagesschau», den Essays selten Platz. Aber die Kunst und Kultur, *wenn sie frei ist*, ist ein Ort eben genau dafür. Dort, an diesem Ort, werden diejenigen mit komplexen Biografien, mit ungeraden Lebensverläufen, sichtbar, und wer sichtbar wird, nimmt an der Gesellschaft teil.

Als ich mich den antisemitischen Anfeindungen nicht mehr aussetzen wollte – damals in den Nullerjahren in Niedersachsen –, war ich Ausländer, Jude, aber vor allen Dingen war ich ein Teenager. Ohne Perspektive, ohne Geld, ohne Abschluss. An einem Abend saß ich mehr oder weniger zufällig im Schauspielhaus Hannover und sah Johann Kresniks Inszenierung von Büchners «Woyzeck». Der Hauptdarsteller sprach und sang mit starkem russischem Akzent. Ich werde nie das Gefühl vergessen, das ich damals hatte – zum allerersten Mal, seit ich in Deutschland war: Es gibt hier einen Platz für mich. Hier, am Theater, kann ich sprechen, wie ich spreche, und weil alle ein wenig wild sind, werden sie mich Wilden aufnehmen. Für einen Teenager wie mich hat das damals einen Unterschied ums Ganze bedeutet.

Wenn ich mir etwas wünschen dürfte, so wäre es, dass zusätzlich zu den hundert Milliarden, die zur militärischen Aufrüstung zugesichert wurden, heute noch einmal so viel in Kunst, Kultur und in die Bildung junger Menschen fließen würden. Auch hier gibt es für mich kein Entweder-oder. Zukunft ist immer auch eine Zukunft von Kunst und Kultur. Was sind wir bereit in *diese* Zukunft zu investieren? Fünfzig Milliarden? Fünfundzwanzig? Zehn? Hundertzehn? Was wäre dies dann für ein Land, geprägt von Generationen von Menschen, in deren Zukunft so viel investiert würde? Es wäre ein Land der Dichter und Denker. Die deutsche Soft Power, die eigentliche Sexyness dieser Republik.

Wenn ich versuche zu verstehen, warum der «Woyzeck»-Moment mein ganzes Leben bestimmt hat, so denke ich, sind es drei Dinge:

1. Es war gute Kunst. Sie war kompromisslos, sie war frei. Wenn Kunst will, aber nicht kann, dann geht sie nicht unter die Haut und berührt nicht, also verändert sie gar nichts.
2. In «Woyzeck» geht es um einen Outsider, um einen, der verzweifelt und an der Kälte der Gesellschaft zerbricht. Er hat keinen Ort in der Welt, keine Perspektive, scheitert fundamental und steht trotzdem im Zentrum einer Geschichte.
3. Repräsentanz. Die Repräsentanz derer, die in dem Narrativ einer Mehrheitsgesellschaft sonst kaum vorkommen. Ich verband mich mit «Woyzeck» über seinen Akzent.

Um es noch einmal zu verdeutlichen: Es reicht nicht zu sagen, die Türen unserer Institution stehen allen offen. Die Adressat*innen müssen sich mit den Namen auf den Plakaten an den Litfaßsäulen identifizieren können. Sie müssen die Erfahrung machen, dass die Geschichte, die erzählt werden wird, etwas mit ihnen, mit ihrem Leben zu tun hat. Am Ende wollen wir alle in einer Geschichte vorkommen. Wir wollen unsere Geschichten einschreiben in das große gemeinsame Narrativ.

Warum es besonders wichtig ist, den Minderheiten zuzuhören? Weil Minderheiten *mehr* über die Gesellschaften, in denen sie leben, wissen als ihre Mehrheitsvertretung. Weil wir es müssen. Weil unser Großwerden, unsere Aufstiegschancen, unser Fortkommen davon abhängen, dass wir jene, die die Grundregeln des Spiels bestimmen, kennen. Dass wir die Ängste und die Schwächen der Mehrheit kennen. Wir studieren sie jeden Tag.

Ich gebe zu, es war für mich überraschend, wie neu das Thema Antisemitismus für nichtjüdische Menschen nach dem 7. Oktober war, als die Welle des Hasses und der Gewalt gegen Jüd*innen ihren traurigen neuen Höhepunkt erreichte. Ich dachte damals: Die Statistiken sind doch eindeutig seit Jahren. Sie zeigen einen alarmierenden Anstieg der Straftaten. Aber es sind Statistiken. Zahlen. «Tagesschau»-Nachrichten.

Was macht diese Meldung mit einem: «Die Zahl rechter Straftaten hat sich in der zweiten Hälfte des letzten Jahres im Vergleich zum Vorjahreszeitraum fast verdoppelt»? Ich wage zu behaupten: Man nimmt es zur Kenntnis. Um eine Vorstellung vom *Schmerz* zu bekommen, der mit dieser Meldung zusammenhängt, lesen Sie Toni Morrison, Deniz Utlu, Necati Öziri, Adania Shibli, David Grossman. Warum Schmerz wichtig ist? Den vergisst man nicht. Er wird ein Teil der emotionalen DNA. *Wahrheit* gibt es nicht ohne *Schmerz*. Wenn man das Leid der anderen in sich hineinlässt, wächst die auseinanderbrechende Welt wieder ein wenig zusammen. Eines der Dinge, in denen wir uns verbinden können, ist Trauer um den Zustand der Welt.

Warum die Feinde der Demokratie es auf die Freiheit von Kunst und Kultur abgesehen haben, ist naheliegend: Indem sie die Diversität zum Verstummen bringen, etablieren sie ihr hasserfülltes, homogenes Weltbild. Die gelebte Erfahrung von Minderheiten stört ihr Narrativ. Darum ist es unabdingbar, Räume zu etablieren und offen zu halten, in denen die Erfahrungen aller abgebildet werden und in denen einander scheinbar fremde Positionen aufeinandertreffen.

Das gegenwärtige gesellschaftliche Klima darf uns nicht auseinandertreiben. Dafür müssen wir, die gesellschaftlichen Akteur*innen, lernen, uns und unseren Schmerz gleichwertig mitzudenken. Und niemand darf darüber bestimmen, wessen Geschichte mehr wert ist. Nicht die Politik, nicht wir selbst. Daran führt kein Weg vorbei, wenn Humanismus unser Prinzip ist. Und ohne Humanismus: Was wäre diese Demokratie wert?

Colum McCann

Die Demokratie des Zuhörens

Im April 2023 trat US-Senator George Mitchell in der Belfaster Queens University ans Rednerpult, um anlässlich des fünfundzwanzigsten Jahrestags des nordirischen Friedensschlusses zu sprechen. Der Saal war elektrisiert, es herrschte gespannte Erwartung. Diplomaten. Irische Führungspersönlichkeiten jeglicher Couleur. Die Vorsitzende der EU-Kommission. Wissenschaftler. Bürgermeister. Exterroristen. Rockstars. Journalisten. Schulkinder.

Handys wurden in die Luft gereckt, während die Leute sich in alle Richtungen drehten, um Fotos zu machen.

Hillary Clinton betrat die Bühne, um den Senator vorzustellen: Er war ein Vierteljahrhundert zuvor der leitende Architekt des Friedensprozesses gewesen. Inzwischen neunundachtzig Jahre alt, es hieß, er sei krank – und er hatte tatsächlich vor Kurzem einen aggressiven Blutkrebs überwunden –, aber in seinem grauen Anzug mit der helllilafarbenen Krawatte sah er schmuck und kräftig aus.

Die nächsten siebenundvierzig Minuten schlug Mitchell das Publikum in Bann. «Wenn uns die Geschichte etwas lehrt, dann, dass sie nie zu Ende ist», sagte er. «Vor fünfundzwanzig Jahren haben die Nordiren und ihre politischen Führer ihren Lauf verändert. Es war ein Tag, an dem sie sich der Hoffnung geöffnet hat.»

Der amerikanische Senator sprach in einer Stadt, die Unsäglliches erlebt hatte. Bombenattentate. Massaker. Spurlos verschwundene Menschen. Verwüstung. Chaos. Noch gab es «Friedensmauern», die Nachbarschaften in Belfast voneinander trennten, es gab die schulische Segregation, aber immerhin auch ein Gefühl, dass die Vergangenheit tatsächlich vergangen war und «Krieg ein törichtes Davonlaufen vor den Problemen und Rätseln des Friedens» darstellte.

Der Friedensprozess war die vielleicht großartigste irische Geschichte des ausgehenden 20. Jahrhunderts. Selbst wenn er bisweilen brüchig und instabil erschien – als etwa der Brexit sein Drachenhaupt erhob –, wird er eine der großartigen Erzählungen auch des 21. Jahrhunderts bleiben.

Im Verlauf der Friedensverhandlungen hatte sich Mitchell einen Ruf als guter Zuhörer erworben. Immer wieder hatte er den Beteiligten versichert, dass er ihnen sein Ohr leihen würde, selbst wenn andere es nicht taten. Seine Fähigkeit, in Plenarsälen zu sitzen und den Delegierten beim Reden zuzuhören, brachte ihm den Spitznamen «Eisenhose» ein.

Und geredet wurde endlos. Die Iren hatten schon immer ein großes Mundwerk. Hier jedoch ging es um mehr als Geschwätz – es ging um das Leben, die Demokratie und die Hoffnung. Mitchells Fähigkeit zuzuhören wurde legendär.

«Es liegt eine große Tiefe in der Erkenntnis, dass wir uns nur auf eine einzige Weise aus den Trümmern erheben können, nämlich, indem wir einander verstehen lernen», sagte er. Er erkannte die intrinsische Kraft, die nicht nur Geschichten innewohnt, sondern auch der Art und Weise, wie wir ihnen zuhören und wie sie uns prägen.

«Im Wort ‹unmöglich› steckt immer das Wort ‹möglich›», sagte er.

Das Publikum erhob sich. Die stehende Ovation ging in verschiedene Richtungen: Vergangenheit, Gegenwart und Zukunft.

*

Geschichtenerzählen ist im Kern demokratisch, es steht allen offen, alle können es tun. Es kennt keine Grenzen, keine Geschlechter, keine ökonomische oder gesellschaftliche Trennung. Es hat die Kraft, Stereotype zu sprengen. Bei entsprechender Anwendung ist es ein heilender Balsam, der ganze Systeme – sogar eine Demokratie – zusammenhalten kann.

Und doch kann es auch polarisierend verwendet werden. Eine Geschichte kann dir dein Haus wegnehmen, dein Auto, deine Identität, dein Land. Eine Geschichte kann gewalttätig sein. Eine Geschichte – insbesondere wenn sie falsch ist – kann dir den Boden unter den Füßen wegziehen.

Ein Großteil der dem Geschichtenerzählen innewohnenden Kraft resultiert aus dem, was zwingend dazugehört: dem Zuhören. Gleichwohl akzeptieren wir die Kunst des Zuhörens selten als den Schlüssel zum Geschichtenerzählen. Zuhören wird oft als passiver Partner des Begriffspaars empfunden, als der blassere, entfernte Cousin.

George Mitchells Erfahrung in Nordirland ist unter anderem so bewegend, weil sie ganz intensiv auf das Zuhören setzte. Der Senator schenkte den verschiedenen politischen Gruppierungen seine Zeit und erlaubte ihnen zu sprechen, während er vorurteils- und vorwurfsfrei zuhörte. Zunächst sprachen sie nicht miteinander, sondern ausschließlich mit ihm. Er vermittelte ihre Botschaften und widmete sich sodann der Gegenseite. (Es kursiert das böse Gerücht, Ian Paisley sei nach dem Auszug seiner republikanischen Widersacher ins Zimmer marschiert und habe Raumspray versprüht.) Zu Mitchells Taktik gehörte, den diversen Parteien so lange zuzuhören, bis sie erschöpft fanden, jetzt hätten sie ihre Geschichte in allen Facetten erzählt. In der Tat ist eines der auffälligsten Merkmale des nordirischen Friedensprozesses, dass die Beteiligten bis zum Tag der Vertragsunterzeichnung niemals in einem Raum beisammensaßen.

George Mitchell hatte durch *Zuhören* Frieden gebracht.

Doch in seiner Rede zum fünfundzwanzigsten Jahrestag ermahnte er auch kommende Generationen, weiterhin zuzuhören. «Wir leben in Zeiten der Zerrüttung», sagte er. «Dieses Abkommen dient nicht nur zur Vergangenheitsbewältigung, sondern auch dazu, die Zukunft anzustoßen.» Mitchell war sich sehr wohl bewusst, dass im Verlauf von zweieinhalb Jahrzehnten vieles anders geworden ist, nicht nur in Irland, sondern auf der ganzen Welt.

Heute leben wir in einem exponentiellen Zeitalter, einem sich immer schneller drehenden Karussell, in dem beinahe alles ständig schneller und kleiner, schneller und billiger, schneller und leichter zugänglich wird. Einer unserer großen Träume vom Internet war, dass es uns allen Gelegenheit geben würde, mitzumachen und gehört zu werden, selbst von den Rändern aus.

Die sozialen Medien haben uns in der Tat die Möglichkeit gegeben, unsere Geschichten zu erzählen, aber in zunehmend kürzerer, brutaler Manier. Zweihundertvierzig Zeichen bringen uns schwerlich aus der Frühstücksnische heraus. Eine Minute auf TikTok wird uns kaum Hinweise auf die dunkle Seite unserer Seele geben. Am Ende bekommen wir vielleicht nicht mehr als unsere fünfzehn Zeptosekunden Ruhm.

In unserer Eile, die Welt und vor allem die aktuelle Zersplitterung unserer Gemeinschaften zu verstehen, räumen wir dem Gedanken des Geschichtenerzählens oft Vorrang ein, so als wäre die Fähigkeit, unsere eigene Erfahrung in Worte zu fassen, das Entscheidende. Aber was hat es mit dem Zuhören auf sich? Es ist doch bestimmt genauso wirkmächtig wie das Erzählen, wenn nicht noch stärker. Wenn wir nicht zuhören, verstehen wir nicht. Und wenn wir nicht verstehen, werden wir lauter. Und wenn wir lauter werden, zieht der Lärm Kreise, Geschrei erzeugt Geschrei. Die Gefahr besteht darin, dass alle reden und keiner mehr zuhört.

Natürlich haben wir da einen unschönen Widerspruch: Zuhören ohne Geschichten geht nicht. Aber, mal ehrlich, Geschichten sind doch allgegenwärtig. Geschichten stecken in dem kleinen Apparat, den wir ständig bei uns tragen. Geschichten lassen den Äther summen. Geschichten schreiben uns Slogans auf die Brust. Geschichten bergen auch die Reklametafeln, die unsere Horizonte zieren. Die Unternehmen dieser Welt, ja sogar unsere Regierungen, haben das kapiert, und es ist schwer geworden, noch einen Verkaufspitch oder ein politisches Dokument zu finden, die sich nicht herablassen, die Macht des Geschichtenerzählens zu nutzen.

Aber wenn eine Geschichte erzählt wird, heißt das noch lange nicht, dass sie auch Gehör findet.

Die Art und Weise, wie wir zuhören, ist ein Gradmesser unseres Lebens. Gut zuzuhören ist schwierig, und es findet selten statt. Oft ist es radikal. Es ist ein ganz persönlicher Akt, doch braucht er den öffentlichen Raum. Er verlangt Anstrengung, Demut und Geduld. Zugleich verlangt er Fantasie, Engagement und Unterordnung. Er fordert uns Präsenz ab. Und am Ende ist er in der Lage, das demokratische Projekt weiterzuentwickeln: eine Gesamtheit, die größer ist als die Summe ihrer Teile.

*

Seit acht Jahren läuft in einer Schule in der South Bronx, New York, unter dem Patronat von Narrative 4, einer weltweit tätigen Non-Profit-Organisation, die mit Geschichten Wandel herbeiführen will, ein erzieherisches Experiment, bei dem Schülerinnen und Schüler das Zuhören und Erzählen als simultanen Auftrag bekommen.

Die Schule liegt in einem der ärmsten Wahlbezirke der USA. Die Schüler*innen sind zumeist Schwarz und/oder eingewandert. Oft bilden Polizeisirenen – «Elendsmusik» nennen die Anwohner sie – das Hintergrundgeräusch zum Unterricht. Aber die Schule selbst, unter der fantastischen Leitung einer Schwarzen Direktorin namens Hazel Roseboro, ist ein Hort der Möglichkeiten.

Die Richtlinien des Geschichtenerzählprogramms sind vergleichsweise einfach: *Wenn du in meine Schuhe schlüpfst, schlüpfe ich in deine.* Die Schüler*innen erzählen sich die Geschichte ihres jeweiligen Gegenparts in der ersten Person. Dabei wird die Kunst des Zuhörens ebenso gepflegt wie die des Erzählens. Ja, es verbindet die beiden untrennbar. Damit die Geschichten erzählt werden können, muss ihnen zunächst zugehört werden. Die Kultur des Zuhörens wird dabei nicht nur gefördert, sie ist unverzichtbar. Oft verändern sich die Geschichten beim Wiedererzählen, aber ihr Wesenskern bleibt gleich. Die daraus gezogene Lehre ist eine der tiefsten, radikalsten Empathie.

Die Organisation wird von verschiedenen Schriftsteller*innen und Künstler*innen unterstützt, unter anderem von Ishmael Beah, Lila Azam Zanganeh, Sting, Marlon James, Darrell Bourque und Terry Tempest Williams. (Der Transparenz halber: Ich bin einer der Mitbegründer.)

Eines der schultypischen Programme ist ein fortlaufender «Austausch» mit Schüler*innen aus der Floyd County High School in den ländlichen Appalachen, eintausend Kilometer entfernt. Das ist eine Übung in Sachen krasser «Unterschiedlichkeit» – Schwarz und weiß; urban und ländlich; blau und rot; Biden und Trump. In ihrer Eigenwahrnehmung könnten die Schüler kaum verschiedener sein. Wenn sie sich das erste Mal begegnen, haben sie Angst voreinander. Einige gestehen, vor Aufregung wie gelähmt zu sein. Aber sobald sie sich ihre persönlichen Geschichten zu erzählen beginnen – und sie dann von ihren Partnern wieder hören –, verschwinden die Ängste, ihre Fantasie regt sich, und sie fangen an, die Welt mit anderen Augen zu sehen.

Die aus der Bronx bekommen vorgeführt, wie es sein könnte, aus einer Bergarbeiterfamilie im Süden zu stammen. Und die jungen Leute aus Kentucky können sich ein bisschen mit der Angst der Nordstaatler vertraut machen, wenn die einen Laden betreten, in dem die Konföderiertenflagge über der Kasse hängt.

Die Kulturen beider Schulen haben sich in den Jahren des Geschichtenaustauschs dramatisch verändert, und im Ergebnis sind die Präsenzquoten gestiegen, Konfliktsituationen haben abgenommen, die Noten wurden besser, und das Engagement der Schüler*Innen hat sich nachhaltig gesteigert.

Entscheidend an dem Programm ist das persönliche Geschichtenerzählen und Zuhören. Die Schüler*innen sprechen nicht über Fakten und Zahlen. Ihre Geschichten sind nicht dazu da, Auseinandersetzungen zu gewinnen. Gesprochen wird über die Grundstruktur ihres Lebens: über ihre Väter, Mütter, Großväter, Schwestern, Brüder und Lehrer. Der Austausch stellt klar, was Geschichten und das Zuhören leisten können: Die Welt zeigt sich nuancierter, komplizierter, bisweilen auch verschwommener.

Das junge Mädchen mit dem Hijab aus der Bronx merkt mit einem Mal, dass es die gleiche Musik hört wie der weiße Junge aus dem Bergtal. Und dem Jungen aus Kentucky fällt unversehens auf, dass die Airpods unter dem Hijab des Schwarzen Mädchens sie mit seiner eigenen Welt verbinden. Die beiden sind vernetzt. Das Zuhören bringt sie voran. Sie sehen einander mit neuen Augen. Da ist der zarte, aber durchdringende Schock der Erkenntnis: *So verschieden sind wir gar nicht.*

Und weil Geschichten eigentlich nie irgendwo enden – in der Tat ist es schwierig genug, ihre Anfänge zu finden –, bekommen die jungen Leute dann den Auftrag, auf ihre frisch entdeckte Empathie Taten folgen zu lassen, was sie tun, indem sie sich in bürgerschaftlichen Projekten engagieren.

Es funktioniert im Grunde genau wie bei George Mitchell: Die Welt wird durch *Zuhören* verändert. Das geschieht nicht allzu oft, aber wenn es geschieht, macht es einen Unterschied.

*

Ich bin mir bewusst, dass vieles von alldem hier ein bisschen nach Menschheitsverbesserung klingt. Es trägt das Herz auf der Zunge. Es wagt zu glauben, dass hinter der letzten Kehre immer noch eine weitere kommt. Man kann es als naiv etikettieren, als zu einfach oder sentimental, umso mehr in diesen dunklen Zeiten, die so verseucht zu sein scheinen von politischem Streit.

Dieser Einwand schreckt mich nicht. Ich gebe gern zu, dass ich immer hoffe, selbst wenn alle Anzeichen dagegen sprechen. In einer Welt, die fortwährend enger wird und in der die Demokratien zu zerfransen beginnen, kommt einem der Gedanke, wir könnten das alles unbeschadet überstehen, schwierig vor. Aber ich rede hoffentlich nicht einer naiv heilen, leuchtenden Zukunft das Wort. Ich sage nur, dass wir überleben werden und dass ein Großteil dieser Dunkelheit leichter zu ertragen sein wird, wenn wir uns tiefgehender mit diesem demokratischsten aller Dinge befassen: einander zuzuhören und einander unsere Geschichten zu erzählen.

Autoritäre Regime wollen, dass wir nur einer Geschichte lauschen. Diese Geschichte ist unkomplex, manipuliert und im Allgemeinen leicht nachvollziehbar. Sie stellt ein narzisstisches Bedürfnis zur Schau, die Wahrheit gepachtet zu haben. Das Regime baut sichere Sträßchen um Fragen von Rasse, Nationalität, Geschlecht und Identität herum. Und es verlangt, dass seine Anhänger sie nicht verlassen. *Dein Feind sieht nicht aus wie du. Er klingt auch nicht so. Oder handelt wie du. Du solltest ihn hassen.*

Die wirksamste Methode, Furcht zu säen, besteht darin, den Leuten das Zuhören zu verbieten. Wenn du Abschottung willst, dann merze jedes Bewusstsein dafür aus, dass die andere Seite eine Geschichte zu erzählen hat. Wenn Geschichten fehlen, werden Gewalt, Verrohung und Dämonisierung zum Kinderspiel.

Eine vernünftige Demokratie hingegen hat die Aufgabe, eine umfassendere, tieferschürfende Geschichte zu erzählen. Oft ist diese Geschichte unordentlich. Nicht leicht zu erfassen. Sie enthält Vielfalten. Sie kursiert in zahlreichen, teils widersprüchlichen Varianten. Sie ist leicht zu beschädigen. Sie muss formbar sein, ohne zu zerbrechen. Sie ist deshalb schwieriger und schwerer zu verstehen, zumindest anfangs. Ein Teil ihrer Funktion ist die Vermeidung des schulmeisterlich Simplen. Im Idealfall gibt sie sich keine Mühe, sich ständig ihren eigenen Standpunkt zu beweisen. Sie ist zugleich kleinteilig und monumental. Sie gesteht den anonymeren, umstritteneren Ecken ihr Recht zu. Oft befasst sie sich mit persönlichen, aus irgendeinem Grund noch nie erzählten Geschichten von Außenseitern, die fordernd an den Rändern stehen.

In diesem Rahmen spielen sich also Literatur, Bildung und Kunst ab. Sie versuchen, die unordentlichen Geschichten vom Rand zu erzählen, um die Grundlagen dessen zu retten, was uns ausmacht. Wir können keine richtige Geschichte erzählen, wenn uns nicht richtig zugehört wird. Und wenn wir das wollen, müssen wir selbst zu guten Zuhörern werden. Im Wesentlichen heißt dies, dass wir uns – voll und ganz – auf die Geschichten der anderen einlassen müssen.

Als Senator Mitchell zum ersten Mal nach Nordirland geschickt wurde, dachte er, er würde nur ein paar Wochen weg sein. Die Wochen dehnten sich zu Monaten. Jahreszeiten gingen ineinander über. Um Stormont herum wehten die Blätter von den Bäumen. Dann blühten die Blumen. Und wieder wehten die Blätter. Manchmal frustrierte ihn das ganze Verfahren zutiefst, wie alle in Nordirland, und gerade dann verdoppelte er seine Bemühungen zuzuhören.

Am Ende dauerte es drei Jahre. Da wurde in der Tat viel zugehört. Und viel Geduld gebraucht. Und Frustrationstoleranz. Aber gelernt hat Mitchell dort, dass richtiges Zuhören die Seele des demokratischen Wandels ist.

Dasselbe gilt für die jungen Schüler*innen bei Narrative 4 und anderen Organisationen auf der Welt, die sich weigern, vor der autoritären Auffassung zu katzbuckeln, wir wären alle einfach nur eine homogene Masse. Das Zuhören ist oder kann eine untergründig wirkende Macht sein. Wenn wir unsere Demokratien wehrhaft machen wollen, muss es gehegt und gepflegt werden.

Denn was von uns am Ende bleiben wird, sind nicht nur unsere Geschichten, sondern wie ihnen zugehört wurde.

Aus dem Englischen von Thomas Überhoff

Marcel Beyer

Lingua franca

In letzter Zeit höre ich in unserem Viertel auf der Straße immer häufiger Englisch. In anderen deutschen Großstädten mag das schon lange Alltag sein, hier aber, in Dresden, ist es eine Sensation.

Denn «die Amerikaner», wie manche zu erklären nicht müde werden, als spielten sie uns ORWO-Tonbänder mit Agitationsreden aus den Sechzigern vor, die aus der Ruine eines Kulturhauses in der Provinz geborgen wurden, seien doch bekanntermaßen der größte Feind des Friedens und der Gerechtigkeit in der Welt.

Jüngere Menschen, seit den späten Neunzigerjahren geboren, stehen im Sommer 2024 an der Tramhaltestelle, spazieren durchs Viertel, sitzen im Gastgarten des Pubs um die Ecke und unterhalten sich in der Sprache des Klassengegners. Meist lässt sich leicht heraushören, es handelt sich nicht um ihre Muttersprache, Englisch dient ihnen als Lingua franca, während ihre Muttersprachen aus allen Gegenden der Welt stammen können, zu denen eben auch Sachsen gehört.

Für Klassenfeind-Rhetorik sind sie nicht empfänglich, so vermickert, vergeifert und stocksteif, dass sie nicht einmal mehr genügend Aufmerksamkeit aufbringen würden, um darüber zu lachen. Man hat Besseres zu tun, nun, da sich das erste Viertel des 21. Jahrhunderts dem Ende nähert und die DDR bald so lange Geschichte sein wird, wie sie bestanden hat.

Vielleicht findet sich in einer der alten ORWO-Schachteln ja auch noch eine flammende Rede wider die «wurzellosen Kosmopoliten». Wir werden sie uns nicht anhören.

Als ich nach Ostdeutschland zog, und hier in den östlichen Teil, erwartete ich, ohne groß darüber nachzudenken, weit mehr Menschen als im Rheinland würden die Sprachen der Nachbarländer Polen und Tschechien sprechen, oder zumindest ein passables Russisch. Erst nach und nach wurde mir klar, als selbsternanntes besseres Deutschland hatte sich die DDR nicht nur in Richtung Westen abgegrenzt, sondern auch in Richtung Osten. Und wenn man in den Neunzigerjahren zum Tanken, zum Zigarettenkaufen und zum Bordellbesuch nach Tschechien hinüberfuhr, erwartete man selbstverständlich, die Menschen dort würden auf Deutsch antworten, sobald man sie auf Deutsch ansprach. Ich vermute, selbst unter den regelmäßigen Balaton-Urlaubern gab es nur wenige, die über ein paar Worte Ungarisch hinauskamen.

Sie wussten, sie würden innerhalb kürzester Zeit in die kleine Welt der DDR zurückkehren, wo man mit Fremdsprachen kaum in Berührung kam. Eine kleine Welt – und innerhalb dieser kleinen Welt war Deutsch die einzige Weltsprache.

Es schmerzt mich, wann immer ich in Texten älterer ostdeutscher Kollegen, die mit englischsprachigen Ausdrücken einen Hauch von Weltläufigkeit signalisieren möchten, auf Rechtschreibfehler stoße, die aber offenbar auch kein Lektorat zu korrigieren wagt. Es schmerzt mich, wenn ein Mensch, jünger als ich, «dinner» sagt, da er von einem Diner erzählt, das er am vergangenen Wochenende besucht hat. Oder wenn Freunde von ihrer Aufregung berichten, als am Flughafen ihres Urlaubsortes die Durchsagen neben der Landessprache «nur» auf Englisch erfolgt seien. Als handele es sich dabei um eine Sprache, die in erster Linie in England gesprochen wird, oder eben von «den Amerikanern». Ich will gar nicht davon anfangen, dass sie nicht nur im Vereinigten Königreich, in den USA und darüber hinaus noch in einigen weiteren von Europäern und ihren Nachkommen bewohnten Staaten Landessprache ist, sondern daneben etwa auch in zahlreichen Ländern auf dem afrikanischen Kontinent zu den Amtssprachen zählt, sodass sich Kinder aus Luckau, sofern sie vernünftigen Englischunterricht erhalten haben, mühelos mit Kindern aus Lagos unterhalten können.

Die Freunde beklagen halb empört, halb eingeschüchtert, am anderen Ende der Welt werde bei Flughafendurchsagen Englisch gesprochen, gewissermaßen ohne Rücksicht auf eine Handvoll fremdsprachenunkundiger Deutscher. Weil ich aber den Anflug von Panik nachvollziehen kann, der sich noch Wochen nach der Rückkehr in ihrer Erzählung bemerkbar macht, höre ich nur still zu, anstatt zu antworten, das Interessante und Lebendige und Produktive am Englischen bestehe, wie sie damit erfahren hätten, ja gerade in seiner Sprachgrenzen überschreitenden, nahezu grenzenlosen Anwendbarkeit.

Zu spät. Es ist einfach zu spät. Wer in der Sprachwüste DDR aufgewachsen ist und zur Schule ging, kann sich die Weite der Welt, wie sie sich mit Fremdsprachenkenntnissen öffnet, heute nicht mehr oder nur unter allergrößter Anstrengung und mit enormem Fleiß erarbeiten. Die Sprachhemmungen erscheinen größer als der zu erwartende Gewinn. Beiläufiges Erlernen einer Fremdsprache, sei es mit Nachbarn, sei es mit Kollegen, die aus anderen Ländern kommen, bleibt aus. Der polnische Nachbar und seine aus dem Sauerland stammende Frau dagegen reisen Jahr für Jahr zu ihren Freunden in die USA und kehren jedes Mal wieder begeistert zurück.

So wird mit der Erfahrung, dass sich die Welt mit der Zeit als immer größer und vielfältiger erweist, der eigene Weltkreis immer kleiner. Denn die eigenen Kinder haben keine Scheu, mit anderen Sprachen in Berührung zu kommen. Und die Enkel schon gar nicht. Und dies nicht nur im Urlaub – sie können ihr Leben so gut wie überall verbringen. Kein weltfernes Einsprachigkeitsgebot mehr wird sie daran hindern.

Eine Sprache ist nichts ohne andere Sprachen. Man muss sie noch nicht einmal verstehen oder gar sprechen – allein das Hören anderer Sprachen gibt mir einen Eindruck davon, dass meine Muttersprache eine Sprache unter vielen ist. Die einander beeinflussen, einander durchdringen können. Nur unter dieser Voraussetzung – im Vergleich also selbst mit dem Nicht-Verstandenen – kommt mir die Gestalt «meiner» Sprache zu Bewusstsein.

Fremdsprachenfreude ist alles andere als eine weitere verschärfte Attacke des Klassengegners, der nun, zwei Generationen nach dem Ende des Sozialismus, erneut seine hässliche Fratze zeige. Jenes bis in die Knochen deutschnationale «bessere» Deutschland, das die Welt in Kategorien wie Sieg oder Niederlage, Herrschaft oder Unterwerfung fasste, ist nur noch ferne Erinnerung an eine kaum mehr vorstellbare Vergangenheit. Je länger ich in Ostdeutschland lebe, je häufiger ich Englisch als Lingua franca höre, inmitten einer Vielzahl von Sprachen, die vor zwanzig Jahren in Dresden im öffentlichen Raum zu hören undenkbar gewesen wäre, und je deutlicher mir wird, dass die DDR ihre Einwohner vierzig Jahre lang um Welt und Sprachen betrogen hat, desto zorniger werde ich, weil dieses

Land meinen Freunden die Möglichkeit verweigerte, nach dem Ende des sozialistischen Schundstaates jene Welt unbefangen und mit Selbstvertrauen zu entdecken, nach der sie sich ihr bisheriges Leben lang gesehnt hatten.

Nun ist die Sprache da. Und dieses Englisch kennt keine Hautfarbe.

Schon kurz nach der Kapitulation der deutschen Wehrmacht besucht die in Paris lebende Schriftstellerin Gertrude Stein gemeinsam mit ihrer Partnerin Alice B. Toklas im Sommer 1945 Deutschland. Sie hat gezögert, die Einladung der US-Militärverwaltung anzunehmen – während der vierjährigen Besatzung habe sie genügend Deutsche in Frankreich gesehen, nun wolle sie die Deutschen nicht auch noch in Deutschland sehen. Doch Gertrude Stein lässt sich überzeugen und schreibt später einen Bericht über ihre kurze Reise, der am 6. August 1945 im «Life Magazine» erscheint. Mit einer Gruppe von US-Soldaten besucht sie Heidelberg, Salzburg, Berchtesgaden und Frankfurt. In Köln kann das Flugzeug nicht landen, Gertrude Stein sieht die zerstörte Stadt nur aus der Luft. Den Rhein, «the dirty Rhine», hat sie zuletzt als Neunzehnjährige gesehen, in den Ferien, das ist sehr lange her. Aus der Luft sieht sie München und Nürnberg, die zentralen Städte der zurückliegenden, zwölf Jahre währenden nationalsozialistischen Zeit.

Von der deutschen Barbarei spricht Gertrude Stein nicht in ihrer Reportage, einer Barbarei, deren Zeugin sie während der deutschen Besatzung in Frankreich wurde. In ihrem vordergründig fast unbefangen, stellenweise gar naiv wirkenden Bericht wählt sie einen anderen Weg, um statt der Barbarei selbst die Überwindung der Barbarei ins Bild zu setzen:

Den Menschen in Europa ist das Grauen von den Schultern genommen.

Mit erkennbarer Freude schildert sie die Ausgelassenheit der GIs, die mit ihr Adolf Hitlers Haus, den Berghof oberhalb von Berchtesgaden, besuchen. Da stehen sie also, wo Hitler die Welt beherrscht hat, am riesigen Panoramafenster – ein Haufen GIs, einfach fröhlich, vergnügt, und ja, es ist das erste Mal, dass Gertrude Stein «our boys really gay and careless» erlebt, «really forgetting their burdens and just being foolish kids», während sie mit Alice B. Toklas auf Hitlers Balkon sitzt. «It was funny it was completely funny, it was more than funny it was absurd and yet so natural», mit einem Mal fühlt es sich ganz selbstverständlich an, in einer Welt ohne nationalsozialistische Gewalt zu leben.

Die eindrücklichste Szene der Reisegeschichte jedoch spielt in den Trümmern von Frankfurt, beim ersten Spaziergang nach der Ankunft in Deutschland. Eine Fotografie zeigt die Gruppe von einem Dutzend Männern und zwei Frauen mitten auf einem zwischen Trümmerhaufen frei geräumten Weg, im Hintergrund Ruinen. Ruinen, erklärt Gertrude Stein, hat sie nach den Einmarsch der Deutschen auch schon in Frankreich gesehen, diese Szenerie macht auf sie keinen besonderen Eindruck. Was sie aber – in einer Mischung aus Staunen, Bitternis und grimmigem Humor – aufmerken lässt, sind die Menschen. Es kommt Gertrude Stein so vor, als seien sie alle im Sonntagsstaat, in ihren besten Kleidern und Schuhen unterwegs. Und kaum jemand hier wirkt unterernährt. Das sieht man in Frankreich nicht.

Einmal bleibt die Gruppe um Toklas und Stein irgendwo stehen, um etwas zu betrachten, und die Schriftstellerin bemerkt, wie die Passanten sie und Miss Toklas anstarren. Manche erbleichen dabei, andere blicken zornig. Im ersten Moment ist Gertrude Stein verwundert, doch dann wird ihr klar, «that we were probably the very first ordinary civilian women with American soldiers, not looking official just looking like American women with a group of talking soldiers», denen die Einwohner von Frankfurt begegnen: die allerersten amerikanischen Zivilistinnen überhaupt, die sie zu Gesicht bekommen, nichts weiter als ganz normale Zivilistinnen in einer Gruppe amerikanischer Soldaten, die sich auf Englisch unterhalten.

Hass und Erbleichen. Die englische Sprache ist in Frankfurt angekommen, und sie ist keine Sprache, die ausschließlich von Soldaten gesprochen wird. Keine Sprache, die ausschließlich von Männern gesprochen wird. Im Sommer 1945 geht ein ganz normales, Englisch sprechendes, lesbisches, jüdisches Paar in Frankfurt am Main spazieren. Und zeigt dabei keine Furcht vor den Deutschen. Zeigt sich nicht eingeschüchtert, nicht bis in die letzten Nervenenden wachsam, nicht abwehrbereit, wie man es in der soeben untergegangenen Epoche immerfort hätte sein müssen, um sich vor der Gewalt zu schützen, um ihr auszuweichen, um Gewaltausbrüche der Deutschen zu vermeiden.

«Und mit einem Mal wurde ihnen klar, bald würden Tausende Zivilisten herkommen, die genauso aussähen wie wir.» Mit dem Anblick von Uniformierten können die Deutschen umgehen, schließlich glauben sie an das Militär, eine Armee ist eine Armee, aber Zivilisten, ganz einfache Zivilisten, oje. Soldaten kommen und gehen, Zivilisten bleiben.

Der hasserfüllte Blick geht ins Leere. In diesem Moment beginnt eine neue Zeit, irgendwo dort in Westdeutschland, in den Trümmern von Frankfurt am Main.

Unmittelbar nach dem Ende des Zweiten Weltkriegs wird Gertrude Stein von einem General der US-Armee gefragt, was man tun solle, «to educate the Germans», was man tun könne, um ihre Köpfe, ihre Organismen, jede einzelne Körperzelle vom Nationalsozialismus und vom Vernichtungswillen und von der Freude an Gewalt und Herrschaft und der Unterwerfung anderer Länder zu befreien.

Ganz einfach, antwortet Gertrude Stein: Man muss ihnen Ungehorsam beibringen. «Lehrt sie Ungehorsam, gebt jedem deutschen Kind mit, dass es seine Pflicht ist, jeden Tag mindestens eine gute Tat zu vollbringen sowie etwas nicht zu glauben, das sein Vater oder sein Lehrer sagt.» Bringt ihren Kopf durcheinander, «get their minds confused», und vielleicht werden sie darüber ungehorsam, und die Welt kann friedlich sein, rät Stein, doch der General schüttelt traurig den Kopf: «Das könnte man Armeechefs niemals verständlich machen.»

Dreizehn Jahre später, im Oktober 1958, könnte man glauben, die US Army habe sich Gertrude Steins Rat nach langem Hin-und-her-Überlegen irgendwann doch noch zu Herzen genommen.

Um seinen Wehrdienst zu absolvieren, wird Elvis Presley, dessen Hüftschwung rund um die Welt vornehmlich Eltern und Großeltern in Rage, die Jugend dagegen in Entzücken versetzt, ausgerechnet im ehemals nationalsozialistischen Deutschland, und hier ausgerechnet im Frankfurter Raum stationiert.

Damit geht die US Army ein Risiko ein. Für Konservative, Reaktionäre, Ältere steht der Sänger Elvis Presley in Deutschland wie in den USA für Kulturverfall, Sittenverfall, den Verlust sämtlicher Werte, das drohende Ende des Abendlands.

Elvis wurde vom Satan gesandt, um der Jugend den Verstand zu verwirren, zu nehmen. Für die Jugend wird damit Elvis nur zu einem noch größeren Idol. Auch wenn er nun anderthalb Jahre lang als Soldat zu marschieren weiß, wird er seinen Hüftschwung darüber nicht verlernen. Dem deutschen Mann dagegen gilt die bewegliche Hüfte als unmännlich.

Die Musik Elvis Presleys knüpft entschieden nicht an eine europäische Musiktradition an, sondern führt, vor den Augen und Ohren der Welt, nach dem Jazz Anfang des 20. Jahrhunderts nun in der zweiten Hälfte eine weitere musikalische Tradition der African Americans in die Mitte einer Gesellschaft, die sich selbst als europäisch geprägt auffasst. Wenn Elvis Presley laut wird, brüllt er keine Befehle. Sein Schrei ist nicht Ausdruck eines Tobsuchtsanfalls.

Möglich, mit der Stationierung von Elvis wird die US-Besatzungsbehörde das Wohlwollen der Elterngeneration in der amerikanischen Zone verlieren. Sicherer scheint dagegen, dass sie mit einer Stärkung des Wohlwollens in der jungen Generation rechnen kann. Mit Elvis fällt die Entscheidung für die Jugend, und damit für die Zukunft.

Das Risiko zahlt sich aus. Nach und nach begreifen auch in Deutschland immer mehr Eltern, dass ein Mann wie Elvis Presley kein Vorbote des Weltuntergangs ist. Er benimmt sich ausnehmend freundlich, ist zugänglich, er flucht nicht, er macht keine «unzüchtigen» Bewegungen. Ein rundum «gepflegter junger Mann», der sogar einmal wöchentlich in den Friedberger Ray Barracks zum Friseur geht.

In Bad Nauheim, wo er wohnt, gibt er regelmäßig Autogrammstunden. Ein guter Anlass für seine Fans, ihr Schulenglisch zu einer lebendigen Sprache zu machen. Kein Unterrichtswissen, das vom Lehrer (dem man nach Gertrude Steins

Ratschlag einmal am Tag nicht glauben soll) abgefragt und benotet wird, sondern ein praktisches Werkzeug, das es einem erlaubt, mit Elvis Presley zu plaudern.

Nun ist die Sprache da. Und nein, es geht nicht um Sieg oder Niederlage, Herrschaft oder Unterwerfung. Und nein, die Gesellschaft bricht nicht auseinander. Vielmehr zeigt das Experiment «Elvis Presley in Deutschland», im Rückblick, wie eine Gesellschaft aus eigener Kraft mit dem Generationen-konflikt umgehen kann, ohne sich darüber zu zerreiben. Im Gegenteil, sie kann gestärkt daraus hervorgehen, von Genera-tion zu Generation, immer von Neuem.

Ein einziger Elvis Presley hat genügt, um einer ganzen west-deutschen Generation das Hakenkreuz aus dem Herzen zu reißen. Ein einziger Elvis. Mehr nicht.

Das «Ja! Ja! Ja!», mit dem die Zuhörer im Februar 1943 bei der Sportpalastrede von Joseph Goebbels antworteten, als er fragte: «Wollt ihr den totalen Krieg?», ist längst in Ver-wandlung begriffen. 1963 wird es zum «Yeah! Yeah! Yeah!» der Beatles geworden sein. Und die haben ihr Handwerk in Ham-burg gelernt.

Der Sachse Walter Ulbricht dagegen ist der Überzeugung, in der DDR, im besseren Deutschland, brauche man solchen «Dreck» nicht, und er empfiehlt, mit «der Monotonie des Je-Je-Je und wie das alles heißt» Schluss zu machen.

Bis zum Ende der DDR wurde noch mit vielem, wurde mit vielen «Schluss gemacht». Doch eines Tages war dann eben Schluss mit der DDR.

Und nein, jene Menschen, die heute eine Vergangenheit heraufbeschwören, die es nie gegeben hat, Menschen, die mei-nen, man könne der Zukunft entgehen, indem man sie schon heute vernichtet, Menschen, deren Weltbild auf Sieg oder Niederlage beruht, werden den Sieg nicht davontragen.

Sommer 2024 in Dresden. In unserem Viertel wird auf der Straße nun immer häufiger Englisch gesprochen.

HELDINNEN UND HELDEN DER FREIHEIT

Can Dündar

Jetzt braucht es Mut

Stellen Sie sich vor, Sie wären eine Frau in Iran. Die «Sittenpolizei» hat verboten, dass Sie ohne Kopftuch aus dem Haus gehen, und droht bei Zuwiderhandlung mit Prügel, Misshandlung und Haft. Sie aber wehren sich, niemand außer Ihnen selbst dürfe entscheiden, wie Sie sich kleiden, das sei Ihr natürliches Recht. Würden Sie um jeden Preis auf Ihrem Recht bestehen und unverhüllt auf die Straße gehen?

Stellen Sie sich vor, Sie wären ein Regierungsgegner in Russland. Das Regime hat Ihren Tee vergiftet. Dank einer aufwendigen Behandlung im Ausland haben Sie knapp überlebt. Sie haben die Möglichkeit, im Exil zu bleiben und dort frei zu leben. Kehren Sie zurück, erwartet Sie bestenfalls Haft, schlimmstenfalls der Tod. Würden Sie mit Ihrer Familie, die Sie danach womöglich nie wiedersehen, ins Flugzeug steigen und in Ihr Land heimkehren?

Stellen Sie sich vor, Sie wären eine Journalistin in Malta. Sie haben Beziehungen von Politikern Ihres Landes zur Mafia aufgedeckt und schmutzige Geschäfte hochrangiger Politiker und führender Unternehmer dokumentiert. Wenn Sie darüber berichten, wäre Ihr Leben nie wieder dasselbe, nicht bloß Sie, auch Ihre Familie wäre fortan bedroht. Würden Sie trotzdem darüber berichten?

In Iran nahm Jina Mahsa Amini alles in Kauf und ging auf die Straße. Die Sittenpolizei nahm sie fest, weil ihr Hidschab nicht den Vorschriften entspreche. Sie wurde in der Polizeihaft umgebracht. Sie war zweiundzwanzig Jahre alt.

Alexei Nawalny kehrte nach Russland zurück, obwohl er genau wusste, dass Putin, den er ins Visier genommen hatte, Vergeltung üben würde. Kaum war sein Flugzeug gelandet, wurde er verhaftet. Drei Jahre später hieß es, er sei im Straflager gestorben. Er war achtundvierzig Jahre alt.

In Malta publizierte Daphne Caruana Galizia ihren Bericht in vollem Bewusstsein der möglichen furchtbaren Folgen. Bald darauf wurde sie von einer Autobombe getötet. Sie war dreiundfünfzig Jahre alt.

Noch einmal: Würden Sie wagen, was die drei gewagt haben? Würden Sie die Sicherheit Ihres Zuhauses, die Annehmlichkeiten in einem anderen Land, den Frieden Ihrer Familie aufgeben und alles riskieren, um für Ihre Lebensweise einzustehen, sich gegen Unterdrückung zu wehren oder die Wahrheit ans Licht zu bringen? Die Zukunft der Demokratie auf der Welt hängt zu einem gewissen Grad von den Antworten auf diese «einfachen» Fragen ab.

Ismet Inönü, der zweite Staatspräsident der türkischen Republik, formulierte den Ausweg einst so: «Solange die Anständigen in einem Land nicht ebenso mutig sind wie die Unehrenhaften, gibt es keine Rettung für das Land.»

Der Wert der Demokratie wird erst dann deutlich, wenn sie schwindet oder verloren geht, genau wie bei Brot, Wasser oder Luft.

Als ich wegen eines Zeitungsartikels, den ich geschrieben hatte, ins Gefängnis musste, stellten mir die meisten Besucher folgende Frage: «Hättest du es auch getan, wenn du gewusst hättest, wohin es führen würde?» Beginnt man aber, eine solche Kalkulation aufzustellen, verliert man. Denn die Feinde der Demokratie schränken Ihre Freiheiten in dem Augenblick weiter ein, in dem sie spüren, dass Sie Angst haben. Die Gefahr, bei der Verteidigung der Freiheit seine Freiheit einzubüßen, ist groß, tritt man aber nicht dafür ein, ist die Wahrscheinlichkeit, sie nie wiederzusehen, noch größer.

Genau das geschah in der Türkei. Zuerst wurden die Mutigsten beseitigt. Der kühnste Studentenführer, die unbeugsamste Intellektuelle, der besonders rebellische Gewerkschafter, der couragierteste Journalist ... Das vergossene Blut erstickte den noch vorhandenen Mut und war zugleich abschreckendes Beispiel für künftige potenziell Mutige. Die Botschaft war deutlich: «Lehnt ihr euch auf, endet ihr wie jene.» Bei jeder Beerdigung riefen wir: «Sie sind nicht tot, andere rücken nach!» Doch so kam es nicht. Die Leerstellen, die sie hinterließen, wurden nicht gefüllt. Denn nun ermahnten Eltern ihre Kinder, bloß nicht aktiv zu werden: «Haltet lieber den Mund, wenn ihr Unrecht mitanseht.» Während die Stimme des Muts leiser wurde, herrschte die Unterdrückung mit umso größerem Selbstvertrauen. Bald wurden öffentliche Kundgebungen in unserem Land untersagt, unsere Parteien und Vereine verboten und unsere Zeitungen an Regierungsanhänger verkauft. Statt kritischem Hinterfragen wurde an den Schulen Gehorsam gelehrt und in den Moscheen Hass gepredigt. Die verzweifelten Massen begannen, für das entstehende Chaos nicht die Regierung, die dadurch nur stärker wurde, verantwortlich zu machen, sondern die Verfechter von Demokratie und Freiheit. Sie verloren den Glauben an die demokratischen Institutionen, an Parlament, Justiz, Medien, Universitäten und vor allem an die eigene Kraft. Stattdessen nahmen sie unter den Fittichen starker Anführer und autoritärer Regime Zuflucht.

Heute erleben wir, wie sich dieses politische Virus in globalem Maßstab ausbreitet. Kriege, die man nicht zu beenden imstande ist, die Klimakrise, die Zunahme von Armut und Arbeitslosigkeit und in der Folge gesteigerte Massenmigration machen die Welt instabiler. Wenn ihnen die Fähigkeit, Lösungen zu entwickeln, abhandenkommt, igeln sich die Welt im Allgemeinen und Europa im Besonderen ein. Igelt man sich aber ein, geht die globale Vision verloren, ebenso wie die Zuversicht, Probleme gemeinsam lösen zu können; vor allem aber gehen die Werte verloren, die jahrzehntelang grundlegend waren. Die Lösung wird nicht darin gesucht, die Demokratie zu stärken, Freiheiten zu erweitern und für mehr Gerechtigkeit zu sorgen, sondern darin, die Verteidigungsausgaben zu erhöhen, mehr in Aufrüstung zu investieren und die Festung zu sichern. Von Kontinent zu Kontinent, von Land zu Land breiten sich rasant exkludierender Nationalismus, gefährlicher Rassismus, Abscheu und Ablehnung gegenüber allem, was neu und anders ist, aus. Besorgt erleben wir in der heutigen Welt wieder, was Stefan Zweig über «Die Welt von Gestern» berichtete. Wer in Ländern wie der Türkei sagt: «Das ist nicht unser Schicksal, es geht auch anders», dem wird – wie während der Corona-Pandemie – geraten, den Mund zu bedecken und zu Hause zu bleiben. Dabei müssen wir doch – anders als während Corona – gerade das Gegenteil tun: den Mund aufreißen und auf die Straße gehen, die Gefahr in Kauf nehmen und energisch für Demokratie und Freiheiten eintreten.

Als «Ausländer» in Deutschland bin ich natürlich besorgt, wenn ich sehe, dass sich Rassisten in einem Potsdamer Hotel versammeln und einen «Masterplan» erarbeiten, um Eingewanderte zu deportieren, oder wie junge Nationalisten auf Partys «Deutschland den Deutschen, Ausländer raus» rufen. Sehe ich aber die Millionen, die entsetzt von diesen Bildern auf die Straße gehen, um die deutsche Demokratie vor einem neuen Desaster zu bewahren, schöpfe ich Hoffnung. Alle Geschichtsbücher lehren, dass das Böse nicht allein von Diktatoren, Barbaren und Rassisten ausgeht, sondern seine Herrschaft vielmehr ermutigt durch die Fühllosen und Feigen errichtet, durch jene, die zuschauen, die tatenlos hinter den Gardinen stehen. Gegen Angst hilft nur Mut, gegen Verzweiflung Solidarität und gegen Autokratie Demokratie.

Nur ein organisierter demokratischer Widerstand kann den Aufstieg des Populismus, die Ausbreitung von Rassismus und die Welle der Furcht, die ihn speist, zurückdrängen. Ein Bewusstsein, das alternative Lösungen findet, nachdem genau analysiert wurde, warum Menschen sich von der Demokratie abwenden; ein Gewissen, das alle Menschen integriert, die sich ausgegrenzt fühlen; ein Informationsnetzwerk, das den Lügen beikommt, von denen die Diktatoren leben; eine Sozialpolitik, die fähig ist, Strategien gegen die das Feuer anfachenden Phänomene der Ungerechtigkeit, Arbeitslosigkeit und Einkommensungleichheit zu entwickeln ... Sowie eine aktive demokratische Haltung, die die Demokratie gegen jene schützt, die sie benutzen, um sie zu demontieren; eine Haltung, die ihre Türen fest vor Hass, Diskriminierung und Rassismus verschließt und sich nicht darauf beschränkt, das Böse zu verurteilen ... Nur so können wir die hassschwangeren Wolken des Bösen vertreiben.

Der Aufstieg der Ultranationalisten lässt sich nur mit der Solidarität jener zurückdrängen, die den Mut haben, sich ihm entgegenzustellen, sich dagegen zu organisieren und für ihre Freiheiten einzustehen.

Zu den Pflichten, die uns bei diesem Engagement erwarten, gehört es, mit einer globalen Vision in die Zukunft zu gehen, dauerhafte Lösungen für die offenen Wunden der Welt und für die Kriege, die Menschen in die Emigration zwingen, zu entwickeln; die Einkommensungleichheit zu verringern; Abhilfe für Mangel, Armut und Arbeitslosigkeit zu schaffen; die Kultur des Zusammenlebens in gegenseitigem Respekt für den anderen durch Kunst, Bildung und Medien zu mehren und zu verbreiten ...

Zurück zum Anfang:

Jina Mahsa Amini haben wir verloren, doch durch den Protest, den ihr Tod ausgelöst hat, ist die Bewegung für die Freiheit der Frauen im Iran ins Rollen gekommen. Aminis Aufschrei hat weltweit den Slogan «Jin-Jiyan-Azadî» (Frau, Leben, Freiheit) ausgelöst und bietet mit der dadurch geschaffenen Sensibilität ein internationales Solidaritätsnetzwerk für die iranischen Frauen.

Alexei Nawalny kam im Straflager ums Leben, hat aber das brutale Gesicht des Regimes in Russland der ganzen Welt gezeigt und bewiesen, dass Widerstand gegen Unterdrückung nur möglich ist, wenn man ein Wagnis eingeht und mutig aufsteht. Heute hat seine Frau den Staffelstab von ihm übernommen.

Was Daphne Caruana Galizia zu Lebzeiten versucht hat, wurde durch ihren Tod Wirklichkeit: Die ganze Welt erfuhr von dem schmutzigen Beziehungsgeflecht in Malta. Vor allem aber krempelten fünfundvierzig Journalistinnen und Journalisten auf der ganzen Welt nach ihrem Tod die Ärmel hoch, um die unterbrochene Arbeit ihrer maltesischen Kollegin zu Ende zu führen, und recherchieren die Hintergründe des Mordes an ihr und des Berichts, der zu diesem Mord führte.

Mit «aktiver demokratischer Haltung» meine ich Folgendes:

Eine Entschlossenheit, die angesichts des Bösen und Üblen nicht einknickt, sondern sich ihm unter allen Umständen entgegenstellt.

Ein weltweites Solidaritätsnetzwerk, das belegt, dass die Anständigen an Mut und Anzahl den Unehrenhaften überlegen sind.

Einen konstruktiven Impuls, der imstande ist, die Angst, Hoffnungslosigkeit und Depression der Massen in Mut, Hoffnung und Aufbruch zu verwandeln.

Wenn wir wollen, dass «Die Welt von morgen» anders als die Welt von gestern und besser als die von heute wird, ist es unsere gemeinsame Aufgabe, unverzüglich die Ärmel hochzukrempeln, um sie aufzubauen.

Aus dem Türkischen von Sabine Adatepe

Stefanie de Velasco

Querido Abuelo,

Wir haben uns leider nie kennengelernt – oder anders gesagt: Ich war zu jung, um mich daran zu erinnern, aber ich kenne die Fotos von deinem Besuch in Deutschland, eine Reise, die du nur antratst, um mich – die Neugeborene – zu sehen, wahrscheinlich, weil du schon wusstest, dass du nicht mehr lange zu leben hattest. So hat Mama mir es auf jeden Fall erzählt. Ihr kamt im August 1978 nach Oberhausen, Abuela und du. Auf den Fotos werde ich von Papas Arm in deinen und wieder zurück gereicht. Ich trage einen Strampler mit Autos drauf, und wir lachen uns an. Ich glaube, wir hätten uns gut verstanden, wenn du und ich die Gelegenheit gehabt hätten, miteinander ein bisschen älter zu werden.

Es war das erste und einzige Mal, dass ihr Mama gemeinsam in Deutschland besucht habt, da lebte sie schon zehn Jahre hier, war verheiratet mit drei Kindern. Ich habe mich manchmal gefragt, wieso ihr eigentlich so selten bei uns wart, und wir immer bei euch. Ich nahm damals wohl einfach an, dass es Blödsinn sei, die Sommer in Deutschland zu verbringen, wenn man einfach nach Spanien reisen konnte. Inzwischen glaube ich, dass du ganz gern öfters gekommen wärst, aber nicht durftest, und mehr: dass du bis 1975 dein Land gar nicht verlassen konntest und das die viel bessere Erklärung dafür ist, warum ihr bis zu meiner Geburt nur so selten da wart.

Ich habe 2017 deine Akten aus dem Archiv in Burgos geholt – und darin gesehen, dass du dich regelmäßig bei der Guardia Civil melden musstest, auch noch fünfzig Jahre nach deiner Festnahme. Aber vielleicht habe ich das auch nicht richtig verstanden. Die Papiere, die ich in die Hände bekam, sind alle in einer alten schnörkeligen Schrift verfasst, die ich nicht lesen kann. Und auch bisher nicht wirklich lesen wollte, weil es mich immer noch davor graut, das Ausmaß des Terrors zu begreifen, den der spanische Staat auf dich ausgeübt hat, und die damit verbundene Furcht, die du ein Leben lang um dich und deine Familie ausgestanden haben musst.

Ich kenne dieses Terrorspanien nicht. Ich bin ein Leben lang in ein demokratisches Spanien gereist. (Übrigens hat Abuela das Geld, das ihr nach deinem Tod zur Entschädigung für deine Haft und das Berufsverbot angeboten wurde, nicht angenommen. Cool, oder? Manchmal frage ich mich, ob ich es mir noch holen und einfach spenden könnte.) Und doch habe ich, ohne überhaupt vom spanischen Faschismus zu wissen oder davon, was dieser Terrorstaat dir angetan hat, immer eine Art Grauen, eine Schwere und eine diffuse Form von Angst und Depression verspürt, wenn ich dort war. Erst viel später habe ich verstanden, woher dieses Grauen kommt.

Wir sind auch nach deinem Tod regelmäßig nach Burgos gefahren, mindestens an Ostern und in den Sommerferien, um Abuela und die Tios zu besuchen. Meine Güte, diese irre Fahrt, du kennst sie ja: erst mit dem Nachtzug von Köln nach Paris, dann weiter nach Irún und schließlich durch die Ausläufer der Pyrenäen hoch auf die Meseta bis nach Burgos.

Ich liebte und hasste diese Reise. Ich liebte, dass wir im Liegewagen schliefen, dass es Bettzeug mit SNCF-Aufdrucken gab und ich mein fahrendes Bett selbst beziehen konnte.

Ich liebte die Ankunft am frühen Morgen am Gare du Nord – wir frühstückten Croissants und Milchkaffee in einem der Cafés. Ich liebte die lange Fahrt von Paris bis an die spanische Grenze, weil man die ganze Zeit auf den Atlantik blickte.

Doch dann kamen wir in Irún an, und hier änderte sich plötzlich die Stimmung. Früher dachte ich, dass es mit der Müdigkeit und den vielen Sicherheitsvorkehrungen wegen der Anschläge der ETA zu tun hatte. Es herrschte eine unangenehme Atmosphäre am kleinen Bahnhof von Irún, überall lief diese Guardia Civil herum, sie wühlten in unseren Koffern, suchten nach Waffen. Für mich sahen diese Männer aus wie Bösewichte aus einer dieser tschechischen Kinderserien in der ARD, zum Beispiel die Funktionäre aus dem Institut für die allgemeine Perfektionierung der Menschheit aus «Der fliegende Ferdinand». Furchteinflößend und zugleich lächerlich. Diese türkisen Uniformen, diese wächsernen Gesichter, gelb und ausdruckslos. Das Seltsamste an ihnen war jedoch die Kopfbedeckung, diese Hüte aus schwarzem Lack, kompliziert gefaltet wie Origami.

Und: Sobald wir die spanische Grenze passierten und diese seltsamen Männer mit ihren Lackhüten auftauchten, war Mama ein anderer Mensch. Onkel Pedro hat mir mal erzählt, dass sie ein schlimmer Teenager war, sie trug die kürzesten Miniröcke, rauchte Marlboro 100 und beschimpfte jeden Mann, der ihr hinterherrief (richtig so!). Ich konnte das immer kaum glauben. Mama war in Deutschland eine extrem obrigkeitshörige, immer auf Beschwichtigung eingestellte Person. Sie war komplett Duckmaus. Und so ängstlich. Immer fürchtete sie, dass eines von uns Kindern einmal nicht nach Hause zurückkehren würde. Manchmal, wenn Anna oder ich sonntags allein Brötchen kaufen gingen, kam sie uns im Morgenmantel mitten auf dem Weg entgegen und umarmte uns unter Tränen so heftig, als seien wir größter Gefahr entkommen.

Hinter der spanischen Grenze hatte ich das Gefühl, dass Mama viel aufrechter stand und sich sicherer bewegte. Andererseits aber auch, dass sie sich komplett verlor, als würde sie von alten Gefühlen überflutet, die auf der Stelle rausmüssten. Während die Männer der Guardia Civil unsere Koffer durchwühlten, beschimpfte Mama sie, so wie vielleicht damals als Teenager. Sie schimpfte, während die Männer stoisch ihre Arbeit verrichteten und sie gar nicht beachteten (das fand ich auch immer seltsam, dass die Guardia Civil sich das gefallen ließ). Hier begann für mich jedes Mal die Angst. Ich bekam Bauchweh, spürte eine große Vernichtungsangst auf mich zukommen. Ich hatte damals keine Ahnung, woher sie stammte, aber sie schwächte mich so nachhaltig, dass ich die erste Woche in Spanien meistens krank war und die Zeit in der ruhigen Bibliothek auf dem Sofa verbrachte.

Du warst überall in Abuelas Wohnung anwesend, vor allem aber in dieser Bibliothek, die gleichzeitig das Wohnzimmer war, aber nie so genannt wurde. Von Anfang an spürte ich, dass dies einmal dein Ort gewesen sein muss, und ich glaube, Abuela hat ihn nach deinem Tod kaum verändert. Ich hielt mich dort sehr viel auf, vor allem zur Siesta, wenn ganz Spanien, auch die aufgekratzten de Velascos, sich zur Ruhe legten und es in der Wohnung so still wurde, dass ich dachte, so also ist es, wenn ein ganzes Land mitten am Tage einschläft. Es war ein schöner Raum, voller Bücher, aber ich mochte vor allem den kleinen Tisch, der gleichzeitig ein Schachbrett war, die vielen Fotos und die Souvenirs, die meine drei Onkel von ihren Seereisen mitgebracht hatten (zwei wurden Schiffsingenieure, ich weiß nicht, ob du das noch mitbekommen hast).

Auf dem Tisch stand ein Becher mit deinen alten Pfeifen. Ich roch an ihnen und stellte mir dabei dich, den Besitzer dieser Pfeifen, vor. Ich blätterte in den Büchern und schaute mir Fotos von dir an, und so entstand in meinem Kopf ein Bild.

Manchmal erzählte Abuela von dir. Dass du Lehrer warst und Republikaner und deswegen zu Beginn des Spanischen Bürgerkriegs verhaftet wurdest. Drei Jahre warst du im Gefängnis, anschließend bekamst du Berufsverbot. Ich konnte spüren, wie schwer es Abuela fiel, all das zu erzählen, als trüge sie etwas Schweres auf der Brust, gleichzeitig ähnelten ihre Geschichten eher nüchternen Berichten. Damals lernte ich vielleicht, was es bedeutet, dass manche Dinge unwiderruflich in der Katastrophe enden, ohne die Möglichkeit der Wiedergutmachung.

Ich fragte nicht nach. Ich bohrte nicht. Ich glaube, schon damals hatte ich eine gesunde Angst davor, mehr zu erfahren, mit den Tatsachen nicht umgehen zu können. Niemand fragte nach. Schweigen ist oft der Versuch, sich mit Dingen abzufinden, auch wenn das vielleicht das Kontraproduktivste ist, was man tun kann. Und ganz sicher hat mich deswegen das unangenehme Gefühl, das mich in Spanien ständig begleitete, auch später nicht losgelassen.

Als Abuela 2007 starb, wurde es sogar eher schlimmer. Ich war erwachsen, Deutschland und Spanien EU-Staaten, ich reiste längst mit dem Billigflieger nach Spanien, aber egal, wo ich auf der Peninsula landete – jedes Mal flutete mich die gleiche Todesangst, sobald ich spanischen Boden betrat. Dass all das mit dir zu tun hatte, mit deiner Geschichte und damit, dass niemand je darüber sprach, ahnte ich nicht. Stattdessen fuhr ich einfach nicht mehr nach Spanien. Nachdem meine Großmutter gestorben war, vergingen zehn Jahre, bis ich wieder nach Burgos reiste.

Der Anlass war seltsam. Ich schrieb damals an meinem Roman «Kein Teil der Welt», der von meinem Aufwachsen bei den Zeugen Jehovas erzählt, aber vor allem eine historische Einordnung der Zeugen Jehovas in die deutsche Geschichte ist, als Verfolgte und Ermordete in der NS-Zeit und der DDR. Im Roman begibt sich meine Protagonistin Esther auf die Suche nach Spuren ihrer verstorbenen Großmutter, die während des Nationalsozialismus als Kommunistin inhaftiert wurde und dort zu den Zeugen Jehovas stieß. In der DDR wurde sie dann aufgrund ihres Glaubens verfolgt. Ich hatte große Berührungsängste davor, über die Nazizeit zu schreiben, über den Terror in den Konzentrationslagern, ich empfand es als anmaßend, mir, wenn auch nur fiktiv, eine solche Biografie anzueignen, die mit meiner nichts zu tun hatte. Außerdem wusste ich nicht, wie ich eine Spurensuche, die in solche grausamen Räume führt, erzählen sollte. Wie reden und denken Menschen, wenn sie versuchen, ein so großes Trauma in ihrer Familiengeschichte aufzudecken, wenn sie sich bemühen, das Leid der Opfer nachzuverfolgen? Ich kam auf die Idee, dass es helfen könnte, wenn ich mich selbst auf Spurensuche begab. Und ich erinnerte mich an dich. An meinen spanischen Abuelo, der ebenfalls im Faschismus verfolgt worden war und über den ich genau so wenig wusste wie Esther über ihre Großmutter.

So erfuhr ich deine wahre Geschichte. Ich erfuhr, dass du nicht einfach nur «im Gefängnis» saßt. Du warst als junger Mann nicht nur Lehrer und Republikaner, sondern Gewerkschaftler und Pressesprecher der UGT (Unión General de Trabajadores) in Burgos. Am 17. Juli 1936 wurdest du von der Guardia Civil verhaftet und nach Valdenoceda verschleppt. Das dortige Konzentrationslager gilt heute als eines der schlimmsten, die im spanischen Faschismus existierten. Tausende kamen dort ums Leben, verhungerten, erfroren, starben an Krankheiten und unter Folter. Die Häftlinge wurden zur Strafe in eine große Höhle gesperrt, die sich während der Flut mit dem Wasser des Ebro so hoch füllte, dass die Gefangenen bis zum Hals im Wasser standen.

Der Mann, der mir half, all dies zutage zu fördern, heißt Carlos de la Sierra. Er war wie du Mitglied der UGT und hat sich ein Leben lang für die Sichtbarmachung der Verbrechen und des Terrors des Franco-Staates eingesetzt, für die Rehabilitierung der Opfer. Er lebt noch immer in Burgos und engagiert sich dort bis heute, vor allem gegen die erstarkende Rechte in Spanien. Bis heute erzählt er die Geschichten der Opfer des Faschismus, vor allem der Lehrer und Lehrerinnen.

Ich weiß gar nicht, ob dir das recht wäre, denn du selbst hast ein Leben lang geschwiegen. Niemand kannte die wahren Begebenheiten, weil du wie so viele Opfer von Gewalt und Repression nie davon erzählt hast. Es war dein Weg, mit diesem Trauma umzugehen, wahrscheinlich auch deine Familie nicht nur vor dem Schmerz, sondern auch der Scham zu schützen. Denn anders als in Deutschland wurden die Konzentrationslager in Spanien nicht befreit. Es gab keine Alliierten, keine UNO – keine Weltgemeinschaft kam Spanien zu Hilfe. Die Gegnerinnen und Gegner der spanischen Faschisten wurden umgebracht oder waren dazu verdammt, in einem Staat zu leben, der ihnen tagtäglich mit Vernichtung drohte.

Seitdem ich all das weiß, kann ich viel besser verstehen, warum Mama mir so oft entgegengelaufen kam, wenn ich allein Brötchen holte. Sie hatte Angst, dass wir verschwanden, so wie unzählige Menschen damals in Spanien auf dem Weg zur Bäckerei einfach «verschwanden».

Allmählich sickerte dieses Wissen in mich ein, nicht nur die Fakten, sondern vor allem, was es bedeutet haben muss: zuerst die Haft, drei Jahre Hunger, Kälte, Krankheit, Folter, Tod – dann das Glück, dem Grauen von Valdenoceda irgendwie entkommen zu sein, jedoch immer verbunden mit dem Damoklesschwert der Vernichtung. Immer Angst zu haben vor einem harmlosen Spaziergang, von einem Aperitivo am Espolón nicht nach Hause zurückzukehren, einfach um die Ecke gebracht zu werden – buchstäblich.

Heute weiß man, dass unverarbeitete Traumata nonverbal an die kommenden Generationen weitergegeben werden. Die Todesängste meiner Mutter, die furchtsame Abuela, die jedes Mal zusammenschreckte, wenn das Telefon oder es an der Tür klingelte. Aber ich habe noch etwas anderes verstanden, das ich für enorm wichtig halte: Für mich ist so selbstverständlich, in einer demokratischen Gesellschaft zu leben, dass ich ihren Wert kaum einzuschätzen vermag, ein bisschen so wie in «Das hier ist Wasser» von David Foster Wallace (den hättest du geliebt). Wallace leitet seinen Text mit einer Art Fabel ein, sie geht ungefähr so: Treffen im tiefen Ozean zwei junge Fische auf einen alten Fisch. Fragt der alte Fisch die jungen Fische: Na! Wie ist das Wasser? Die beiden jungen Fische schwimmen kopfschüttelnd weiter, und als sie außer Hörweite sind, fragt der eine junge Fisch den anderen: Was zur Hölle ist bitte Wasser?

Spätestens seit ich deine Geschichte kenne, weiß ich, «was Wasser ist». Frauenrechte, ein säkularer Staat, Kunst, Kultur und Bildung frei von religiösen Doktrinen, das Recht auf faire Löhne, gesellschaftliche Teilhabe, Versammlungs- und Meinungsfreiheit – das sind alles Dinge, für die du dich eingesetzt hast, und du musstest dafür hart bezahlen. Und auch wir, deine Familie, bezahlen weiter dafür – indem wir dein Trauma aufgenommen haben, wie den Faden einer Geschichte, die noch nicht zu Ende erzählt ist.

Auf einmal verstehe ich so vieles. So viele dunkle Flecken meiner Familiengeschichte. Und ich glaube, dass ich dadurch auch noch einmal besser verstanden habe, was Faschismus eigentlich genau ist, nämlich kein politisches System, das einfach nur keine Freiheit, Gleichheit, Solidarität und Menschenrechte kennt beziehungsweise nicht in seinen Strukturen verankert. Faschismus ist Chaos und Willkür. Das ist es, was mich die schrecklichen Fakten über dein Leben gelehrt haben, und ich glaube, dass es in deinem Sinne wäre, wenn ich das daraus mitnehme.

Abuelo, ich bin stolz auf dich. Du bist mein Vorbild. Es vergeht kein Tag, an dem ich nicht an dich denke, allein wenn ich deine Buchstützen sehe, die inzwischen meine Bücher stützen, und den Aschenbecher (du weißt schon, der mit dem Don Quijote, dem die Lanze fehlt!) auf dem Balkon. Du hast nicht umsonst gelitten, du hast nicht umsonst überlebt. Und hier ist mindestens eine Enkelin von dir, die sich für die gleichen Werte einsetzt wie du (die anderen aber auch!). Sie wollten dich nicht nur töten, sondern vernichten. Aber sie haben es damals nicht geschafft, und nur deswegen sind wir da, weil sie dich nicht zerstören konnten, weil irgendetwas in dir heller und lauter und klarer und stärker war als der Faschismus.

Ich wünschte, du könntest Europa heute sehen. Nicht alles ist perfekt, an den Grenzen wird es immer weiter zu einer Festung ausgebaut, der Angriffskrieg Russlands auf die Ukraine zeigt uns, dass Frieden und Stabilität immer noch keine Selbstverständlichkeit sind, aber es ist ein bisschen das Europa, für das du gekämpft hast unter Androhung von Tod und Vernichtung, unter Folter und Hunger und Kälte. Bis heute weiß niemand, wie du die Zeit in Valdenoceda überlebt hast. Und wie du es ausgehalten hast, danach in einem Terrorstaat zu leben, dessen Willkür du ausgeliefert warst. Du hast Abuela geheiratet, vier Kinder bekommen, und du lachst original auf JEDEM Foto, das ich von dir kenne. Wie du das geschafft hast, weiß ich nicht – nur dass ich immer versuchen werde, es dir gleichzutun.

Un abrazo,
Stefanie

Dana Grigorcea

Freiheit im Anderswo

Mein Leben in Freiheit begann mit einem furchterregenden Schrei, den ich über zwei Hügel hinweg vernahm. Ich rannte mit den anderen Kindern der Ferienkolonie los, hinauf in die Kantine, und sah unsere Väter vor einem Fernseher schreien. Auf dem Bildschirm war – als hätten sich die Männer darin gespiegelt – ebenfalls eine Gruppe Männer zu sehen, die schrie. Worauf auch wir Kinder die Fäuste erhoben und freudig mitschrien: «Freiheit! Freiheit!»

Ich war damals zehn Jahre alt. Am Abend zog die Kinderschar hinunter zur Wiese, wo man für uns das Lagerfeuer entfachte, und wir gaben damit an, schon immer alles gewusst zu haben von der Diktatur und vom Widerstand. Umsonst hatten Eltern und Großeltern «Radio Free Europe» immer nur heimlich gehört, umsonst sich vor uns verstellt und uns gemahnt, ja nicht die rote Krawatte zu verschmähen – wir hatten alles erfasst, wie auch jetzt. «Freiheit! Der Diktator ist geflohen!»

Die folgenden Wochen liefen die Leute auf der Straße und riefen in Stakkato: «Vic-to-rie! Vic-to-rie!», mit stimmhaftem E, «Sieg», während da und dort jemand niedergestreckt wurde, von unsichtbaren Snipern. Von «Terroristen» war als Tätern die Rede, «Palästinensern», «Ceauşescus Waisenkindern mit den blauen Augen».

Im Fernsehen liefen stundenlang lustige Zeichentrickfilme, Tom und Jerry und Donald Duck und dieser Strauß, der herumschnellt und «Beep, beep!» von sich gibt. Ich war in Hochstimmung. Abends ging ich die beiden Hügel hinunter zu der windstillen Stelle, wo wir jetzt, mit großer Bravour, das Lagerfeuer allein machten. Da saßen wir dann, eine Kinderschar, ums Feuer herum und sprachen übers Foltern. Darüber, was wir dem Diktator, sobald er gefasst wäre, alles eigenhändig antäten. Wir übertrafen einander in Grausamkeiten, Handlungen, von denen ich mir nicht mehr vorstellen kann, dass ich sie mir jemals vorgestellt habe: Untaten, Gefühllosigkeiten, Rädern und Pfählen. Eigentlich habe ich vergessen, wie grausam wir damals alle waren. Ich erinnere mich an jene Ratte, die mit einem Ziegelstein erschlagen wurde. Ich wollte gesehen haben, dass es mein Vater war, der getroffen hatte. «Du lügst! Es war meiner!», rief ein Junge. «Nein, meiner», rief ein anderer. Wir prügelten uns. Ein Mädchen hob den Stein auf, um zu sehen, wie der platt geschlagene Kopf der Ratte aussah. Dann ließ sie den Stein auf den aufgeblähten Körper plumpsen, dass die Gedärme nur so spritzten auf die Kinderfüße.

«Aufhören!», rief jemand von oben. «Das dürft ihr nicht tun.»

«Wir tun ja gar nichts, Oma. Sie war doch schon tot!», erwiderte die Enkelin mit leiser Stimme. Es war jene leise Stimme, mit der man im Kommunismus gemeinhin Umstände, Zustände, Vorkommnisse vor sich und anderen kleinredete und rechtfertigte.

«Vic-to-rie! Vic-to-rie!», riefen wir, so laut wir konnten. Ganze zwei Jahre lang begleitete ich, nach der Schule, meine Eltern zur Demo auf den Universitätsplatz in Bukarest. Tausende marschierten da für die Demokratie auf. Noch immer war sie nicht in Sicht, noch immer hielten sich «die Alten», die Nomenklaturisten, an der Macht. Sie hatten die Leute an der Nase herumgeführt und eine Revolution gegen sich selbst inszeniert, um an der Macht zu bleiben – eine Pseudorevolution mit Terroristen, die nie gesehen und spurlos verschwunden waren. Allein der Diktator Ceaușescu und seine Frau wurden hingerichtet, nach einem eiligen Prozess, der keiner war.

Die Bilder der an der Wand Erschossenen, ihrer verrenkter Körper, wurden zwischen Zeichentrickfilmen mit Tom und Jerry eingeblendet. Eine Schulkameradin wollte den einen Schützen, der Ceaușescu als Erster getroffen hatte, gut gekannt haben. Freunde meiner Eltern auch. Ceaușescu sollte sich in die Hose gemacht haben vor Angst ...

«Eine Hinrichtung am Weihnachtstag!», sagte meine Großmutter. «Das kann nicht gut kommen.»

Dies war nur geschehen, wusste man bald, damit er keine Zeit hatte zu reden. Seine Gefolgschaft war ihn schnell losgeworden, um sich gemächlich, im Mäntelchen des «Wind of Change», an der Macht zu installieren. «Inside Job» hieße dies auf Neudeutsch. So tickte Rumänien damals – und groß davon abgekommen ist man bis heute nicht.

Beim Brunnen vor der Universität erkannte ich viele Freunde und Bekannte. Sie waren gekommen, um nach dem Vorbild anderer noch unlängst von der Sowjetunion gelenkter Bevölkerungen zu demonstrieren. Wir erhoben die Stimme gegen das Unrecht, das die privilegierten Wenigen an uns Vielen, noch immer, ganze zwei Jahre nach der «Revolution», begingen. Vom Balkon der Universität aus wurden Reden gehalten, Musiker spielten auf, und wir sangen lauthals mit. Am Ende knieten alle nieder und beteten das Vaterunser.

Die Revolution war den Rumäninnen und Rumänen von

der notorischen Nomenklatura «geklaut» worden, überhaupt hatte es keine Revolution gegeben, nur eine Vorstellung davon. In dieser Empörung über die «geklaute Revolution» kam eine neue Aufbruchstimmung auf. Man hielt die Hand nicht mehr mit ausgestrecktem Zeige- und Mittelfinger in die Höhe wie noch zum Zeichen des Siegs, sondern mit Zeigefinger und Daumen. Am Abend war ich immer heiser. Die Musiklehrerin hatte für alle Verständnis, die die Demonstration als Grund für den Verlust ihrer Stimme angaben.

Dann rief der falsche Präsident Ion Iliescu Bergmänner herbei, um auf die «degenerierten Intellektuellen, Drogensüchtigen und ausländischen Agenten» einzuprügeln, sie zur alten Ordnung zu rufen. Wir rannten davon. Und wenn ich heute Bilder von dieser Jagd der Bergmänner auf normale Städter sehe, dunkle Gestalten mit Ruß im Gesicht und gezückten Knüppeln, die Studenten umzingeln, eine Frau im hellblauen Rock vom Platz schleifen, fällt es mir schwer zu glauben, dass dies zu meiner Zeit und noch dazu in meinem Quartier passiert ist. Waren es wirklich Bergarbeiter, die nach Bukarest kamen? Es sind Menschen dabei gestorben. Unseren Apotheker schlugen sie ins Koma.

So kam es im Jahr 1990, nach diesem Ereignis, zu einer großen Auswanderungswelle. Die Auswanderung hielt über die Jahre an.

Heute steuert die rumänische Diaspora mit ihren geldwerten Heimatsendungen und Geldüberweisungen einen wesentlichen Teil zum rumänischen Bruttoinlandsprodukt bei. Ohne die Akademiker, Ärzte und Informatiker, aber vor allem ohne die weiteren Auswanderer, die Niedriglohnarbeiter, die in Spanien oder Italien leben, wäre auch kaum ein Erneuerungspotenzial im heutigen Rumänien auszumachen. Denn die Diaspora unterstützt die progressiven Parteien, lebt jenseits der Einflusszone der «sozialdemokratischen» Populisten.

Überhaupt sammelt sich Rumänien politisch um zwei Pole. Den einen bildet die «Sozialdemokratische Partei», die man gar nicht deutlich genug mit Anführungszeichen versehen kann. Die PSD ist ein Sammelbecken für die Ausläufer der alten Nomenklatura und der unverhohlen Korrupten. Die Wählerschaft der PSD besteht vor allem aus Leuten vom Land, wobei die traditionell massive Wahlmanipulation jede politologische Erhebung ad absurdum führt. Am anderen Pol sind die Parteien, die aus Bürgerbewegungen entstanden sind. Zeiten der leisen Aufbruchstimmung, in denen die aufgeklärten Parteien regieren, wechselten sich in den vergangenen Jahrzehnten ab mit Zeiten, in denen die Wahlbeteiligung gering war und die PSD mit ihrer festen Wählerschaft vom Land obsiegte. Die Wähler der aufgeklärten Parteien, zumeist Städter, schauen auf die Wähler im ländlichen Gebiet herab. Sie nennen sie *Prostime*, also «die Dummen». Mit ihnen könne man nicht reden, sagen sie.

So bleibt die einzige Chance für Demokratie in Rumänien paradoxerweise die Auswanderung junger Leute aus dem ländlichen Gebiet wie erwähnt nach Spanien oder Italien. Die Menschen entziehen sich der staatlichen Manipulation in Rumänien, haben Zugang zu anderen Informationsquellen, wählen die aufgeklärten Parteien. Die Wahllokale in den rumänischen Botschaften weltweit sind der «sozialdemokratischen» Partei, die schändlicherweise im Europaparlament im Verbund der Sozialdemokraten verbleiben darf, ein Dorn im Auge.

Eine Offenbarung war für mich als Jugendliche, dass «links» und «rechts» nicht in allen Ländern dasselbe bedeutet. Beides muss unterfüttert sein von Rechtstaatlichkeit, ansonsten verwischen die Begriffe.

Stundenlang stand ich schon in der Schlange vor dem rumänischen Wahllokal in Bern. In der Schlange traf ich Freunde und Bekannte, wie einst auf dem Bukarester Universitätsplatz. Ich erlebte eine Aufbruchstimmung, die ich aus meiner Kindheit kannte.

Seit ich Schweizer Bürgerin bin, weiß ich, dass Demokratie Beharrlichkeit braucht. Demokratie ist ein Hochleistungssport. Ständig informiert sein und sich an allen politischen Turnieren – lokal, regional, national – beteiligen. Wie die allermeisten meiner Schweizer Nachbarn wähle auch ich postalisch. Zuvor lese ich immer die staatlichen Info-Heftchen. In ihnen werden natürlich keine Wahl- und Stimmempfehlungen ausgesprochen, sondern es kommen im Gegenteil alle relevanten Interessen zu Wort – abgesegnet von diesen vor der Drucklegung.

In der Schweiz, in meinem neuen Demokratieverständnis, habe ich auch zum ersten Mal das mir aus dem Rumänien meiner Kindheit und Jugend gebliebene Gräberdenken überwunden. Zum ersten Mal habe ich hier auch gegen meine eigenen Interessen abgestimmt, weil ich die Stimmvorlage anständig fand, auch wenn sie mich persönlich nicht bevorteilte.

Ein Fenster zur Freiheit und auch zum Verständnis von Demokratie war für mich stets die Literatur. Die Beschäftigung mit der Sprache, mit den Übersetzungen, das Nachdenken über den unterschiedlichen Gehalt von Wörtern in den unterschiedlichen Kulturen, hat mich vor dem Populismus gerettet. Ohne jegliche demokratische Tradition aufgewachsen in Rumänien, in einer Aufbruchstimmung und dann doch in bitterer Enttäuschung, wäre ich für den Populismus leichte

Beute geworden – vielleicht nicht so sehr für den rumänischen Populismus der PSD, die das Land geflissentlich durch Nepotismus, gigantische Korruption und unbeschreibliche Medienkonzentration zerstört, als für gestriegeltere, europäische Populisten. Populisten verstehen es, an die Emotion zu appellieren, an Gefühlswallungen, und die Welt, in der ich aufgewachsen bin, hat eher Sanguiniker hervorgebracht.

Ich feierte eine «Revolution» im Überschwang. Ich zerriss meine Uniform und die rote Krawatte, riss das Bildnis des Diktators von den Schulwänden und trampelte auf dem Rahmenglas herum. Und ich legte meinen Lehrern Kaugummi auf den Stuhl.

WIR HABEN DIE WAHL – ODER?

Clemens J. Setz

Meine Umwege
zur Demokratie

Dein Demokratismus ist unerschüttert,
aber ausgehöhlt.
Jetzt verachtest du schon alles, was sie
so treiben, was sie sich wünschen, wen
sie wählen.
Er gebraucht dich als Treibstoff, du ihn
als falsche Posaune.

ELIAS CANETTI

Im Alltag weiß ich eigentlich immer, was
das Wort «Demokratie» ungefähr bedeutet, aber gelegentlich entstehen Stimmungen oder Situationen, wo das Wort
auf eine Weise intoniert oder in andere Kontexte eingebettet
wird, dass ich in meinem Verständnis unsicher werde. In solchen Momenten hilft mir ein bestimmter Fall, ein historisches
Ereignis, auf das ich mich sozusagen innerlich zurückziehen kann, eine Art Ground Zero jener Demokratie, in der ich
lebe, eine kuriose Anomalie, die, je genauer man sie betrachtet, weniger und weniger landläufigen Sinn zu ergeben scheint.
Das Ereignis fällt zwar in die Zeit vor meiner Geburt, spielte
aber in unserer Familie eine durchaus gewichtige Rolle, denn
immerhin wurde meine damals noch junge, gerade erst frisch

von der Schule kommende Mutter in Zusammenhang mit ihm verhaftet und von der Staatspolizei verhört. Sie wurde nie für irgendetwas anderes verhaftet.

Es war im Jahr 1977. Da hatte sie, zusammen mit Studienkollegen, an einer illegalen Kundgebung gegen Österreichs Einstieg in die Atomkraft teilgenommen. Die Polizei kam, verhaftete ausnahmslos alle Anwesenden. In ihrem Elternhaus, wo der Personenkult um Bundeskanzler Kreisky mit großer Hingabe gelebt wurde, führte die Festnahme – und allgemein ihre Haltung zur Atomkraft – zu beträchtlichen Spannungen. Meine Mutter war offen gegen Atomkraft, klebte sogar einen gelben Sticker auf eine Lampe, der (in ihrer damals zu Hause immer noch gelegentlich gebrauchten schwedischen Muttersprache) «Atomkraft? Nej tack!» sagte. Das Kind musste verrückt geworden sein. Dabei nahm sie nicht einmal Drogen. Wie konnte sie gegen den Eintritt in ein neues, glorreiches Zeitalter der friedlichen Energieunabhängigkeit und des Wohlstands sein? Aber meine Mutter und ihre Kommilitonen sahen das Ziel klar vor sich: Sie mussten verhindern, dass in Österreich Atomkraftwerke in Betrieb genommen wurden, vor allem das Kernkraftwerk Zwentendorf musste irgendwie «verhindert» werden.

Wie verhindert man etwas, das bereits gebaut und dessen Inbetriebnahme von allen Seiten beschlossen wurde? Es ist im Allgemeinen unmöglich. Aber im Jahr 1978, dem ersten ihres Lebens, in dem meine Mutter als Neunzehnjährige wahlberechtigt war, wurde eine Volksabstimmung über die Inbetriebnahme des Kraftwerks abgehalten. Das allein erscheint, im Nachhinein, wirklich seltsam. Im Jahr 1972, also vor dem Bau des Kraftwerks, da hätte es mehr Sinn ergeben. Aber nun war alles ja schon da und hatte, wie man wahrscheinlich niemandem groß erklären muss, Millionen gekostet. Die SPÖ-Allein-regierung unter Bruno Kreisky stand entschlossen hinter der Inbetriebnahme, und selbst die Opposition befürwortete gewisse Aspekte der friedlichen Atomkraftnutzung, war aber zögerlich, was die Inbetriebnahme des Kraftwerks anging. Also – geschah was? Die SPÖ schrieb eine Volksbefragung aus. Das Volk stimmte ab, darunter auch meine Mutter, und entschied knapp gegen die Inbetriebnahme.

Was? Es ist eine der merkwürdigsten Entscheidungsketten in der Politik, die mir je untergekommen ist. Der verblüffende Schachzug der SPÖ, ein Volksbegehren einzuleiten, wird in der Literatur meist als schlichte «Fehlkalkulation» dargestellt. Man sei viel zu selbstverständlich davon überzeugt gewesen, dass der Großteil der Bevölkerung natürlich hinter dem Projekt stehe. Aber spieltheoretisch ergibt der Schritt auch mit dieser Deutung nicht den geringsten Sinn. Auch Menschen, die das Ganze damals miterlebt haben, sagen häufig, wenn man sie danach befragt, etwas wie: *Ja, das war komisch. Die haben sich gestritten, und dann wurden wir plötzlich gefragt – und alle hielten sich ans Ergebnis.* Nichts in meiner Erfahrung – zumindest als Erwachsener – hatte mir bislang die Gewissheit verschafft, dass so etwas wie der Fall Zwentendorf normal oder überhaupt möglich ist. Man setzte sich ja schon in der Planungsphase des Kraftwerks, «so wie immer», über alle Bedenken der Bevölkerung hinweg, beschwichtigte ein wenig, ignorierte noch viel mehr, aber befragte dann, aus mir immer noch nicht völlig klaren Gründen, *nachträglich* das Volk, das alles umkippte.

Das Ganze wirkt wie das Abbild jener Märchenwelt, die sonst nur in Wirtschaftskundebüchern der Unterstufe als real dargestellt wird. Da existieren in den Beschreibungen der poli-

tischen Welt tatsächlich weder Korruption noch Vetternwirt-
schaft, weder Deals im Hintergrund noch Manipulation der
Medien, nein, es gibt immer nur den durch ehrliches Zählen
von Stimmen eruierten Konsens.

Ich wäre wirklich gern dabei gewesen. Für einen zum Zynis-
mus neigenden Menschen wie mich kann dieser Moment
nur vollkommen rätselhaft sein. Man wacht eines Tages auf –
und hat das Sagen im Land. Nicht nur «auf dem Papier», sondern in echt. Man bestimmt das weitere Verhalten von Politikern, ja sogar von Bundeskanzlern. Wie oft kommen solche
Momente vor?

Das Kernkraftwerk wurde niemals in Betrieb genommen –
und verfiel in jenen Zustand mit dem außerordentlich hüb-
schen Namen *Investitionsruine*.

Immer wieder, wenn mir der Glaube an die Demokratie entgleitet und ich denke, Politik sei doch in erster Linie dazu da,
um die Bevölkerung abzulenken und zu unterhalten, während
im Hintergrund alle möglichen Deals und Verträge mit riesigen, niemandem Rede und Antwort stehenden Konzernen
gemacht werden, erinnere ich mich an diese kleine, schwer
nacherzählbare Anomalie in der Geschichte meines Landes,
und ich meditiere über dem seltenen Mysterium der Volks-
abstimmungen, diesen eigenartigen luziden Momenten innerhalb der sonst rein repräsentativ inszenierten Demokratien.
Üblicherweise ist meine erste Lösung dieses Rätsels schlichte
Leugnung: Nein, sage ich mir, das Volksbegehren damals *kann*
gar nicht der wahre Grund gewesen sein, sie wurde vermutlich lediglich als Polittheater rundherum inszeniert, aber der
eigentliche Grund für die Nichtinbetriebnahme des Kraftwerks *muss* doch ein anderer, ein vollkommen unsichtbarer

gewesen sein! So sehr klammert sich mein Bewusstsein an eine Weltsicht mit im Hintergrund agierenden Eliten. Vielleicht, so denkt es in mir, waren es irgendwelche Schwierigkeiten mit Baufirmen, die den Auftrag erhalten hatten, oder vielleicht Gelder, die irgendwohin verschwunden waren und jetzt peinlicherweise fehlten. Oder man wollte irgendeine viel größere Schweinerei vertuschen, oder, oder, oder. Über die Jahre imaginierte ich mir viele solcher Scheinlösungen, las Bücher über das Thema, aber es fand sich nichts Glaubhaftes.

Nein, der wahrscheinlichste Fall scheint tatsächlich folgender zu sein: Alle hatten sich an die Regeln gehalten, auch wenn es ihnen in politischer und dem Land in wirtschaftlicher Hinsicht enorm schadete.

«Wenn Wahlen irgendetwas ändern würden, würde man sie verbieten», lautet ein dieser Tage häufig im Internet zitierter Satz. Meist wird er Mark Twain zugeschrieben, manchmal auch der anarchistischen Philosophin Emma Goldman, obwohl sich bei keinem von beiden eine Quelle für das Zitat finden lässt. Wer den Satz wirklich formuliert hat, ist nicht mehr eindeutig zu bestimmen, aber die meisten werden zustimmen, dass sehr viele Menschen heutzutage nach seiner Aussage leben oder zumindest, so wie ich, sie als hartnäckige Standardeinstellung in sich tragen. Gelegentlich macht eine solche Person sogar die äußerst paradoxe Erfahrung, dass man, obwohl man ja davon ausging, man könne im Gefüge der Welt ohnehin nie irgendeine bedeutsame Entscheidung treffen, auf einmal furchtbar ernst genommen wird.

Der vor Kurzem aus jahrelanger Haft entlassene Julian Assange sagte im Jahr 2016, kurz vor der US-Präsidentenwahl, mehrmals in Interviews, der in den USA waltende «Deep

State» würde niemals erlauben, dass Donald Trump wirklich Präsident werde. Da seien uralte Dynastien im Hintergrund, die das alles unter sich ausmachen. Ein echter Außenseiter werde da bloß zum Schein in die Nähe gelassen. Aber dann wurde Trump gewählt und sogar wirklich Präsident. Ob Assange das verblüfft hat – oder ob er es sich vielleicht so erklärt hat, dass dieses Ergebnis nur beweise, dass Trump niemals ein echter Außenseiter, sondern eine bloß von den Eliten bespielte Sockenpuppe sei, weiß ich nicht.

Oder erinnern wir uns an damals, im Juni 2016, als in Großbritannien der «Brexit» entschieden wurde. Viele Menschen, so stellte sich schon Stunden nach Bekanntgabe des Ergebnisses heraus, waren der Ansicht gewesen, der Begriff «Vote Leave» bedeute, alle Einwanderer im Land zum Verlassen desselben aufzufordern. Im Fernsehen wurde ein interessantes Videointerview mit einem schockierten Protestwähler ausgestrahlt. Er habe sich nicht vorstellen können, dass dieses Ergebnis *wirklich* zustande kommen könne, erklärte er. Er habe gedacht, es sei ohnehin alles ein abgekartetes Spiel und seine Protestgeste eben nur genau das: eine Geste, im luftleeren Raum, die, wie alles Absurde, ihre Würde nur durch sich selbst erhält, nie aber durch so etwas wie eine Wirkung. Der junge Mann war also davon überzeugt, er besitze nicht die geringste Macht, und reagierte schockiert, als ihm nun plötzlich öffentlich vorgehalten wurde, dass er sehr wohl über eine gewisse Macht verfüge. Eine derartige Beleidigung kann so tief treffen, dass die Person sich angewidert von den Angeboten der Demokratie abwendet und zum Beispiel überhaupt nicht mehr wählen geht. So kann sie sich den inneren Ehrenplatz des Absurden bewahren.

Einer der etwas schwächeren Romane des portugiesischen

Nobelpreisträgers José Saramago heißt «Die Stadt der Sehenden». Der Grundeinfall der Handlung ist schnell zusammengefasst. Eines Tages geschieht im Land etwas Ungeheuerliches: Wahlen werden abgehalten – und fast alle Menschen geben leere Stimmzettel ab. Daraufhin kommt es zu einer Überreaktion der sich dadurch attackiert vorkommenden Regierung: Ausrufung des Ausnahmezustands, Straßen- und Ausgangssperren, Fahndung nach «Verantwortlichen» für den mysteriösen Aufstand. Einen leeren Stimmzettel abzugeben ist natürlich ein ziemlich konsequenter Akt, vollkommen anders als das simple Zuhausebleiben, der Verzicht aufs Wählen. Er lehnt die Demokratie als Ganzes ab, nicht nur das Ritual der Wahl, in einer Geste, die darauf abzielt, dass sie von den zuständigen Instanzen als höchst provokante Entlarvung gelesen wird. Der Wähler, der einen leeren Stimmzettel abgibt, hält sich für absolut stimmlos, also gestaltet er den Stimmzettel *nach seinem eigenen Bilde*. Er gibt sozusagen sich selbst ab, ein Modell seines Selbstverständnisses. Er insistiert auf seiner eigenen Bedeutungslosigkeit.

Und genau das mache ich, seit nun fast einem Vierteljahrhundert. Ich halte meine Stimme in jeder Wahl nicht nur für einen *sehr kleinen* Beitrag (zum Beispiel als eine von den vier Millionen Stimmen derer, die diesmal zur Wahl gingen), sondern immer für absolut *Null*. Und jede Korrektur dieser irrationalen Abrundung empfinde ich als Angriff auf diesen von mir besonders umhegten und als kostbar verwalteten Zustand: nichts zu bedeuten. Ich muss mich jedes Mal aktiv aus ihm herausarbeiten, selbst jetzt noch, mit einundvierzig.

Woher kommt das?

Ist es vielleicht eine Folge der vielen, vielen Bücher, die ich gelesen habe? Durchaus kein schlechter Erklärungsansatz. Denn all diese Tausenden Geschichten über «absurde» oder «ironische» Helden, die ihre eigene Bedeutungslosigkeit verkörpern, das muss einem ja mit der Zeit zu Kopf steigen. Die ganze moderne und postmoderne Weltliteratur ist doch voll von Menschen, die sozusagen Don Quijote sind, der in jeder Sekunde seines Feldzugs *weiß*, dass es Windmühlen sind, gegen die er ins Feld zieht. Er ist davon überzeugt, dass er die Wirklichkeit vollkommen klar sieht, illusionslos, unhypnotisiert, und der seine gegen die streitaxtähnlich schwingenden Formen am Horizont gerichteten Kampfbewegungen daher von dem erlesenen Glanz des Absurden durchstrahlt erleben kann. Er weiß zu jeder Zeit, dass er *sinnlos* handelt, und empfindet seine Welt daher als wohltuendes Gehege.

Falls das die Ursache ist, gibt es immerhin noch Hoffnung. Vielleicht muss ich einfach andere Bücher lesen.

Manchmal wundert es mich, warum etwa Kritiker rechter Parteien so leicht von einem «Ende der Demokratie» oder einer Gefährdung des demokratischen Europa reden, wenn ein Erfolg dieser Parteien zu verzeichnen ist. Ein Ende des Mitleids, ein Ende der Wissenschaftlichkeit, ein Ende jüngst errungener Gleichstellungsideen, all das wäre ja zutreffend. Aber ein Ende der Demokratie? In den meisten Fällen kompletter Unsinn. Ich glaube, selbst der faktisch falsche Hilferuf «Das ist das Ende der Demokratie!» ist vielleicht ein Rufen nach jener heimlich oder offen ersehnten Idylle der persönlich-bürgerlichen Auswirkungslosigkeit.

Unlängst erlebten bei der Europawahl Anfang Juni 2024 die rechten bis rechtsextremen Parteien in mehreren Ländern große Erfolge. Zum Zeitpunkt der Niederschrift dieser Zeilen liegt die Nationalratswahl in Österreich noch einige Monate in der Zukunft, aber auch für sie werden gewaltige Zuwächse im rechten Spektrum erwartet. Dagegen habe ich technisch gesehen nichts, bloß weltanschaulich. Mir wären Zuwächse anderer Art lieber, aber eine Gefährdung der Demokratie sehe ich in dieser Verlagerung nicht. Zugegeben, das ist nicht der wirksamste Trost, aber es ist immerhin einer. Und hier das Obszöne: Ein Teil von mir, das oben beschriebene zum «Es ist doch letztendlich bedeutungslos, was ich ankreuze»-Standpunkt neigende Bewusstsein, ist im Grunde schon froh, dass solche extremen Umschwünge möglich sind. 10 Prozent Verlust bei diesen und 10 Prozent Zuwachs bei jenen. Stimmen haben echtes Gewicht, Menschen haben Macht – und meine alberne, unreife Stasis lockert sich.

Als ich vor ein paar Wochen zur Europawahl ging, in das Gymnasium an der Ecke, spielte sich mein innerer Dialog ab: Denk nicht, dass es überhaupt keinen Sinn hat. Die werden ernst nehmen, was da angekreuzt wird. Lass den Stimmzettel nicht leer, du Vollidiot. Es ist sehr verlockend. Einfach ein Kreuz in einen der Ringe, wie schwer ist das! Nein, nichts Dummes draufschreiben, nichts zeichnen! Und so weiter. DENK AN ZWENTENDORF. Du dummer kleiner Junge. Aber was, antworte ich mir sofort selbst, wenn Zwentendorf das *letzte Mal* gewesen ist, da das Wählen noch was bedeutete, wo tatsächlich wirtschaftliche Schäden in Kauf genommen wurden, gebrochene Verträge, peinlich dastehen vor Leuten, mit denen man schon millionenschwere Vereinbarungen ausgehandelt hatte, das Ende eines ganzen Wirtschaftszweigs in Österreich vielleicht, nur damit dieser hohen abstrakten Idee, der Demokratie, entsprochen wird? Was, wenn die damals *daraus gelernt haben* und so etwas seither nicht mehr zulassen?

So argumentiert mein Kopf hin und her, in endlosen Umwegen und spitzfindigen Quersprüngen, so sehr sehnt er sich danach, vollkommen machtlos zu sein. Nicht *relativ* machtlos, nein, *absolut*. Dahin will er zurück, strampelnd.

Und dann kommt, nach einer längeren Auszählung der Stimmen, das Ergebnis. Ich ärgere mich, bedaure vielleicht ein wenig die Verführbarkeit der Menschen und so weiter – aber kippe zugleich für einen Moment in einer sehr gesunden, wohltuenden Weise aus meiner sonst so hartnäckig verkörperten Demokratiedummheit.

Meine Mutter ist übrigens sehr stolz auf die wilden Anekdoten, die sie aus der Zwentendorf-Zeit erzählen kann. Es war ihr allererster Wahlgang im Leben, sehr aufregend, eine der ersten erwachsenen Handlungen, ein Schritt ins Ungewisse – und sie hatte am Ende sogar eine Art Triumph erlebt. Der schwedische «Atomkraft? Nej tack!»-Sticker klebte noch bis in die Neunzigerjahre auf der alten Lampe. Dann versuchte ich eines Tages, ihn herunterzubekommen – und er löste sich augenblicklich, wie eine aufplatzende Zwiebel, in lauter halb durchsichtige Streifen auf.

Dietmar Dath

Hände hoch,
ihr habt die Wahl!

Eins: Kindersouveränität

Als kleiner Kerl, noch keine zwölf Jahre alt, durfte ich in einem
Klassenzimmer der südwestdeutschen Schule, die ich damals
besuchte, erstmals in einer Sachfrage per Wahl mitentschei-
den. Abstimmungen kannte ich aus eigener Erfahrung bis
dahin nur als Entscheidungen über Personalien: Wer spricht
für die Gruppe? Der Klassenlehrer, der zugleich Französisch
unterrichtete, ein bulliger Charakterkopf, legte uns Kindern
jetzt die Entscheidung darüber vor, ob eine kleine gemeinsame Sommerexkursion nach Basel in den Zoo oder auf einen
nahen Berg in den Wald führen sollte.

«Die Hände hoch!», rief der Mann, nachdem er die erste
Möglichkeit, «also zum Zoo», aufgerufen hatte, und einige
Kinder im Raum verstanden es so, wie sie es im Fernsehen
gesehen hatten, in Krimi und Western, und hoben beide
Hände, wie man das tut, um zu zeigen, dass man unbewaff-
net ist.

Man sah sehr viele Hände. Dann kam die Gegenprobe: «Und
jetzt alle, die lieber auf den Berg wollen, die Hände hoch.»
Das waren viel weniger Hände als gerade eben – vielleicht ein
Fünftel der vorhandenen.

Erwachsene wählen in der Bundesrepublik Deutschland

frei, gleich und geheim, denn diese BRD ist eine bürgerliche, repräsentative, parlamentarische und liberale Demokratie.

Auch die Wahl in meinem Klassenzimmer war frei (kein Kind wurde genötigt, so oder anders abzustimmen) und gleich (keine Kinderhand zählte mehr als eine andere), aber sie war nicht geheim: Alle sahen das Ergebnis im Abstimmungsvollzug.

War die Sache bürgerlich, repräsentativ, parlamentarisch und liberal?

Bürgerlich ist ein Gemeinwesen, in dem nicht nur persönliche Gebrauchsgüter, sondern auch für den Bestand der Gesamtgesellschaft Unerlässliches in Privatbesitz sein kann. Repräsentativ ist eine Demokratie, in der die Selbstregierung der Leute über Vertretungen organisiert ist. Parlamentarisch ist eine, in der das in Parlamenten passiert. Liberal ist eine, in der Rechte der Bevölkerung gegen den Staat (Gewissensfreiheit, Forschungsfreiheit, Meinungsfreiheit, Religionsfreiheit ...) möglichst weitreichende Geltung haben.

Eine illiberale Demokratie ist eine, in der diese Rechte stark eingeschränkt sind, aber trotzdem abgestimmt wird (so sahen und sehen Westen und Norden Staaten wie die Türkei heute oder Südafrika während der Apartheid, denn der Westen und der Norden brauchten und brauchen solche Staaten manchmal für geopolitische Allianzen).

Bürgerlich? Nun ja: Weder die Kinder noch der Lehrer besaßen privat Räume oder Produktionsmittel dieser Schule. Sein bisschen Macht über uns hätte der Erwachsene schnell verlieren können, wenn er sich als Fall für den Radikalenerlass entpuppt hätte, der Leuten mit staatlicherseits unerwünschten politischen Positionen damals im Schuldienst Schwierigkeiten machte, aber das wussten wir nicht.

Wer beschreibt aber meine Verblüffung, als ich aus dem Lehrermund erfuhr, was auf die Abstimmung folgen sollte? «Also gut, wir gehen auf den Berg.» Wir hatten, sofern Mehrheit gefragt war, anders entschieden. Die Autorität an der Tafel verblüffte uns mit einer Erklärung: «Ich wollte mir ein Bild davon machen, worauf ihr Lust habt. Aber natürlich geht es nicht danach, worauf man Lust hat, und die Verantwortung liegt bei mir.»

Diskutiert wurde nicht. Hinterher, auf dem Schulhof, war das Gemaule groß. Die klügsten Kinder äußerten den Verdacht, der Klassenlehrer habe mit einem anderen Ergebnis gerechnet und hätte uns, wäre es eingetreten, suggeriert, er richte sich nur allzu gern nach unserem Willen. Natürlich dämonisierten wir den Klassenlehrer sofort, indem wir ihm Herrschsucht, Willkür und dergleichen unterstellten. Der wahre Grund des faulen Wahlzaubers war, wie wir wenig später von den Aufrichtigsten unter unseren Eltern erfuhren, ein banal ökonomischer.

Die Reise nach Basel war die Idee des Vaters eines der Kinder gewesen, der als erfolgreicher Anwalt nicht daran gedacht hatte, dass andere Eltern Mühe damit haben mochten, das Geld für die Fahrt aufzubringen. Diese Familien hatten auf einem Elternabend im Vorfeld unserer Abstimmung Protest geäußert, als der Französischlehrer den Zoo-Plan vorgestellt hatte. Die Wanderung als Alternative war dann seine Idee gewesen. Eine der weniger vermögenden Mütter soll behauptet haben: «Wenn sie zusammen wandern und spazieren können, macht das den Kindern doch sowieso mehr Spaß.» Die Attraktivität von Affen und Zebras wurde da unterschätzt, aber schon saß der Floh im Ohr des Lehrers, wir Kleinen könnten das Problem womöglich für ihn lösen, per Wanderlust. Diese Hoffnung hat sich, wie politische Hoffnungen oft, zerschlagen.

Zwei: Hässliche Züge der Zeitgeschichte

Drei bis vier Sommer nach dem Kinder-Wahldebakel lernte ich erstmals eine Kommunistin kennen. Sie war eine Westdeutsche und sechs Jahre älter als ich, also eine erwachsene Frau, die mir, dem Teenager, bald Ansichten über Herkunft und Wesen der bürgerlichen, repräsentativen, parlamentarischen und liberalen Demokratie der BRD mitteilte, die ich rasch sehr plausibel fand. Da gab's zum Beispiel den bereits erwähnten Radikalenerlass, bekannt teils auch unter dem Namen, den eine Genossin aus dem Elsass, die mir besagte Kommunistin vorstellte, mit einem Artikel in ihrer Sprache zu versehen pflegte, weil man in Frankreich kein eigenes Wort dafür erfand: «le Berufsverbot».

Antikommunismus wohnte im Keller, im Wohnzimmer und unterm Dach dieser BRD. Menschen, die der Kommunistischen Partei Deutschlands, abgekürzt KPD, angehörten, waren, als ich meine politische Sozialisation erlebte, unter Adenauers Regierung erneut von der Justiz kujoniert worden, nachdem sie eben Hitlers Kerkern entronnen waren. Ihre Partei hatte man nach einem Prozess, der von 1950 bis 1956 währte, schließlich verboten. Selbst nach den Maßstäben des Grundgesetzes, das kommunistische Umsturzversuche nicht gerne sieht, ist dieses Verfahren nicht so ganz leicht zu rechtfertigen; der keineswegs revolutionstrunkene Historiker Josef Foschepoth wertet das KPD-Verbot in seiner 2017 erschienenen Studie «Verfassungswidrig! Das KPD-Verbot im Kalten

Bürgerkrieg» sogar als klaren Bruch des Grundgesetzes durch die politische Macht jener Zeit. Von rechtlichen und verfassungstheoretischen Erwägungen abgesehen, war es jedenfalls nicht schön, dass zum Beispiel ein Mann wie Hans Ritter von Lex, der im Reichstag seinerzeit für das Nazi-Ermächtigungsgesetz gestimmt hatte, im KPD-Verbotsverfahren als Bevollmächtigter der Bundesrepublik tätig war.

Ich hatte in den Achtzigerjahren Freundinnen und Freunde, die eher der SPD als irgendeinem Radikalismus nahestanden und mir oft versicherten, man könne die Auswüchse des deutschen Antikommunismus durchaus verurteilen, ohne sich gleich dem Kommunismus anzuschließen, ja, man müsse gerade dem Kommunismus vielmehr, weil er «totalitär» sei, im Sinne linker Werte mit dem obersten Ziel der Emanzipation aller Menschen von Ausbeutung und Unterdrückung in demokratischen, liberalen Parteien entgegentreten.

Gerade der Umgang der SPD mit denjenigen in ihren eigenen Reihen jedoch, die sich aus konsequenter Treue zu besagten linken Prinzipien wichtigen Entscheidungen der jeweiligen Parteiführungen widersetzten, stieß meine Genossinnen, meine Genossen und mich ab. Der größte Testfall war damals die Frage der Stationierung neuer amerikanischer Atomraketen in Westdeutschland, also eine Entscheidung nicht zwischen Zoo und Bergwanderung, sondern auf Leben und Tod (sie wiederholt sich wohl gerade, Mitte der Zwanzigerjahre des 21. Jahrhunderts). Was dem SPD-Mitglied und Stationierungsgegner Karl-Heinz Hansen widerfuhr, dem seine Partei übel mitspielte, war in meinem Milieu gewiss keine Werbung für diese Organisation.

Auf der radikalen Linken freilich herrschten weder Klarheit noch Einheit. Es gab seit den Sechzigerjahren allerlei «Außerparlamentarische Opposition», abgekürzt APO, es gab die 1968 als Ergebnis von Diplomatie zwischen Ost und West neu zugelassene «Deutsche Kommunistische Partei», abgekürzt DKP, es gab sehr viele Kleingruppen, manche hingen Mao an, andere Trotzki, wieder andere dachten anarchistisch, einige nannten sich «Spontis» wegen der spontanen Aktionsformen, die sie bevorzugten, wieder andere, Letzteren in vielem ähnlich, hießen «Autonome», einige sympathisierten auch mit bewaffneten Gruppen, die staatliche Einrichtungen und verhasste Menschen angriffen, allen voran war das die Rote Armee Fraktion, abgekürzt RAF.

Aus staatsfeindlichen linken Medien, vor allem Zeitungen, die unter erheblichen Opfern an Lebenszeit, Geld und Arbeitskraft produziert und vertrieben wurden, erfuhren wir, was mit Menschen geschah, die sich der vorhandenen Eigentumsordnung widersetzten. Da gab es zum Beispiel Artikel über den Duisburger Frührentner Günter Routhier, von dem es hieß, er sei 1974 beim Kampf gegen die Betriebspolitik der Mannesmann-Hüttenwerke infolge polizeilicher Gewalteinwirkung ums Leben gekommen, was nicht nur bis heute umstritten ist, sondern seinerzeit schon als bloße Feststellung Verfolgung nach sich zog, von der unter anderem der Soziologieprofessor Christian Sigrist und der Literaturwissenschaftler Gerhard Schneider betroffen waren. Und es gab Artikel über den Berliner Hausbesetzer Klaus-Jürgen Rattay, von dem es hieß, er sei bei einem Räumungseinsatz der Polizei im Zuge der Bekämpfung von Hausbesetzungen in Berlin 1981 staatlicher Gewalt zum Opfer gefallen, was ebenfalls bis heute nicht abschließend geklärt werden konnte.

Wir, meine Genossinnen, meine Genossen und ich, hatten weder mit dem Milieu von Routhier noch mit dem von Rattay zu tun, aber die Stimmung, die solche Informationen bei uns anregten, kann ich mit einem Satz beschreiben: Wir sind alle gemeint, es kann jede und jeden treffen.

Kämpfe um Arbeitsplätze und Wohnraum finden heute in der BRD längst nicht so militante Formen wie seinerzeit. Aber es gibt neue Sorgen, die im Parlament kaum abgebildet werden.

Heute, da ich dies schreibe, im Jahr 2024, ist zum Beispiel im Bundestag keine Partei vertreten, die mit der Dringlichkeit, mit der sich die dort vorhandenen Parteien um Klima- oder Wehrpolitisches kümmern, den Begleiterscheinungen der sogenannten digitalen Transformation begegnen und ihre Ungerechtigkeiten frontal angehen, zu denen vor allem eine umfangreiche Dequalifizierung angeblich bald überflüssiger Berufsbilder gehört, verbunden mit Lohndrückerei und der Unsichtbarmachung von Arbeitszusammenhängen mittels sogenannter Künstlicher Intelligenz (wer schuf deren Trainingsmaterial?).

Wenn ich beim Arbeiten eine solche Künstliche Intelligenz nutze oder bediene, weiß ich nicht, wessen Leistungen in dem von diesem System Erlernten stecken, und kann mich mit diesen Verschwundenen also auch nicht in Arbeitskämpfen solidarisieren, wie sie bekanntlich Herz, Hirn, Nervensystem und Muskulatur der marxistischen Tradition gebildet haben.

Drei: Ein Klecks Demokratietheorie

Soll man bei Abstimmungen die abgegebenen Stimmen nur zählen oder auch gewichten? Soll ein kenntnisloses Urteil als Votum so viel zählen wie ein informiertes? Gleiche Wahlen glätten Unterschiede, beseitigen sie aber nicht. Es ist zum Beispiel wahrscheinlich, dass die Kinder von Eltern, die Geld für einen Zoobesuch der Kleinen erübrigen können, später bessere Aussichten haben, in eine Körperschaft mit Machtbefugnissen gewählt zu werden oder Sachfragen nach ihren Wünschen entschieden zu sehen, als die Kinder von Mittellosen. Um zu verhindern, dass auch und gerade da, wo gewählt und abgestimmt wird, Erbvorteile greifen, hat man mitunter das Losverfahren als die beste Vorgehensweise bei der Ämterbesetzung empfohlen, wie der französische Politikwissenschaftler Yves Sintomer in seinem faszinierenden Buch «Das demokratische Experiment. Geschichte des Losverfahrens in der Politik von Athen bis heute» (2016) erklärt: Der reine Zufall kann demokratischer sein als das freie Wählen, wenn die Wahl von den Wirkungen sozialer Beziehungen verfälscht wird, die sich nicht bei Wahlen abbilden lassen (zum Beispiel Medienmacht: Wenn einige wenige Konzerne die gesamte Medienlandschaft regieren, sind die Meinungen danach, der Zufall aber lässt sich nicht von Propaganda beeindrucken). Aus der umfangreichen «Mathematical Theory of Democracy» (2011) des russisch-deutschen Mathematikers und Wirtschaftswissenschaftlers Andranik Tangian lässt sich ergänzend hierzu Ernüchterndes nicht nur über Personenwahlen, sondern auch über Sachwahlen lernen, wenn zum Beispiel mehr als zwei Abstimmungsresultate (sagen wir: Zoo, Bergwanderung oder Schwimmbad) möglich sind. Es gibt aus mathematischen Gründen kein Vorgehen, das der Intuition der meisten Menschen darüber, was «fair» bedeutet, bei solchen Wahlen eindeutig entspricht. Seit der amerikanische Ökonom Kenneth Joseph Arrow 1950 im «Journal of Political Economy» seine epochale Untersuchung «A Difficulty in the Concept of Social

Welfare» veröffentlichte, kann man wissen, dass sich für Kollektive, deren Individuen ihre Präferenzen aufschreiben, ankreuzen oder anklicken können, grundsätzlich keine rationale und kohärente Rangordnung von mehr als zwei Entscheidungsmöglichkeiten ermitteln lässt, welche die tatsächliche Präferenzverteilung im Kollektiv so abbildet, dass weder a.) sachlich irrelevante Alternativen das Resultat verfälschen können noch b.) eine allgemein vorherrschende Präferenz (etwa: lieber A als B bei allen Abstimmenden) am Gesamtresultat leider nicht ablesbar ist noch c.) ein Individuum existiert («Diktator»), dessen Präferenz immer das Gesamtergebnis regelt, egal, was andere bevorzugen. Diese kurze Darstellung ist, weil ich mir den mathematischen Apparat hier sparen muss, bereits vergröbert; die beste, ebenfalls nicht allzu technische Erläuterung der Überlegung findet sich auf nur hundertfünfzig Seiten in dem Band «The Arrow Impossibility Theorem» (2014) von Eric Maskin und Amartya Sen.

Wer Arrows Lehre verstanden hat, ist jedenfalls unterrichtet über die Idee einer «direkten Demokratie» als Ausweg aus der vielberedeten «Krise der Repräsentation» oder «Krise des Substitutionalismus».

Relationen zwischen demokratischen Formen und sozialen Inhalten lassen sich ohnehin nicht auf einmal und für alle Zeiten so festlegen, dass niemand je wieder einen Nachteil erleidet, aber man kann diese Fragen in gemeinschaftlich erarbeiteten Näherungsprozessen doch auf eine Art in den Griff kriegen, die das in der BRD lange verbreitete Empfinden bestätigt, in einer Demokratie lebe es sich netter als unter autokratischer Willkürherrschaft. (Inzwischen wächst in diversen, stark ressentimentgeladenen Segmenten der Bevölkerung die Sympathie für rein exekutives Durchregieren, sowohl vonseiten der Rechts- wie der Linksautoritären: Was mir nicht passt, soll weder konfrontiert noch widerlegt werden, sondern einfach verboten.) Damit ist man dann auf dem Bewusstseinsstand angelangt, den das nette Lied «Demokratie», auch bekannt unter dem ursprünglichen Titel «Our Bass Player Hates This Song» von der sympathischen und ein bisschen domestizierten Pop-Punk-Band Die Ärzte dokumentiert. Darin erfährt man, dass die Demokratie «vielleicht die mächtigste Idee der Galaxie» sei, «geboren in Griechenland», und, Achtung: «Wie wär's mit Wählen gehen?», denn «dein Kreuz gegen Hakenkreuze, damit fängt es an». Die Hakenkreuze stehen da für die illiberalste Regierungsweise unter allen, die ein bürgerliches Eigentum an Produktionsmitteln, Wohnraum und dergleichen kennen, für den Faschismus nämlich. Allerdings durften im antiken Griechenland nur Vollbürger abstimmen, für Frauen und Versklavte war dabei nichts zu holen. Hier lässt sich die Geschichte wieder zum Klassenzimmer meiner Kindheit zurückbiegen und zum Unterschied zwischen Eltern mit Geld und Eltern ohne Geld: Die griechischen Sklavenhalter konnten sich informieren, diskutieren und dann abstimmen, weil ihnen die Arbeit anderer dafür die Zeit verschaffte. Demokratie braucht ja stets mehr Zeit als Befehl und Gehorsam auf Herrscherlaunenbasis. Und die kapitalistischste unter allen Losungen lautet nun mal: Zeit ist Geld.

Vier: Welche Wahl hat hier heute wer?

Wer Leute abstimmen lässt, die nichts wissen und nichts können, kriegt ein wertloses Ergebnis. In einer von Karl Marx verfassten Resolution des Generalrates der Internationalen

Arbeiterassoziation aus dem Jahr 1866 steht die wichtigste Konsequenz aus dieser Einsicht. Marx will, dass über Menschen nicht einfach verfügt wird, dass sie ihr eigenes Leben leiten, und dazu brauchen sie, fordert er, von Kindheit an eine polytechnische Erziehung, damit sie wissen, wie die soziale Welt produziert und reproduziert wird. Eine humanistische muss die polytechnische Erziehung ergänzen, das weiß er und setzt er voraus: Die Leute müssen schon kapiert haben, dass Freiheit eine gesellschaftliche Sache ist, keine private. Der einsam in der Wildnis Ausgesetzte ist nicht frei, sondern der Naturnot preisgegeben, die sich nur im produktiven Kollektiv zurückdrängen lässt.

Ein demokratisches Wirtschaftsleben ist eines, in dem der Anteil un- und angelernter Perspektivloser bald abnimmt, während Könnerschaft und Kenntnis vermehrt werden. Was in der DDR unterm Namen «Arbeiter-und-Bauern-Fakultät», abgekürzt ABF, zu Aufbauzeiten geschah, nachzulesen zum Beispiel in Hermann Kants Roman «Die Aula» (1965), dass also die Schneiderin mit Staatsunterstützung eine Augenärztin werden konnte, der Maurer ein Radiologe und die Färberin eine Staatsanwältin, kann man sich im Lichte der verheerenden Politik der Regierung Honecker, die das Konsumniveau mittels Westkrediten heben und sich so die Loyalität einer politisch nicht selten hirnrissig kleinlich schikanierten Bevölkerung erkaufen wollte, nur mit Wehmut und Bitterkeit in Erinnerung rufen.

Mehr als ein Menschenalter nach dem Zusammenbruch der DDR geht es in Deutschland nicht um die Frage «Sozialismus oder bürgerliche Gesellschaft?», sondern darum, wie liberal oder illiberal diese bürgerliche Gesellschaft nicht nur in Mitteleuropa aussehen soll. Staatstragende Publizistik und verfassungstreue Kunst appellieren an die Bevölkerung, sich der Faschisierung zu verweigern.

Die Rechte, die ihrem Publikum die rabiate Begrenzung der Migration verspricht und die Errichtung von Ethnostaaten, hat denen, die kein Kapital besitzen, nichts Gutes anzubieten, das ist logisch klar und empirisch bestätigt: Ein Hitler formatiert das Gemeinwesen auf außenpolitischen Machtzugewinn hin als harte Hierarchie nach innen, Gewerkschaften zerschlägt er, und ein Viktor Orbán ist kein Freund von Mindestlohn und Umverteilung. Auf dem Weltmarkt sind Standortvorteile nur per verschärfter Ausbeutung zu haben, und die Alternative, nämlich Autarkie, führt in die brutalste Diktatur.

Wenn aber von bürgerlicher Seite verlangt wird, die weniger vom Schicksal Begünstigten sollten das Bestehende verteidigen, aus dessen Widersprüchen doch die Neue Rechte überhaupt erst hervorgegangen ist, so verdient das eine kritische Prüfung, die kundiger und selbstbewusster entscheidet, was zu einer besseren Gesellschaft führt, als das Kinder im Klassenzimmer können.

Man kann Hände nicht nur hochhalten, um eine Präferenz auszudrücken. Man kann das, was man gern hätte, mit ihnen tatsächlich aufbauen.

Michael Maar

Ja. Demokratie

Er war knapp, klar und deutlich. «Die Portraits der Regierungschefs sollten Briefmarkengröße nicht überschreiten. Keine Folter und keine Hinrichtungen.» Das war Vladimir Nabokovs Auskunft auf die Frage nach seiner politischen Überzeugung.

Nabokov äußerte sich sonst nie über Politik. Mit einer bemerkenswerten Ausnahme. 1942 schrieb er für das Wellesley College einen Redebeitrag unter dem Titel «Ja. Demokratie». Es ist sein einziger Versuch, vom Fach des Künstlers in das des Agitators überzuwechseln. Und er tut sich schwer damit. Was eigentlich ist Demokratie? Ja, schwer zu definieren. Demokratie sei der natürlichste menschliche Status. Beim Nachdenken darüber gerate man in die Lage von Molières Monsieur Jourdain, der erstaunt feststellen muß, die ganze Zeit in Prosa gesprochen zu haben. Das ist doch das Normale!

Das Normale war es schon 1942 eben nicht. Darum rafft Nabokov sich doch auf, den Begriff näher zu bestimmen. Er greift dafür zu einer Redefigur, die auch der von ihm geschätzte Gilbert Keith Chesterton gerne benutzte: dem Paradox.

Das Paradox der Demokratie bestehe darin, daß sie einerseits die Herrschaft aller und die Gleichheit der Bürgerrechte betone, daß es andererseits das Individuum sei, welches einen besonderen und ungewöhnlichen Nutzen aus ihr ziehe.

Moralisch sind die Angehörigen einer Demokratie gleich; geistig hat jeder das Recht, so verschieden von seinen Nachbarn zu sein, wie es ihm beliebt; und alles in allem haben wir vielleicht nicht eigentlich eine Organisation oder Regierung oder Gemeinschaft im Sinn, wenn wir «Demokratie» sagen, sondern das feine Gleichgewicht zwischen den unbegrenzten Privilegien jedes Einzelnen und den strikt gleichen Rechten aller.[1]

Schön und gut; ein feines Gleichgewicht. Nabokov spricht aber auch eine Warnung aus. Die wohlmeinenden Verteidiger der Demokratie gerieten in Verlegenheit, sobald sie dem Feind auf dessen Niveau gegenüberzutreten versuchten. Es sei falsch, Demokratie in Fahnen und Schlagwörtern auszudrücken, um sie den Fahnen und Schlagworten schrecklicher politischer Weltanschauungen entgegenzusetzen.

Wir wollen es uns zu Herzen nehmen. Verzichten wir also auf Schlag- und Totschlagwörter. Meiden wir die Großbegriffe, hinter denen oft nur mangelnde Anschauung gähnt. Blicken wir auf die Details. Suchen wir das Haar in der Suppe.

Ein Problemchen der Demokratie ist grundsätzlicher Natur. Es ist genau das, was sie ausmacht: freie Wahlen. Im deutschen Föderalismus sind sie so bunt gesprenkelt und zahlreich, daß es praktisch kein Jahr ohne sie gibt. Weil Politiker mit wenigen Ausnahmen – Schröders Agenda – nicht zuletzt an ihre Wiederwahl denken, folgt ihr Kalender anderen Gesetzen. Nach der Wahl ist vor der Wahl.

In Zeiten der wie mit dem Metronom eingestellten jährlichen Verschiebung der Berliner Flughafen-Eröffnung kursierte im Netz die Meldung: Man habe sich nun doch entschlossen, den Auftrag an die Chinesen zu vergeben. Deren

Antwort: Wann wollt ihr ihn fertig haben? Mittwoch oder Donnerstag nachmittag?

Die Wahrheit in der Übertreibung liegt darin, daß vertrackte Abläufe zentralistisch leichter zu steuern sind als in demokratisch-föderalen Gemengelagen. Hier mag ein brandenburgischer Ministerpräsident um sein Ansehen fürchten, wenn er nicht genügend Arbeitsplätze schafft – ob nun die Zahnrädchen im Großgetriebe zusammenpassen oder nicht. Der Aufsichtsrat hingegen kann sicher sein, nie wegen Inkompetenz belangt zu werden.

Eine Seidenstraße voranzutreiben fiele einer Bundesrepublik auch unter günstigeren geographischen Umständen schwer – wo schon der Neubau einer Brücke jahrzehntelange Verschleppung erfahren kann. Die gern zitierten «Grundpfeiler» der Demokratie haben eine entfernte Ähnlichkeit mit jenen aus der Landschaft ragenden Grundpfeilern, auf denen die Brücke nie gebaut wurde. Wenn es ein Staat wie Frankreich schafft, über ein Halbjahrhundert dieselbe eisern-korrupte Afrikapolitik zu verfolgen, liegt es auch daran, daß der Verfassung qua Präsidentenamt ein stärker zentralistisches Element zugefügt ist. Einer der Gründe dafür, warum es im deutsch-französischen Verhältnis so holpert.

Entscheidungsträger in Demokratien neigen dazu, kurzfristige Ziele zu verfolgen. Belohnungsaufschub ist schon im privaten Leben schwer. Die Diagramme aus der Systemtheorie – A wirkt auf B, B auf C, C auf D und D wiederum zurück auf A, mit unerwünschten Nebenfolgen und Rückkopplungen –, solche Diagramme liegen eher selten auf ihren Schreibtischen. Dafür die letzte wöchentliche Meinungsumfrage.

Einwand: Hier werden Kategorien verwechselt. Im Notfall bauen auch Amerikaner in Blitzgeschwindigkeit Pontonbrücken. Militärisch organisiert – bei den Brücken in Baltimore sieht es anders aus. In Deutschland ist es nicht ein Demo-, sondern ein Bürokratieproblem. Und umgekehrt: Autokratische Regierungen können kolossal versagen. Wie China in der Corona-Politik. Der Grund: Die Demokratie ist das einzige System, das von allein einrastende Korrekturmechanismen eingebaut hat. Es gibt Rasierapparate, die sich selber nachschärfen und reinigen. Ein solcher Apparat ist die Demokratie.

Bei ihren Spielarten gibt es dennoch andere Modelle. Der Vorschlag des belgischen Politologen David Van Reybrouck, Amtsberufungen durch Losverfahren auszurichten, ist weniger absurd, als er zunächst klingt. Wer nicht auf seine Wiederwahl hoffen muß, kann leichter Entscheidungen treffen, deren erfreuliche Folgen sich erst nach einiger Zeit herausstellen. Lobbyisten verlören an Macht. Der Zufallskandidat hat sich auch nicht erst im Kadersystem der Partei hochintrigieren müssen, im berühmten Stall, ohne dessen Geruch man es schwer hat und in dem man nicht ohne einige derbe Püffe zum Freßnapf gelangt. Er stammt aus dem wirklichen Leben und hat mehr im Blick als der Berufspolitiker.

Und ja, das kann funktionieren. In Irland wurde ein Bürgerrat mit 66 ausgelosten Personen und 33 Parlamentariern besetzt. Um auf hundert zu kommen, wurde noch ein Vorsitzender bestimmt. Das Ergebnis war die juristische Anerkennung der gleichgeschlechtlichen Ehe.

Ohne Reiz ist es nicht, dieses Modell. Der Nachteil könnte darin liegen, daß man keine Technokraten-Regierung zusammenbekommt, wie sie manchen Staaten schon einmal über die Klippen half. Wobei: Als Belgien wieder einmal ein halbes Jahr lang ohne Regierung war, stand es danach in den Wirtschaftsdaten besser da als die Resteuropäer.

Eine andere Möglichkeit, und nicht die schlechteste: die Schweiz und die direkte Demokratie. Hier, wo die Tunnel noch etwas billiger als kalkuliert, aber auf den Tag genau fertig werden und die Züge auf die Minute pünktlich fahren – hier wird noch über jeden Kindergarten abgestimmt. Nicht der Staat, die Gemeinde legt die Höhe der Steuern fest. Volksreferenden sind jederzeit möglich. Kein Verfassungsgericht: Der Souverän entscheidet. Magere Diäten, keine Berufsparlamentarier. Und es funktioniert, obwohl oder weil die Eidgenossen so ein zusammengewürfelter Haufen sind: Die deutschsprachige, die französische, die italienische, die rätoromanische Sub-Schweiz – alle müssen sich zusammenraufen. Ohne daß sie sich dabei alle grün sein müßten: Wenn der dümmste Basler nach Zürich ziehe, steige an beiden Orten der Intelligenzquotient, kolportieren die Nicht-Zürcher gern. Vielleicht gerade, weil sie so inhomogen ist, scheint die Schweiz eine der am besten funktionierenden Demokratien der Welt.

Aber wie immer im einzelnen: Warum lieben wir sie, die liberale Demokratie? Für sie zu «kämpfen» wäre schon wieder eines der Schlagwörter – wer nicht wie Nawalny in ein Flugzeug steigt in der ziemlichen Gewißheit, am Ende in Sibirien zu landen, sollte sich diese Floskeln sparen.

Was also lieben wir an der Demokratie? Demokratie lehrt Demut. Du bist vielleicht doch nicht so schlau, wie du denkst. Es gibt andere. Du bist nicht der völligen Willkür ausgesetzt. Du kannst dich im Nieselregen auf eine Parkbank setzen, ohne die Verhaftung zu riskieren, weil auf der vor der Feuchtigkeit schützenden Zeitung das Portrait des Führers abgebildet war. Du kannst einigermaßen sagen, was du willst. Du wirst als Oppositioneller nicht (in der Regel, die bittere Ausnahmen kennt) ausspioniert. Du wirst nicht kujoniert, gejagt, in Verliese gesteckt, außer Landes getrieben oder vergiftet. Du kriegst die Schlimmsten bestenfalls wieder los. Du kannst durch Wahlen – es leben die Polen! – ein ins Kippen geratenes System wieder justieren. Du wirst (in der Regel, die bittere Ausnahmen kennt) nicht gefoltert.

Keine Folter. Nach Nabokov stößt auf diesen Kern auch Judith N. Shklar in ihrer Studie «Liberalism of Fear». Ihr Grundgedanke ist quasi schopenhauerianisch. Der Liberalismus biete kein *summum bonum*, nach dem alle politischen Akteure streben sollten. Das ging bislang immer schief. Schon Hölderlin wußte es: Immer habe es den Staat zur Hölle gemacht, daß ihn der Mensch zu seinem Himmel machen wollte.

Shklars demokratischer Liberalismus geht darum von einem *summum malum* aus, das wir alle kennen und nach Möglichkeit zu vermeiden trachten. Dieses Übel sei die Grausamkeit und die Furcht, die sie hervorrufe, und schließlich die Furcht vor der Furcht selbst.

Das schrieb Shklar 1989, als manche noch hofften, in die Sphäre des ewigen Friedens eingetreten zu sein. Wie ist sie inzwischen wieder explodiert, die Grausamkeit!

«Moralisch ist die Demokratie unbesiegbar», erklärt Nabokov in seiner raren politischen Auslassung. «Physisch gewinnt die Seite, die die besseren Kanonen hat. Glauben und Stolz sind auf beiden Seiten reichlich vorhanden. Dass unser Glaube und unser Stolz von völlig anderer Art sind, berührt einen Feind nicht, dessen Glaube Blutvergießen zum Inhalt hat und dessen Stolz seinem eigenen Blut gilt.»[2]

So der aus Rußland geflüchtete Exilant, achtzig Jahre bevor ein Landsmann den Entschluß faßte, diese Kanonen auf das Bruderland zu richten und die Panzer rollen zu lassen.

Auch Demokratien beginnen Kriege, ungerecht allesamt.

Wir kennen die Beispiele, zur Genüge. Sie beschädigen das Ideal, aber vernichten es nicht.

Dieses Ideal hat Chesterton in seiner Schrift «What's Wrong with the World» dargelegt. Er spricht darin nicht ausdrücklich über Demokratie. Der Erlaß, gegen den seine Philippika sich richtet (der mittellosen Mädchen vorschrieb, sich wegen Läusegefahr die Haare zu schneiden), kam auf demokratischem Wege zustande. Aber er berührt eine Wurzel, man möchte sagen: eine Haarwurzel des demokratischen Prinzips.

Dieses Prinzip ist ganz einfach: Es muß von unten nach oben gehen, nicht umgekehrt. Die Welt muß grundsätzlich vom Kopf auf die Füße gestellt werden. Und zwar so, daß folgendes nie mehr passieren darf:

Ich beginne mit dem Haar eines kleinen Mädchens. Das, weiß ich, ist jedenfalls eine gute Sache. Was auch immer sonst böse ist, der Stolz einer guten Mutter auf die Schönheit ihrer Tochter ist gut. Es ist eine dieser unerbittlichen Zärtlichkeiten, die Prüfstein aller Zeiten und Kulturen sind. Wenn andere Dinge dagegen sind, müssen andere Dinge untergehen. Wenn Vermieter und Gesetze und Wissenschaften dagegen sind, müssen Vermieter und Gesetze und Wissenschaften untergehen. Mit den roten Haaren eines Waisenmädchens aus der Gosse werde ich die gesamte moderne Zivilisation in Brand setzen. Weil ein Mädchen langes Haar haben sollte, sollte sie sauberes Haar haben; weil sie sauberes Haar haben sollte, sollte sie kein unsauberes Haus haben; weil sie kein unsauberes Haus haben sollte, sollte sie eine freie und entspannte Mutter haben; weil sie eine freie Mutter haben sollte, sollte sie keinen wuchernden Vermieter haben; weil es keinen wuchernden Vermieter geben sollte, sollte es eine Umverteilung des Eigentums geben; weil es eine Umverteilung des Eigentums geben sollte, soll es eine Revolution geben. Die kleine Waise mit den rot-goldenen Haaren, die ich gerade beim Vorbeigehen an meinem Haus beobachtet habe, soll nicht gestutzt und gelähmt und verändert werden; ihr Haar soll nicht wie das eines Sträflings geschoren werden; nein, alle Reiche der Erde sollen in Stücke geschlagen und verwüstet werden, um ihr gerecht zu werden. Sie ist das menschliche und heilige Bild; überall um sie herum soll das soziale Gefüge schwanken und zersplittern und fallen; die Säulen der Gesellschaft sollen erschüttert werden, und die Dächer der Menschen einstürzen, und kein einziges Haar auf ihrem Kopf soll gekrümmt werden.[3]

An den roten Haaren von Chestertons Mädchen wird man die Demokratie nicht aus dem Sumpf ziehen können, in dem sie weltweit unterzugehen droht. Die rühmenswerte Clooney Foundation for Justice sah sich noch nie so bedroht. Die Menschenrechte und die Pressefreiheit werden fast überall immer stärker erstickt – die *essentials* der Demokratie.

Aber sie wird nicht untergehen. Das moralisch Unbesiegbare mag Niederlagen erleiden und zurückgedrängt werden. Am Ende wanken die Diktatoren, und die bessere Idee gewinnt.

1. Vladimir Nabokov, Ja. Demokratie, in: Eigensinnige Ansichten, Gesammelte Werke, hg. von Dieter E. Zimmer, Band XXI, Reinbek bei Hamburg 2004, S. 430 f.
2. Ebd., S. 432.
3. Engl. Originalzitat: Gilbert Keith Chesterton, What's Wrong with the World (1910), San Francisco 1994, S. 193.

Dinçer Güçyeter

Was hängt da an
der Wand?

Ich weiß, diese Zeilen werden morgen wieder neue Gesichtsfalten bekommen. Die Welt dreht sich weiter, und jede Sekunde werden Millionen von Menschen um ihre Rechte beraubt, in jeder neuen Sekunde wird das Wort neu verdreht oder zum Schweigen gebracht. Die Koordinaten auf der ganzen Welt ändern sich mit jedem Atemzug. Wieder werden Grundrechte im Schatten des Profits, der Selbstgerechtigkeit missbraucht sein. Wir hören und sehen dieses Trauerspiel jeden Tag, ob in den Medien oder vor unserer Haustür. Allein, das Wissen reicht nicht, die Frage ist, wie halten wir dagegen? Es geht mehr um unser Rückgrat, um unser Gewissen als um die bloße Definition der Demokratie. Oder wie in einem Theaterstück, jede Sekunde hat genau die gleiche Bedeutung wie die ganze Inszenierung, jeder einzelne Schritt hat einen Einfluss auf die gesamte Choreografie. Die Erkenntnis, die wir von dem russischen Dramatiker Anton Tschechow haben, ist: Das Gewehr an der Wand kann man nicht nur als eine Requisite sehen; wenn es dort hängt, wissen wir, es wird eingesetzt werden, und jemand wird in dieser Geschichte sterben.

Das Demokratieverständnis ist von vielen Aspekten abhängig, dazu gehören die bestimmenden Hierarchien, die Geografie, die Bildung, die Religion. Unabhängig von dieser Aufzählung aber ist die Haltung, die jeder von uns neu erarbeiten, neu annehmen und pflegen muss. Ich bin Vater von zwei Kindern, versuche, jeden Tag so zu handeln, dass ich die Rechte meiner Kinder nicht übergehe. Die Rechte, die mit der Zeit auch neue Dimensionen bekommen. Auf der anderen Seite versuche ich, für sie eine Grenze zu ziehen. Dieser Prozess ist ein unendliches Selbstgespräch. Du stellst dein Handeln infrage. Auch Reue, Enttäuschung und Selbstzweifel gehören dazu. Welches Resultat deine Mühe erbringen wird, ist leider immer erst viel später zu sehen, es kann sogar ein ganzes Leben dauern, bis du das Zeugnis in die Hand gedrückt bekommst.

Um ein wenig konkreter zu werden, ein Handeln ohne Fehler wird es nie geben, dafür ist unser Wesen zu schwach. Aber allein der Versuch, aus sich herauszugehen, die eigene Position mal von außen zu betrachten, ist ein guter Anfang. Ein demokratischer Auftritt stellt uns vor eine Reifeprüfung, auch vor unterschiedliche Entbehrungen. All deine Überzeugungen, deine Moral, deine Weltansicht musst du neu sortieren.

Im Februar 2024 war ich für eine Lesung in Chemnitz. Als ich aus dem Bahnhof kam, wurde ich von diesen blauen Propagandaplakaten begrüßt: «UNSER LAND ZUERST!» Der Veranstalter wartete am Taxistand auf mich. Ich habe ihm vorgeschlagen, die Tasche an der Hotelrezeption abzugeben und gemeinsam einen Spaziergang durch die Stadt zu machen. Für mich, ein Kind vom Niederrhein, war die Architektur ein wenig gewöhnungsbedürftig, ich sah fast nur Ecken und Kanten und alle dreißig Meter ein Plakat derselben Partei mit einer anderen Parole. Nach drei Stunden haben wir uns in einem Café Cappuccino bestellt. Ich fragte ihn nach der politischen Lage in der Stadt. Er erzählte mir, dass Menschen aus seinem Bekanntenkreis, die zwei Häuser in der Stadt, dann noch eine Ferienwohnung auf der Insel Sylt besitzen, auf diesen Montagsdemos die Lautesten seien. Das kam mir bekannt vor. Wenn ich in der Türkei bin, sehe ich, dass es mehr die Wohlhabenden sind, die Minderheiten oder Flüchtlingen ihre Rechte absprechen. Allein der Gedanke, irgendwie benachteiligt zu werden, oder die bloße Vorstellung eines Verlustes treibt diese Menschen zur Aggression.

Es ist reiner Zufall, dass ich Chemnitz als Beispiel genannt habe. Diese Aggression verbreitet sich in den letzten Jahren auch in meiner kleinen Gemeinde Nettetal, wo seit drei Generationen ordentlich geerbt wird und der Großteil der Bevölkerung mindestens ein eigenes Haus hat. Letztes Jahr entstand der Plan, aus einer alten Schule, die seit Jahren leer steht und baufällig ist, ein Flüchtlingsheim zu machen, die Alternative war der Abriss. Und schon wurden die Stimmen lauter, die Parteifraktionen stimmten dagegen, und nun steht das Gebäude immer noch da in seinem erbärmlichen Zustand. Was hätten diese Menschen verloren, wenn fünfzig Schutz suchende Menschen hier untergebracht worden wären? Nichts! Und selbst wenn, Demokratie bedeutet auch abgeben.

Das erinnert mich an die Geschichte meiner Mutter. Sie hat über vierzig Jahre Stoffe, Schuhe, Verlängerungskabel, Porzellan usw. im Keller gesammelt. Vieles wurde von der Feuchtigkeit angefressen, war nicht mehr zu gebrauchen. Mein Bruder und ich konnten sie nicht überzeugen, einen Container zu bestellen und den Keller leer zu räumen. Dann kam das Hochwasser und hat ihr Heiligtum in einer Nacht zerstört. Der Gestank war unerträglich, er kam nicht vom Wasser, es war mehr die Essenz, die sich in all den Jahren in diesen Kartons, unter dem Haufen angesammelt hatte.

In «Unser Deutschlandmärchen» habe ich dieser Geschichte ein ganzes Kapitel gewidmet. Mir und meinem Bruder war es mehr Freude als Arbeit, diesen schweren Muff in den Container zu werfen. Aber auch die Stöckelschuhe, die ich ihr vor Jahren gekauft und die sie nie getragen hatte, lagen jetzt zerquetscht in einer Plastiktüte zwischen eingeweichten Kartons. Nur dieses Bild, eine Erinnerung wie ein Sepia-Foto, hat mir einen kleinen Stich im Herz hinterlassen.

Die Meinung, dass Europa «islamisiert» werde oder Komfortzonen für die geflüchteten Menschen geschaffen würden, verbreitet sich in der Gesellschaft von Tag zu Tag mehr. Ist es wirklich so? Der Kollege Houellebecq hat dieser Erzählung in seinem Bestseller «Unterwerfung» Vorschub geleistet. Das ist nicht neu, schon vor fünfzig Jahren hieß es, die Ausländer nehmen uns die Arbeitsplätze weg. Dahinter steckt mehr die private Unzufriedenheit als die Realität, und dafür kann man die eingewanderten Menschen nicht verantwortlich machen. Es ist bedauerlich, dass die Zeit nichts Neues zu berichten hat. Alte Lieder werden mit lauten Trommelschlägen neu arrangiert und auf den Markt gebracht, Streamen oft kostenlos.

Und was zeigt uns die Kehrseite der Medaille? In den letzten Jahren war ich in vielen europäischen Hauptstädten: Berlin, Paris, London, Wien ... Ich habe mir auf diesen Reisen oft die Frage gestellt, wie Europa ohne diese Einwander*innen heute funktionieren könnte. Wer würde die ganze Drecksarbeit machen? Unter den vielen Straßenkehrern, Müllmännern, Toilettenputzern, Wachleuten an Gleisen habe ich sehr selten einen hellhäutigen Beschäftigten gesehen.

Seit Jahren reden wir hier in Deutschland über das Wirtschaftswunder, über jährliche Überschüsse, über Gewinn und Macht. Ohne uns die Frage zu stellen, wie fair Deutschland oder Europa gehandelt haben, welche Abmachungen hinter den Kulissen getroffen wurden. Wir alle haben das Gewehr an der Wand gesehen.

Jetzt, wo die Kommunikation, der Austausch in der Gesellschaft unentbehrlicher als je zuvor ist, liest man immer öfter, dass vielen Kulturinstituten die Gelder gestrichen werden. An Geld fehlt es nicht, aber die Prioritäten ändern sich. Somit können wir den Film wieder zurückspulen und wieder über Moral und Ethik diskutieren. Bringt es noch was?

In meinem «Mein Prinz, ich bin das Ghetto»-Gedichtzyklus habe ich vor vier Jahren diese Situation so formuliert:

«Deutschland, vergiss bitte nicht: Ein Staat kann nicht nur mit Versicherungen, Verträgen, Regeln, Ordnung, Anweisungen auf den Beinen gehalten werden. Die Seele darf nicht von Angst gefressen werden, hier ein Gruß an Fassbinder! Ein immer berechnender Organismus ist früher oder später zum Tode verurteilt, hinterlässt Schäden, auch die letzte Schutzmaske wird uns dann nicht mehr helfen. Deutschland, komm raus aus deiner Kaserne, es gibt keine unschlagbare Mauer auf dieser Welt. Schminke dir diese synthetische Vaterrolle ab, zeige deine Schwächen, deine Wunden, lass uns einfach an dich glauben. Wir packen mit an, glaub mir, das Vertrauen ist stärker als jede Ignoranz.»

Die Demokratie kann nur funktionieren, wenn sie auf allen Ebenen den Sinn für Gerechtigkeit vermittelt, wenn sie Vertrauen erweckt. Die Prioritäten des Parlaments, die Rhetorik der Politiker*innen, die Ethik der Medien, das alles muss im Zusammenspiel glaubwürdig sein. Wenn eine dieser Säulen wegbricht, geht es bergab.

Beim Schreiben frage ich mich als Autor, warum ich mir die Mühe mache und diese Sätze, die in den letzten Jahrhunderten von vielen Kolleg*innen bereits geschrieben wurden, neu formuliere. Wurde nicht schon alles gesagt?

Vielleicht sollten wir alle in den kommenden Jahren die Rasenmäher und Laubbläser im Gartenhaus ruhen lassen und uns auf andere, neue Stimmen und Klänge konzentrieren. Vielleicht merken wir dann, es gibt noch ganz viele andere Arten und Lebensgeschichten als unsere. Vielleicht finden wir für die Wut und für den Hass einen anderen Platz. Wer weiß, vielleicht verschwinden die von allein, und der Platz ist nicht mehr nötig. Der Weißklee im Rasen wird als Unkraut gesehen und entfernt. Aber ist der Rasen nicht auch nur Unkraut, das wir Rasen genannt und ins Herz geschlossen haben? Demokratie beginnt vielleicht da, wo wir das Spiel des Windes aushalten und die Schuld nicht auf den Samen schieben.

Beiträgerinnen und Beiträger

Gabriele von Arnim wurde 1946 in Hamburg geboren. Sie hat studiert, promoviert und zehn Jahre als freie Journalistin in New York gelebt. Danach schrieb sie unter anderem für «Die Zeit» und die «Süddeutsche Zeitung», BR und WDR und arbeitete als Moderatorin für ARTE, SDR / SWR und SF. Sie schrieb Rezensionen für Zeitungen und Hörfunk, moderierte Lesungen, hat mehrere Bücher veröffentlicht und lebt in Berlin. Bei Rowohlt erschienen zuletzt «Das Leben ist ein vorübergehender Zustand» (2021) und «Der Trost der Schönheit» (2023), die beide lange auf der «Spiegel»-Bestsellerliste standen.

Lukas Bärfuss, geboren 1971 in Thun, ist Dramatiker, Romancier und Publizist. Seine Stücke werden weltweit gespielt, die Romane sind in zwanzig Sprachen übersetzt. Lukas Bärfuss ist Mitglied der Deutschen Akademie für Sprache und Dichtung und lebt in Zürich. Für seine Werke wurde er unter anderem mit dem Berliner Literaturpreis, dem Schweizer Buchpreis und dem Georg-Büchner-Preis ausgezeichnet. Zuletzt erschienen «Vaters Kiste» (2022) und der Roman «Die Krume Brot» (2023).

Marcel Beyer, geboren 1965 in Tailfingen (Württemberg), wuchs in Kiel und Neuss auf. Bis 1996 lebte er in Köln, seitdem in Dresden. Er veröffentlicht seit 1990 Romane, Erzählungen, Essays, Gedichte, hat Libretti geschrieben und mit bildenden Künstlern zusammengearbeitet. Für seine Werke erhielt er zahlreiche Auszeichnungen, 2014 etwa den Kleist-Preis, 2016 den Georg-Büchner-Preis, 2021 den Peter-Huchel-Preis und den Friedrich-Hölderlin-Preis der Stadt Homburg.

Jan Brandt, geboren 1974 in Leer, lebt als Schriftsteller in Berlin und Ostfriesland. Sein Roman «Gegen die Welt» (2011) stand auf der Shortlist des Deutschen Buchpreises und wurde mit dem Nicolas-Born-Debütpreis ausgezeichnet. Weitere Buchveröffentlichungen: «Tod in Turin» (2015), «Stadt ohne Engel» (2016), «Der magische Adventskalender» (2018) und «Ein Haus auf dem Land / Eine Wohnung in der Stadt» (2019/2020).

Dietmar Dath, geboren 1970, ist Publizist, Übersetzer, Pop- und Filmkritiker bei der FAZ, Romancier («Die Abschaffung der Arten», 2008), Dramatiker («Die nötige Folter», 2019), Science-Fiction-Historiker («Niegeschichte», 2019), Kommunist («Maschinenwinter», 2008) und Librettist. Für sein Schreiben und seine Publizistik wurde er mit zahlreichen Preisen ausgezeichnet, darunter der Förderpreis für Literatur der Akademie der Künste Berlin und der Siegfried-Kracauer-Preis. Zuletzt erschienen von ihm der Roman «Gentzen oder: Betrunken aufräumen» (2021) und das Musikerinnenporträt «Miley Cyrus» (2024). Dietmar Dath lebt in Freiburg.

Thea Dorn, geboren 1970, Schriftstellerin und Publizistin, studierte Philosophie und Theaterwissenschaft in Frankfurt am

Main, Wien und Berlin. Nach dem Magisterabschluss arbeitete sie als wissenschaftliche Mitarbeiterin am Institut für Philosophie der Freien Universität Berlin, später als Dramaturgin am Schauspiel Hannover. Sie moderierte verschiedene Kultursendungen für den SWR und ARTE, von 2017 bis 2019 war sie festes Mitglied beim «Literarischen Quartett» im ZDF, seit 2020 ist sie Gastgeberin der Sendung.

Veröffentlichungen (Auswahl): «Die Hirnkönigin» (1999), «Marleni» (2000), «Mädchenmörder. Ein Liebesroman» (2008), «Die deutsche Seele» (zusammen mit Richard Wagner, 2011), «Die Unglückseligen» (2016), «Trost. Briefe an Max» (2021).

Preise / Auszeichnungen (Auswahl): Deutscher Krimipreis, Deutscher Fernsehpreis, Grimme-Preis, Julius-Campe-Preis.

Tomer Dotan-Dreyfus, 1987 in Haifa geboren, lebt seit dreizehn Jahren in Berlin und ist als freier Autor, Lyriker und Übersetzer tätig. Er studierte Philosophie und Komparatistik in Berlin, Wien und Paris und schreibt sowohl in hebräischer als auch in deutscher Sprache. 2020 erhielt er ein einjähriges Stipendium des Berliner Senats. 2022 erschien sein Essayband «Meine Forschung zum O: Unlearning Sprache» und 2023 sein erster Roman «Birobidschan», der im selben Jahr für den Deutschen Buchpreis nominiert war. 2025 erscheint sein zweiter Roman «Gavdos».

Can Dündar, geboren 1961, Journalist und Schriftsteller, war Chefredakteur der Zeitung «Cumhuriyet», die 2016 mit dem Alternativen Nobelpreis ausgezeichnet wurde. Er berichtete über Waffenlieferungen des türkischen Geheimdienstes nach Syrien, woraufhin er wegen Spionage und Verrats von Staatsgeheimnissen in Abwesenheit zu über siebenundzwanzig Jahren Haft verurteilt und ein Mordanschlag auf ihn verübt wurde. Er lebt und arbeitet im Exil in Berlin; unter anderem drehte er zahlreiche Dokumentarfilme, schrieb die Kolumne «Meine Türkei» für «Die Zeit» und ist Gründer und Chefredakteur der Oppositions-Plattform «#Özgürüz (Wir sind frei)», über die er 4,5 Millionen Menschen erreicht.

Can Dündar war Europäischer Journalist des Jahres 2017, ist Träger des Menschenrechtspreises von Reporter ohne Grenzen, des Lew-Kopelew-Preises, des Preises für die Freiheit und Zukunft der Medien, der Goldenen Feder der Freiheit der World Association of Newspapers and News Publishers (WAN-IFRA), des Gustav-Heinemann-Bürgerpreises der SPD und des Internationalen Preises für Pressefreiheit des CPJ (Komitee zum Schutz von Journalisten).

Dana Grigorcea wurde 1979 in Bukarest geboren, sie ist Germanistin und Nederlandistin und lebt seit vielen Jahren mit ihrer Familie in Zürich. Die Werke der rumänisch-schweizerischen Schriftstellerin wurden in mehrere Sprachen übersetzt und vielfach ausgezeichnet, unter anderem mit dem 3sat-Preis beim Ingeborg-Bachmann-Wettbewerb. Ihr Roman «Die nicht sterben» wurde 2021 für den Deutschen Buchpreis nominiert und 2022 mit dem Schweizer Literaturpreis ausgezeichnet. Zuletzt erschien der Roman «Das Gewicht eines Vogels beim Fliegen» (2024). Dana Grigorcea ist Trägerin des rumänischen Kulturverdienstordens im Rang einer Ritterin.

Dinçer Güçyeter, geboren 1979 in Nettetal, ist ein deutscher Theatermacher, Lyriker, Herausgeber und Verleger. Güçyeter wuchs als Sohn eines Kneipiers und einer Angestellten auf. Er machte einen Realschulabschluss an einer Abendschule. Von 1996 bis 2000 absolvierte er eine Ausbildung als Werkzeugmechaniker. Zwischenzeitlich war er als Gastronom tätig. Im Jahr 2012 gründete Güçyeter den ELIF Verlag mit dem Programmschwerpunkt Lyrik. Seinen Verlag finanziert er bis heute als Gabelstaplerfahrer in Teilzeit. 2017 erschien «Aus Glut geschnitzt», 2021 «Mein Prinz, ich bin das Ghetto». 2022 wurde Güçyeter mit dem Peter-Huchel-Preis ausgezeichnet. Die Familiengeschichte «Unser Deutschlandmärchen» wurde 2023 mit dem Preis der Leipziger Buchmesse ausgezeichnet. Güçyeter ist Vater von zwei Kindern und lebt in Nettetal.

Daniel Kehlmann, 1975 in München geboren, wurde für sein Werk unter anderem mit dem Kleist-Preis, dem Thomas-Mann-Preis, dem Friedrich-Hölderlin-Preis und 2024 mit dem Ludwig-Börne-Preis ausgezeichnet. «Die Vermessung der Welt» war eines der erfolgreichsten deutschen Bücher der Nachkriegszeit, auch der Roman «Tyll» stand monatelang auf den Bestsellerlisten und gelangte auf die Shortlist des International Booker Prize. Zuletzt erschien sein Roman «Lichtspiel». Daniel Kehlmann lebt in Berlin.

Der Text in diesem Band wurde am 5. Juli 2024 beim Festakt «25+1 Jahre Kulturpolitik» im Bundeskanzleramt in Berlin gehalten und am Tag darauf in der «Süddeutschen Zeitung» sowie am 22. Juli im «Guardian» abgedruckt.

Per Leo, geboren 1972, wurde mit einer Arbeit über die Geschichte des Antisemitismus in Deutschland promoviert. Sein Debütroman «Flut und Boden» stand auf der Shortlist des Leipziger Buchpreises. Der von ihm mitverfasste Leitfaden «Mit Rechten reden» wurde zum vieldiskutierten Bestseller. Zuletzt hat er sich kritisch mit der deutschen Erinnerungskultur auseinandergesetzt. Leo lebt als freier Autor und Schatullenproduzent in Berlin.

Michael Maar, geboren 1960, ist Germanist, Schriftsteller und Literaturkritiker. Bekannt wurde er durch «Geister und Kunst. Neuigkeiten aus dem Zauberberg» (1995), für das er den Johann-Heinrich-Merck-Preis erhielt. 2002 wurde er in die Deutsche Akademie für Sprache und Dichtung aufgenommen, 2008 in die Bayerische Akademie der Schönen Künste, 2010 bekam er den Heinrich-Mann-Preis verliehen. Das Buch «Die Schlange im Wolfspelz. Das Geheimnis großer Literatur» stand lange auf der «Spiegel»-Bestsellerliste. Zuletzt erschien in einer Neuausgabe «Leoparden im Tempel». Michael Maar hat zwei Kinder und lebt in Berlin.

Tanja Maljartschuk, ukrainische Autorin und Essayistin, studierte Philologie an der Universität Iwano-Frankiwsk und arbeitete nach dem Studium als Journalistin in Kyjiw. Letzte Veröffentlichungen in deutscher Sprache: «Blauwal der Erinnerung» (2019), «Gleich geht die Geschichte weiter, wir atmen nur aus» (2022). Sie wurde unter anderem 2018 mit dem Ingeborg-Bachmann-Preis, 2022 mit dem Usedomer Literaturpreis und 2024 mit dem Jeanette-Schocken-Preis ausgezeichnet. Als Kuratorin konzipierte sie das FORUM des Literaturfestivals München 2022 mit dem Schwerpunkt Ukraine. Maljartschuk verfasst regelmäßig Kolumnen und lebt in Wien.

Colum McCann wurde 1965 in Dublin geboren. Er arbeitete als Journalist, Farmarbeiter und Lehrer und unternahm lange Reisen durch Asien, Europa und Amerika. Für seine Romane und Erzählungen erhielt McCann zahlreiche Literaturpreise, unter anderem den Hennessy Award und den Rooney Prize for Irish Literature. Zum internationalen Bestsellerautor wurde er mit den Romanen «Der Tänzer» und «Zoli». Für den Roman «Die große Welt» erhielt er 2009 den National Book Award. Er ist verheiratet, hat drei Kinder und lebt in New York.

Matthias Nawrat, 1979 im polnischen Opole geboren, wanderte als Zehnjähriger mit seiner Familie nach Bamberg aus. Für sein inzwischen fünf Romane und einen Gedichtband umfassendes Werk wurde er viele Male ausgezeichnet – unter anderem mit dem Adelbert-von-Chamisso-Förderpreis, der Alfred Döblin-Medaille, dem Literaturpreis der Europäischen Union sowie dem Fontane-Literaturpreis 2023. Sein Roman «Unternehmer» war 2014 für den Deutschen Buchpreis, «Der traurige Gast» 2019 für den Preis der Leipziger Buchmesse nominiert. Matthias Nawrat lebt in Berlin.

Ronya Othmann, als Tochter einer deutschen Mutter und eines kurdisch-êzîdischen Vaters 1993 in München geboren, schreibt Lyrik, Prosa und Essays und arbeitet als Journalistin. Für ihr Schreiben wurde sie viele Male ausgezeichnet, unter anderem mit dem Lyrik-Preis des Open Mike, dem MDR-Literaturpreis und dem Caroline-Schlegel-Förderpreis für Essayistik. Für «Die Sommer», ihren ersten Roman, bekam sie 2020 den Mara-Cassens-Preis zugesprochen, für den Lyrikband «die verbrechen» (2021) den Orphil-Debütpreis, den Förderpreis des Horst-Bienek-Preises sowie den Horst Bingel-Preis 2022. Ein Auszug aus «Vierundsiebzig», ihrem 2024 erschienenen zweiten Roman, wurde 2019 mit dem Publikumspreis des Ingeborg-Bachmann-Wettbewerbs ausgezeichnet.

Necati Öziri, geboren 1988 im Ruhrgebiet, ist Schriftsteller. Als Theaterautor schreibt er für das Maxim Gorki Theater, das Nationaltheater Mannheim und das Schauspielhaus Zürich. Von 2012 bis 2017 war er Dramaturg am Maxim Gorki Theater, davon zwei Spielzeiten künstlerischer Leiter des Studio Я. Bei den 45. Tagen der deutschsprachigen Literatur (Ingeborg-Bachmann-Preis) gewann er den Kelag-Preis und den Publikumspreis. Als Kurator leitete er zudem das Internationale Forum des Theatertreffens der Berliner Festspiele. 2023 erschien sein Debütroman «Vatermal», der für den Deutschen Buchpreis nominiert wurde. Necati Öziri lebt in Berlin.

Kathrin Röggla, geboren 1971 in Salzburg, arbeitet als Prosa- und Theaterautorin und entwickelt Radiostücke. Für ihre literarischen Arbeiten wurde sie mit zahlreichen Literaturpreisen ausgezeichnet, etwa mit dem Preis der SWR-Bestenliste (2004), dem Arthur-Schnitzler-Preis (2012) und dem Wortmeldungen-Literaturpreis (2020). Sie veröffentlichte unter anderem die Prosabücher «Niemand lacht rückwärts» (1995), «Abrauschen» (1997), «Irres Wetter» (2000), «really ground zero» (2001), «wir schlafen nicht» (2004), «die alarmbereiten» (2010), «Nachtsendung. Unheimliche Geschichten» (2016) sowie gesammelte Essays und Theaterstücke unter dem Titel «besser wäre: keine» (2013). Kathrin Röggla war zwischen 2015 und 2024 Vizepräsidentin der Akademie der Künste in Berlin und ist seit 2020 Professorin für Literarisches Schreiben an der Kunsthochschule für Medien in Köln. Zuletzt erschien ihr Roman «Laufendes Verfahren», für den sie den Heinrich-Böll-Preis für Literatur (2023) erhalten hat.

Sasha Marianna Salzmann ist Theaterautor*in, Essayist*in und Dramaturg*in. Salzmanns Theaterarbeiten erhielten zahlreiche Preise und sind in über zwanzig Sprachen übersetzt. 2017 erschien im Suhrkamp Verlag das Debüt «Außer sich». Der Roman erhielt zahlreiche, auch internationale, Ehrungen und ist in sechzehn Sprachen übersetzt. 2020 wurde Salzmann mit dem Kunstpreis für Darstellende Kunst der Akademie der Künste Berlin ausgezeichnet. 2021 erschien ihr zweiter Roman «Im Menschen muss alles herrlich sein», der wie der Vorgänger für den Deutschen Buchpreis nominiert war und mit dem Preis der Literaturhäuser sowie dem Hermann-Hesse-Literaturpreis geehrt wurde. Seit 2023 ist Sasha Salzmann Mitglied der Akademie der Wissenschaften und der Literatur Mainz. 2024 erschien, ebenfalls bei Suhrkamp, der Band «Gleichzeit», eine Korrespondenz zwischen Ofer Waldman und Sasha Salzmann zu der Welt nach dem 7. Oktober 2023.

2024 ist Sasha Salzmann Preisträger*in des renommierten Kleist-Preises, mit dem das literarische Gesamtwerk ausgezeichnet wird.

Der Text in diesem Band wurde am 5. März 2024 bei der Veranstaltung «Kultur und Demokratie» im Bundeskanzleramt in Berlin als Rede gehalten und am 7. März 2024 auszugsweise im «Tagesspiegel» abgedruckt.

Jochen Schmidt, 1970 in Berlin-Friedrichshain geboren, studierte Romanistik in Berlin und Brest. 1999 gründete er die Leseshow «Chaussee der Enthusiasten», bei der er sechzehn Jahre lang wöchentlich auftrat, mit Texten, die unterhalten und nutzen wollten. 2004 erhielt Schmidt den Förderpreis zum Kasseler Literaturpreis für grotesken Humor, 2023 den Literaturpreis der Stahlstiftung Eisenhüttenstadt. Er ist Autor zahlreicher Bücher, darunter «Schmidt liest Proust», «Meine wichtigsten Körperfunktionen», «Schneckenmühle» und «Gebrauchsanweisung für Ostdeutschland». Zuletzt erschienen der Roman «Phlox» (2022) und «Paargespräche – Together forever» (2023).

Clemens J. Setz wurde 1982 in Graz geboren, wo er Mathematik und Germanistik studierte. Heute lebt er als Übersetzer und freier Schriftsteller in Wien. 2011 wurde er für seinen Erzählband «Die Liebe zur Zeit des Mahlstädter Kindes» mit dem Preis der Leipziger Buchmesse ausgezeichnet. Sein Roman «Indigo» stand auf der Shortlist des Deutschen Buchpreises 2012 und wurde mit dem Literaturpreis des Kulturkreises der deutschen Wirtschaft 2013 prämiert. 2014 erschien sein erster Gedichtband «Die Vogelstraußtrompete». Für seinen Roman «Die Stunde zwischen Frau und Gitarre» erhielt Setz den Wilhelm Raabe-Literaturpreis 2015. Mit «Vereinte Nationen» war Setz 2017 und mit «Die Abweichungen» 2019 zu den Mülheimer Theatertagen eingeladen. 2021 wurde er mit dem Georg-Büchner-Preis geehrt.

Ulrike Sterblich, Politologin und Autorin aus Berlin, lebt weiterhin in ihrer Heimatstadt, wo sie auch als Gastgeberin der Talk- und Lesebühne «Berlin Bunny Lectures» bekannt wurde. 2012 erschien ihr erfolgreiches Mauerstadt-Memoir «Die halbe Stadt, die es nicht mehr gibt», 2021 ihr Romandebüt «The German Girl». Der zweite Roman, «Drifter», stand 2024 auf der Shortlist für den Deutschen Buchpreis.

Antje Rávik Strubel veröffentlichte unter anderem die Romane «Unter Schnee» (2001), «Fremd Gehen. Ein Nachtstück» (2002), «Tupolew 134» (2004) sowie den Episodenroman «In den Wäldern des menschlichen Herzens» (2016). Ihr Werk wurde mit zahlreichen Preisen geehrt, ihr Roman «Kältere Schichten der Luft» (2007) war für den Preis der Leipziger Buchmesse nominiert und wurde mit dem Rheingau-Literatur-Preis sowie dem Hermann-Hesse-Preis ausgezeichnet, der Roman «Sturz der Tage in die Nacht» (2011) stand auf der Longlist des Deutschen Buchpreises. 2019 erhielt sie den Preis der Literaturhäuser. Ihr Roman «Blaue Frau» wurde mit dem Deutschen Buchpreis 2021 ausgezeichnet. Sie veröffentlichte die Essaybände «Es hört nie auf, dass man etwas sagen muss» und «nah genug weit weg» und übersetzt aus dem Englischen und Schwedischen unter anderen Joan Didion, Lena Andersson, Lucia Berlin und Virginia Woolf. Antje Rávik Strubel lebt in Potsdam. www.antjestrubel.de

Deniz Utlu wurde 1983 in Hannover geboren und studierte in Berlin und Paris Volkswirtschaftslehre. Er ist Autor der Romane «Die Ungehaltenen» (2014, Graf), «Gegen Morgen» (2019, Suhrkamp), «Vaters Meer» (2023, Suhrkamp) sowie zahlreicher Essays. Er wurde vielfach ausgezeichnet, unter anderem mit dem Alfred-Döblin-Preis, dem Bayerischen Buchpreis sowie dem Literaturpreis der Literatour Nord. Von 2003 bis 2014 gab er das Kultur- und Gesellschaftsma-

gazin «freitext» heraus. Seit 2013 kuratiert er die Literatur-
reihe «Prosa der Verhältnisse» im Maxim Gorki Theater und
forscht am Deutschen Institut für Menschenrechte. www.
denizutlu.de

Stefanie de Velasco, geboren 1978 in Oberhausen, wuchs als
Kind spanischer Einwanderer im Rheinland auf. Sie studierte Europäische Ethnologie in Bonn, Berlin und War-
schau. 2013 erschien ihr Roman «Tigermilch», der in zahlreiche Sprachen übersetzt und für das Kino verfilmt wurde.
2019 folgte «Kein Teil der Welt», der von einer Kindheit und
Jugend bei den Zeugen Jehovas erzählt und für den Deutschen Jugendliteraturpreis 2020 nominiert wurde. Zuletzt
erschien «Das Gras auf unserer Seite». De Velasco lebt als
freie Autorin mit ihrem Hund in Berlin.